판단과 선택

THINKING & 판단과 선택 CHOICE

왜 항상 우리는 기회는 차버리고 위험에는 빠져드는가?

유효상 지음

서문

너무나 인간적인 경제학이
인간에게 주는 조언

"당연하다고 생각했던 것들을 다시 한 번 생각하게 돼요."
"무엇이 정상이고 무엇이 비정상인지 혼란스럽습니다."
"제가 옳다고 믿고 한 결정들이 과연 옳았을까요?"
매학기 행동경제학Behavioral economics 강의가 끝나고 나면 경영대학원MBA 학생들이 이구동성으로 하는 말이다. 경영대학원의 특성상 학생들은 조직의 리더 혹은 중간관리자들이 많다. 그들은 인간의 판단력이 생각보다 훨씬 믿을 만한 것이 못 된다는 사실에 적잖이 놀라워했고 자신의 사고능력에 대해서도 한 번쯤 다시 생각해볼 필요가 있다는 사실에 어색해했다.

　최근 몇 년 사이 우리 사회에 행동경제학에 대한 관심이 부쩍 높아졌다. 행동경제학은 인간의 심리가 경제적 선택에 미치는 영향을 연구하는 학문이다. 기존의 표준경제학이 매우 합리적으로 최대의 효용을 추구하는 이콘Econ, homo economicus인 인간의 선택과 결정을 연구했다면 행동경제학은 다양한 인지적 편향bias과 대충 어림잡아 결론을 내리는 휴리스틱Heuristic의 개입으로 '그때그때 판단이 달라지는' 실제 현실 속 휴먼Human인 인간의 선택과 결정을 연구한다. 편향적 사고가 개입한 결정은 자주 비합리적인 결과를 낳지만 편향과 휴리스틱은 우리의 사고 시스템에서 무의식적으로 작동하는 탓에 적절히 통제하기 어렵다. 그래서 비합리적인 선택은 계속 반복되고 때로는 돌이킬 수 없는 결과를 가져오기도 한다.

　우리는 하루에도 수많은 선택을 하고 결정을 하며 늘 더 나은 결과를 위해 합리적 판단을 고민하지만 편향과 휴리스틱에서 완벽하게 자유로울 수는 없다. 그렇다고 행동경제학이 단지 '인간은 비합리적 존재'라거나 '편향투성이'라는 사실만을 주장하는 것은 아니다. 우리 모두의 사고방식에는 편향과 휴리스틱이 존재한다는 사실을 인정하고 중요한 의사결정의 순간 한 번쯤 스스로 곱씹어보고 더 나은 선택의 방법을 찾으라고 말하는 것이다. 행동경제학은 자연스럽게 머릿속에 떠오른 생각들, 늘 하던 대로 기존의 방식을 사용해 찾은 문제해결의 방법들, 신뢰할 만한 논거로 믿어왔던 정보의 편향성들, 실제 능력보다 자신의 능력을 과장하는 인지적 오류 등으로 당연하게 귀결되는 결론에 대해 합리적 의심을 해보라는 메시지를 던진다.

'모른다는 것조차 모르는' 인지 오류의 심각성

2001년 9월 11일 세계 최고의 정보력과 군사력을 자랑하는 미국의 하늘이 뚫렸다. 전 세계가 TV로 911테러의 현장을 지켜보았고 충격에 빠졌다. 당시 미국 국방부 장관 도널드 럼즈펠드Donald Rumsfeld는 테러를 막지 못한 책임의 당사자로서 비난의 중심에 섰다. 사람들은 '충분히 예측 가능한(?)' 사실을 몰랐다는 것에 분노했다. 이에 럼즈펠드는 "안다는 것을 아는 것Known knowns, 모른다는 것을 아는 것Known unknowns, 안다는 것을 모르는 것Unknown knowns이 있다. 하지만 세상에는 우리가 모른다는 것조차 모르는 것Unknown unknowns이 있다"는 말로 답을 대신했다. 모르고 있다는 것을 몰랐기 때문에 어떤 대비도 할 수 없었다는 얘기다. 이에 사람들은 책임회피를 한다며 그의 말을 비꼬기 여념 없었다.

그에 대한 비난은 911테러가 예측 가능한 사건이었다는 믿음에서 출발한다. 사실 인간은 미래를 예측하는 능력이 없음에도 불구하고 미래를 예측할 수 있다는 잘못된 믿음을 갖고 있다. 이는 사후 결과를 토대로 원인을 분석하고 사건을 이해하는 아주 일반적인 인지편향의 결과이다. 사후 벌어진 결과에 맞는 원인을 찾는 방식으로 사건을 이해하면 세상의 모든 일은 인과관계로 해석할 수 있다는 믿음이 확고해진다. '모른다는 것조차 모르는' 상황을 쉽게 인정하지 않는 이유이다.

뭐든 예측할 수 있다는 착각과 그에 따른 판단 오류는 '보이는 것이 전부다'라는 직관의 인지편향에서 비롯된다. 사람들은 모른다는 사실조차 모르는 경우 미지의 것을 아예 주목하지 않게 되고 따라서 발생 가능성을 생각할 기회조차 잃게 된다. 판단의 오류가 잘못된 선택을 유도하고 그 결과의 파급효과는 언제나 생각보다 크다. 미래의 일은 불확실하고 예측할 수 없다. 따라서 우리는 선택할 때 보이는 것에만 집중해 쉽게 결론을 내려버리는 인지편향에서 벗어날 방법을 찾는 것이 중요하다. 그 시작은 인지편향의 내용을 알고 패턴을 이해하는 것이다.

인지편향은 착시현상과 비슷하다. 생각이 머릿속에서 마치 착시를 겪듯이 착각을 하는 것이다. 눈에 보이면 자를 꺼내 크기를 재보고 직접 비교도 해볼 수 있으련만 대부분 무의식 상태에서 작동하기 때문에 알아차리고 경계하기가 어렵다. 하지만 다행스럽게도 머릿속에서 일어나는 인지편향과 휴리스틱은 일정한 패턴으로 발현된다. 행동경제학은 인지편향이 어떤 형태로 나타나고 또 어떤 방식으로 우리의 선택을 유도하는지를 구체적으로 설명하고 있다. 따라서 인지편향과 휴리스틱의 실체를 이해하고 패턴을 안다면 '모른다는 것도 모르는' 상태에서 보이는 것만 보고 판단을 내리는 오류를 줄이는 데 도움이 될 수 있다.

인간을 닮은 기술의 시대에 행동경제학이 필요한 이유

2016년 3월 전 세계의 이목이 서울로 쏠렸다. 세계 최고의 바둑 기사 이세돌과 구글의 인공지능AI 알파고가 세기의 대국을 펼쳤기 때문이다. 이미 1997년 IBM의 인공지능 딥 블루가 일찌감치 체스 챔피언 가리 카스파로프를 상대로 승리를 거두었다. 하지만 그럼에도 바둑만큼은 인간을 따라잡지 못할 것이라는 기대(?)가 높았고 이세돌은 거의 일방적인 응원을 받았다. 하지만 결과는 기대와 달랐다. 총 다섯 번의 대국에서 인공지능 알파고는 4대 1로 승리를 거머쥐었다.

세기의 대결을 지켜본 사람들은 매우 놀랐고 마음 한구석에 불편한 감정을 느꼈다. 단지 인간의 삶을 편리하게 해주는 것을 넘어 '인간을 닮은' 기술의 모습을 생생하게 보고 느꼈기 때문이다. 인간처럼 생각하고 선택하고 결정하는 기술이 심지어 언젠가 인간을 능가할 것이라는 전망도 잇따랐다.

2019년 7월 손정의 소프트뱅크 회장은 '인공지능을 지배하는 자가 미래를 지배할 것'이라는 취지의 강연에서 "인공지능은 인류 역사상 최고 수준의 혁명을 불러올 것"이라며 정책, 교육, 투자, 예산 등 각 분야에서 인공지능을 전폭적으로 육성해야 한다고 강조했다. "첫째도 AI, 둘째도 AI. 셋째도 AI"라고 거듭 강조한 손정의 회장의 말 속에는 완벽할 수 없는 인간을 대신할 완벽한 기술에 대한 상상과 기대가 충만하다. 그런데 바로 여기에 가장 중요한 질문이 빠졌다.

'인간을 닮은 기술은 과연 인간보다 완벽할 수 있을까?'

인공지능이 아무리 발달한다고 하더라도 인공지능의 판단과 결정은 기본적으로 인간이 프로그래밍한 룰에 따르는 것이다. IT 엔지니어들이 빅데이터를 기반으로 알고리즘을 설계하고 실행하는 모든 과정엔 반드시 사람의 판단과 의도가 개입될 수밖에 없다. 인지편향을 완벽하게 통제할 수 없는 인간이 만든 알고리즘이 인간 대신 선택을 하고 결정을 했을 때 과연 그 결과가 합리적일 것이라고 확신할 수 있을까? 인공지능 기술의 발전을 보며 박수를 보내고 막연하게 장밋빛 미래를 상상하기 전에 인간의 '불완전한 사고체계'를 이해하는 노력이 선행되어야 한다는 주장이 힘을 얻는 이유다.

전 세계가 4차 산업혁명 시대의 길목에서 행동경제학을 주목하는 이유는 인공지능이 바꿔놓을 부와 노동의 미래에서도 변하지 않는 가치는 바로 인간의 행복이기 때문이다. 행동경제학은 개인과 조직과 사회와 국가 모두가 우리 인간을 이해함으로써 세상을 더 나은 곳으로 만드는 선택에 보탬을 주고자 탄생한 학문이다.

인간에 대한 이해와 연구라고 하니 어렵게 들릴 수도 있겠다. 하지만 행동경제학은 어렵지 않다. 생활밀착형 경제학이라고도 할 만큼 개인의 삶에 쉽게 적용해볼 수 있는 것이 특징이다. 행동경제학은 아주 중요한 순간에 사람들의 '판단과 선택'에 의미 있는 이정표 역할을 하게 된다. 이 책은 행동경제학의 기본적 이론과 중요한 실험과 용어들을 쉽게 정리하고자 노력했다. 책을 읽는 동안 자신의 사고방식 속에 자리잡고 있는 인지편향들을 들여다보고 그로 인한 선택의 경험들을 떠올려보는 시간을 가지면 좋겠다. 더불어 중요한 의사결정을 내려야 할 때 이 책에서 본 내용을 가지고 실제로 적용해본다면 매우 의미가 있는 독서가 되지 않을까 한다.

2019년 8월
유효상

차례

서문 너무나 인간적인 경제학이 인간에게 주는 조언 • 5

1부 | 어떻게 현명한 선택을 할 것인가 • 17

1강 과신을 경계하라 • 19
: 잘못된 판단과 선택을 반복한다

왜 장밋빛 계획은 항상 어긋날까? | 계획오류 • 21
성공의 법칙은 '실력+운'이다 | 서사오류 • 27
슈퍼맨에 대한 환상 | 평균회귀 • 35
떡잎만 보고도 될성부른 나무인지 알까? | 타당성 착각 • 41
원숭이와 투자 전문가 중 누가 이길까? | 능력착각 • 46
내가 하면 다를까? | 평균 이상 효과 • 52

2강 직관을 의심하라 • 59
: 판단 습관을 바꾸면 실패를 줄인다

직관은 통찰일까 망상일까? | 직관적 예측의 신뢰성 • 61
직관보다 통계적 논리를 꺼내라 | 통계적 예측 • 67
잘 안다는 생각에 맹점이 있다 | 내부관점과 외부관점 • 73
비교하지 않으면 절대 모른다 | 공동평가와 단독평가 • 80
도전과 리스크의 균형을 맞춰라 | 프레이밍의 크기 • 86

의심은 정당한 권리다 | 실패사전부검 · 93
동의하지 않는 합의를 하라 | 집단사고 vs 집단지성 · 99
지갑 속 돈과 마음속 돈의 값은 같아야 한다 | 심리계좌의 탈출 · 106

2부 | 왜 보이는 대로 믿고 판단하는가 · 115

3강 딱 보고 알 순 없다 · 117
: 우리는 대충 판단하고 확신해버린다

두 개의 시스템으로 움직이는 생각 | 시스템 1과 시스템 2 · 119
왜 잘 모르면서 일단 대답부터 할까? | 바꿔치기와 짝짓기 · 125
스티브 잡스가 곧 애플일까? | 대표성 휴리스틱 · 130
왜 생각은 과장되기 쉬울까? | 회상용이성 휴리스틱 · 136
생각의 닻에 걸려 넘어진 합리성 | 앵커링과 조정 휴리스틱 · 142
좋으면 맞고 싫으면 틀리다 | 감정과 기분 휴리스틱 · 150

4강 왜 거짓을 진실이라고 착각할까? · 157
: 우리의 눈과 머리는 속기 쉽다

통계 수치에 대한 착각 | 소수법칙 · 159
목격자 진술 속 숨은 진실 찾기 | 기저율 무시 · 166
왜 낮은 가능성을 더 신뢰할까? | 결합오류 · 171

그건 정상이고 이건 비정상일까? | 정상이론 • 176
첫사랑의 동상이몽 | 기억착각 • 182
거짓은 친숙함으로 위장한다 | 진실착각 • 186
경험은 있는 그대로 기억되지 않는다 | 피크엔드법칙 • 191

5강 왜 사실을 과장하고 환상을 좇을까? • 197
: 누구나 사고의 체계적 오류에 빠지기 쉽다

무의식이 행동을 결정한다 | 점화효과 • 199
대책 없는 똥고집의 함정 | 확증편향 • 206
왜 미운 놈은 미운 짓만 할까? | 후광효과 • 210
진짜 그렇게 될 줄 알았던 걸까? | 사후확신편향 • 217
먼데이 모닝 쿼터백의 문제들 | 결과편향 • 222
책임지지 않으려는 복지부동의 심리 | 행동편향과 부작위편향 • 228

3부 | 선택은 뇌가 아니라 마음이 한다 • 235

6강 왜 그렇게 일관성이 없을까? • 237
: 사실은 그때그때 달라진다

공정하지 않은 공정함 | 상대적 공정성 • 239
프레임이란 안경을 쓰고 세상을 본다 | 프레이밍 효과 • 245

왜 바꾸려 하지 않고 받아들이려 할까? | 디폴트 옵션 • 254
왜 금연과 다이어트에 성공하기 어려울까? | 선호도 역전 • 261
왜 똑같은 돈인데 다른 가치를 매길까? | 심리계좌 • 269

7강 왜 그렇게 손해를 싫어할까? • 277
: 당신은 합리적 선택자가 아니다

옆집 소를 죽여주세요 | 행동경제학 • 279
왜 더 많은 연봉을 받아도 불행할까? | 전망이론 • 288
왜 이익보다 손실의 고통이 더 클까? | 손실회피 • 296
왜 '내 것'은 더 높게 가치를 평가할까? | 소유효과 • 305
왜 기회는 차버리고 위험엔 빠지는가? | 가능성 효과와 확실성 효과 • 313

8강 어떻게 올바른 판단과 선택을 할까? • 323
: 모두의 행복을 위한 노력을 선택해야 한다

~만 하면 행복할 수 있을까? | 행동경제학과 행복 • 325
어떻게 조직 성과와 행복을 다 잡을까? | 행동경제학과 리더십 • 334
인간에 대한 이해와 연구가 필요하다 | 행동경제학과 사회 • 343

1부

어떻게 현명한 선택을 할 것인가

1강

과신을 경계하라

: 잘못된 판단과 선택을 반복한다

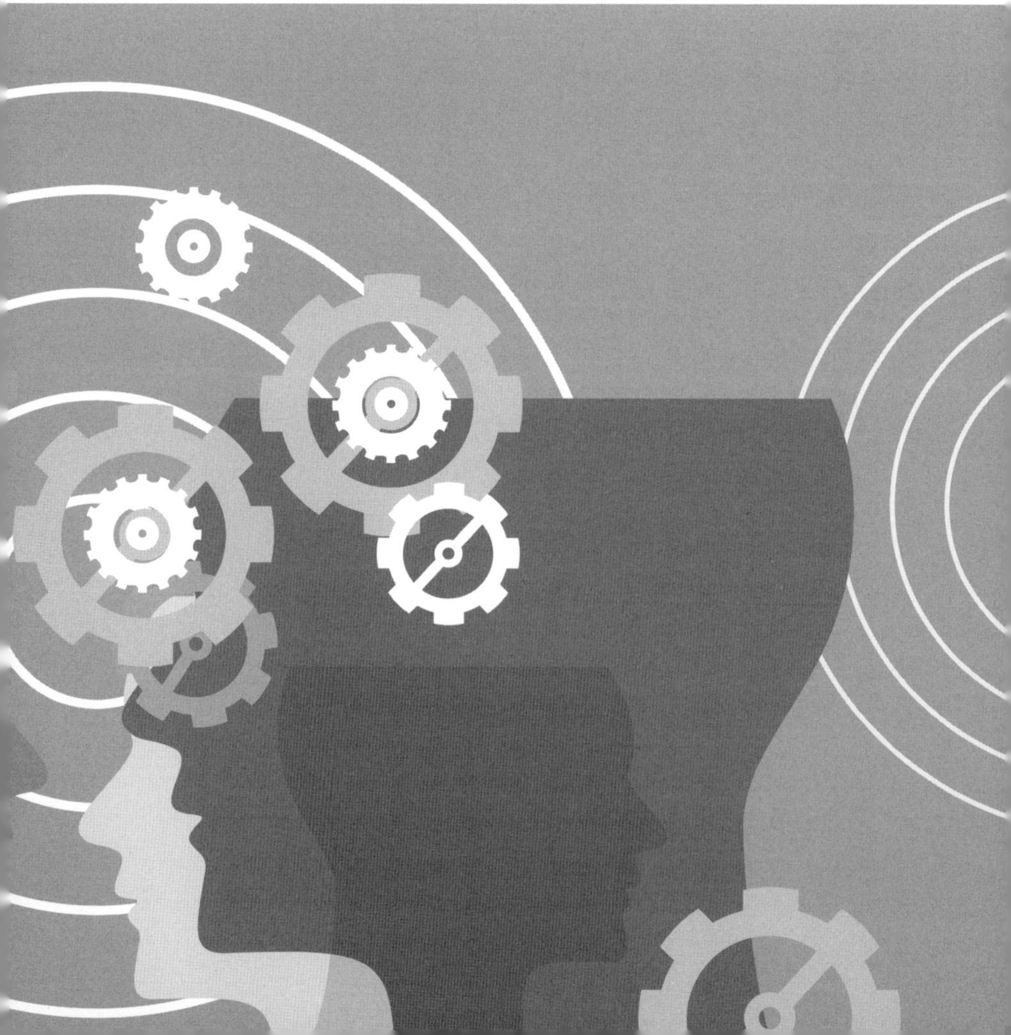

왜 장밋빛 계획은 항상 어긋날까?

계획오류

오스트레일리아의 시드니가 아름답고 세련된 문화도시의 이미지를 갖게 된 건 오페라하우스 덕분이다. 푸른 바다와 멋지게 어우러지는 독특한 외관의 시드니 오페라하우스는 1973년 완공되자마자 유명세를 얻었고 2007년 세계문화유산으로 지정됐다. 시드니 오페라하우스를 설계한 사람은 요른 웃손Jørn Utzon이다. 1957년 그는 77억 원의 예산으로 6년 동안 건축을 해서 1963년 완공을 하겠다는 계획을 발표했다. 하지만 그의 계획은 완전히 빗나갔다. 완공은 계획보다 10년이 늦어졌고 예산도 무려 14배가 많은 1,100억 원이 소요됐다.

도대체 무슨 일이 벌어졌던 걸까? 건축을 시작한 후 예상치 못한 문제들이 속출했기 때문이다. 지붕 외관에 필요한 특수 세라믹 타일의 개발에만 3년이 걸렸고 곡선형 지붕구조물을 완성하기까지는 8년이나 걸렸다. 설상가상 건축가 요른 웃손이 해고되고 설계가 변경되는 등 진통을 겪어야 했다. 전문가들이 세운 멋진 계획은 현실에서 발생할 수 있는 변수를 전혀 고려하지 않은 최상의 조건에서만 가능한 시나리오였기 때문이다.

계획은 항상 예상보다 늦어진다

무언가 새로 일을 하려면 일단 계획부터 세워야 한다. 운동, 시험, 논문, 여행, 투자, 건설, 사업계획 등 삶에서 계획이 필요하지 않은 일은 없다. 하지만 사소한 계획조차도 생각대로 진행되지 않을 때가 잦다. 장기적 계획이라면 더 말할 것도 없다. 생각보다 늦어질 것을 고려해서 넉넉하게 일정을 잡아도 시간은 늘 부족하고 꼼꼼하게 예산을 세워도 비용은 늘 계획을 초과한다. 언제나 예상 밖의 일들이 생기고 시간과 비용을 계획보다 더 투자했건만 처음 예상했던 것만큼 결과도 만족스럽지 않다. 사람들은 계획대로 되는 일보다 되지 않는 일이 더 많다는 사실을 알지만 계획을 세울 때만큼은 결과를 낙관한다. 계획 오류Planning fallacy라는 함정을 생각하지 않기 때문이다.

심리학자 리처드 와이즈먼Richard Wiseman은 계획대로 목표를 달성하는 사람이 얼마나 되는지 5,000명의 사람들을 대상으로 조사했다. 결과는 단 10%만이 성공했다. 무려 90%의 사람들이 계획 오류를 피하지 못한 것이다. 계획 오류가 발생하는 이유는 변수를 예측할 수 없기 때문이다. 계획은 아우토반을 달리는 자동차와 같고 현실은 오프로드를 달리는 자동차와 같다. 예상하지 못한 웅덩이가 나타나고 길이 끊어지기도 한다. 심지어 자동차가 망가져 아예 레이스를 중단하는 일도 벌어진다. 직접 달려보기 전에는 알 수 없는 변수들이 나타나 뒤통수를 치는 격이다. 오프로드를 달리는 자동차는 대응책을 마련해야 한다. 하지만 사람들은 목표와 결과에 집중할 뿐 변수는 주목하지 않는다.

다이어트 계획을 세워본 적이 있다면 잘 알 것이다. 여름휴가를 앞두고 휴양지에서 자신 있게 멋진 몸매를 드러내는 모습을 상상하면 미래는 온통 장밋빛이다. 조금 무리해서 세운 계획도 해낼 수 있다는 자신감이 충만해지고 성공도 낙관한다. 하지만 실제 다이어트에 성공하려면 난관이 적지 않다. 이전의 생활 방식에서 벗어나는 일부터 쉽지 않다. 출퇴근 전후로 별도의 시간을 내서 운동해야 하고 좋아하는 음식을 포기하는 고통도 감수해야 한다. 다이어트를 시작하면 기다렸다는 듯이 회식도 많아지고 연락이 뜸했던 친구가 느닷없이 만나자고 한다. 계획을 세울 때는 머릿속에 없었던 다양한 변수들이 매 순

계획오류

간 튀어나와서 방해한다. 계획은 찬란하지만 실제로 다이어트에 성공하는 사람이 드문 이유다.

낙관주의 편향과 낙관적 사고의 균형 찾기

왜 우리는 계획오류의 함정에 빠질까? 미래를 낙관적으로 예상하고 그 계획을 수행하는 자신의 능력을 과대평가하는 낙관주의 편향Optimism bias 때문이다. 낙관주의 편향은 자신에게 나쁜 일이 발생할 확률이 낮다고 생각하는 것이다. 담배를 피우지만 자신이 폐암에 걸릴 확률은 낮을 거라고 믿고 운전을 하지만 교통사고가 날 가능성은 낮다고 생각한다. 자신이 투자한 주식은 오를 가능성이 높고 계획을 잘 세웠으니 결과는 좋을 것이라고 믿는다. 낙관주의 편향은 좋은 일이 일어날 가능성은 과대평가하고 나쁜 일이 일어날 가능성은 과소평가한다. 매우 비현실적인 사고지만 낙관주의 편향은 의사결정 과정에서 빈번하게 과신을 불러낸다. 자신의 능력은 과대평가하면서 경쟁자의 실력은 과소평가하고 남은 실패해도 나는 성공할 수 있다는 막연한 자신감은 나와 조직을 망치는 과신의 전형적인 모습이다.

사업계획을 세우는 과정을 생각해보자. 대부분 사업의 방향은 집단의 장점을 토대로 결정된다. '우리가 잘하는 것'이라는 생각에서 이미 낙관주의 편향은 시작된다. 방향이 정해지고 장시간 공을 들여 계획으로 다듬어가는 과정에서 팀원들은 해당 프로젝트에 대해서만큼은 가장 잘 안다는 착각에 빠지고 어떤 문제가 발생해도 해결할 수 있다는 과신이 강화된다. 내부 사람들의 관점으로 계획을 세우고 추진할 때 계획오류가 발생할 가능성이 더 큰 이유는 평가의 기준이 바로 '내부(자신)'이기 때문이다. 경쟁자와 시장의 환경, 고객 관점, 비슷한 사례의 비교 등을 통해 발생할 수 있는 실패의 변수를 찾아야 한다. 하지만 과신에 빠지면 뻔히 보이는 문제점도 대수롭지 않게 보이는 법이다.

심리학자 가브리엘레 외팅겐Gabriele Oettingen은 연구를 통해 낙관주의적 태도가 비관주의적 태도보다 더 낮은 성과를 낸다는 사실을 밝혀냈다. 하지만 낙관주의를 무조건 부정적으로 보는 것도 옳지 않다. 낙관주의적 태도가 없다면 실패의 위험이 큰 새로운 도전도 가능하지 않을 것이기 때문이다. 베트남 전쟁 당시 포로가 된 미국의 제임스 스톡데일James Bond Stockdale 장군의 사례는 비관주의와 낙관주의의 적절한 균형의 필요성을 잘 보여준다. 스톡데일 장군은 7년의 포로 생활을 견뎌낸 비결을 '냉혹한 현실을 직시했기 때문'이라고 밝혔다. 당시 포로가 된 많은 장교와 병사들은 막연하게 희망을 품고 버텼지만 포로 생활이 길어질수록 지속되는 좌절감을 이기지 못해 죽고 말았다. 반면, 스톡테일은 비관적인 현실을 냉정하게 받아들이고 굳은 의지로 현실을 극복하는 태도로 포로 생활을 이겨낼 수 있었다. 바로 여기서 '냉철한 낙관주의'를 뜻하는 '스톡테일 패러독스Stockdale paradox'라는 말이 생겨났다.

계획오류는 자신(내부)에 대한 과한 자신감에서 비롯된다. 나의 능력을 객관적으로 평가하기 위해서는 남의 관점을 빌려야 한다. 외부 사람의 의견을 적극적으로 듣고 다른 사례를 찾아 꼼꼼하게 비교 분석하는 것도 필요하다. 그리고 무엇보다 오랫동안 공들여 짠 계획이 사실은 잘못된 계획일 수도 있다는 가능성을 인정한다면 낙관주의 편향을 어느 정도 견제할 수 있다.

성공의 법칙은
'실력+운'이다

서사오류

사람들은 스티브 잡스Steve Jobs를 영웅적인 CEO라고 생각한다. 그는 사후에도 여전히 매우 창의적인 개발자이며 뛰어난 통찰력의 소유자이며 천재적인 경영자로 추앙받는다. 하지만 스티브 잡스도 1985년에 자신이 세운 애플에서 쫓겨난 적이 있다. 그는 애플에서 퇴출당한 후 할리우드의 애니메이션 제작사 픽사를 인수했고 엄청난 성공을 거두면서 1997년 다시 애플로 돌아갈 수 있었다. 이후 애플은 새로운 기술의 시대를 열었다. 스티브 잡스가 곧 애플의 성공비결이라는 공식이 만들어졌다.

설득력 있는 스토리는 믿을 수 있다는 착각

'돌불연불생연埃不燃不生煙.'

조선시대 속담집 『열상방언洌上方言』에 나오는 말이다. '아니 땐 굴뚝에 연기나랴.'라는 뜻으로 원인이 없는 결과는 없다는 의미다. 좋은 결과는 좋은 원인이 있었기에 가능했고 나쁜 결과는 나쁜 원인이 있었기 때문이라는 이야기이다. 사람들은 이런 인과관계의 스토리로 세상을 이해한다.

서점가 베스트셀러에 오른 성공 스토리는 모두 이런 인과관계의 구조를 따라간다. 큰 성공을 거둔 사람이 '성공할 수밖에 없었던 이유와 그 결과'를 설명하는 것이다. 구체적이고 놀라운 몇 가지 사건을 통해 개인의 특별한 실력과 명백한 의도성이 부각된다. 원인이 분명한 결과는 자연스럽고 이해하기 쉬우며 그래서 설득력이 있다. 스토리에 설득이 되고 나면 '(그것을) 안다'고 생각하는 이해착각이 발생한다. 그런데 스토리를 읽고 나서 알았다고 믿게 된 사실은 과연 진실일까?

다시 스티브 잡스의 이야기로 돌아가보자. 사람들은 스티브 잡스의 스토리에서 완벽한 기술, 천재적 아이디어, 경영철학, 혁신과 비전 등 성공법칙을 찾았고 스티브 잡스처럼 생각하고 일하면 누구나 성공할 수 있다는 확신을 하게 됐다. 그런데 사람들이 열광하는 스티브 잡스의 성공 스토리에서 상대적으로 주목받지 못하는 중요한 사건이 있다. 바로 스티브 잡스가 애플에서 쫓겨난 후 애니메이션 회사 픽사를 인수하고 애니메이션을 제작한 사건이다. 이 애니메이션이 없었다면 스티브 잡스는 애플로 돌아갈 수 없었을지도 모른다. 물론 픽사의 성공은 훗날 스티브 잡스의 놀라운 능력을 증명(?)하는 사례 중 하나로 알려졌지만 사실은 이와 다르다.

스티브 잡스가 픽사에서 거둔 성공은 실제로 그의 '의도'와 '계획'으로 만들어진 결과가 아니었다. 당시 그는 앞으로 '개인들이 3D 이미지 컴퓨터와 소프트웨어를 사용하는 세상'이 곧 올 것으로 예측했고 픽사를 3D 그래픽 분야의 하드웨어 기업으로 키울 계획이었다. 물론 그의 예측은 보기 좋게 빗나갔고 무려 5,000만 달러를 투자했지만 사업은 오히려 하향길을 걸었다.

그에게 회생의 길이 열린 건 전혀 예상치 못한 '컴퓨터 애니메이션'이었다. 스티브 잡스는 애니메이션 사업을 컴퓨터와 소프트웨어를 판매하기 위한 마케팅 수단으로 생각했는데 천재 애니메이션 감독 존 라세터John Lasseter의 제안으로 별 기대 없이 단편 애니메이션 제작에 적은 돈을 투자했다. 그런데 2분 20초짜리 단편 애니메이션 「룩소 주니어」가 아카데미상 후보에 올랐고 5분짜리 단편 애니메이션 「틴 토이」가 아카데미상을 받았다. 이 단편 애니메이션 제작에 스티브 잡스가 쓴 돈은 당시 그가 컴퓨터와 소프트웨어 개발에 쓴 돈과 비교하면 보잘것없는 수준의 규모였다. 이어 할리우드의 거대 애니메이션 제작사 디즈니와 「토이 스토리」를 공동 제작했다. 이때도 큰 확신이 없었던 스티브 잡스는 안전한 투자를 위해 공동제작을 택했다. 하지만 이 작품은 모두가 알다시피 미국과 캐나다에서만 1억 9,000만 달러, 해외에서 1억 7,000만 달러를 벌어들였다. 말 그대로 대박 성공이 터진 것이다.

픽사의 성공은 말 그대로 '운'이었다. 천재적 감독 존 라세터와 만나지 않았더라면 디즈니사가 단편 애니메이션 「틴 토이」를 기반으로 「토이 스토리」의 제작을 제안하지 않았다면 '대박' 성공은 가능하지 않았다. 스티브 잡스는 애니메이션에 대해 잘 몰랐고 관심도 없었기 때문이다. 그가 큰돈과 노력을 쏟아부었던 픽사의 하드웨어 사업은 오히려 실패로 끝났다. 하지만 누구도 이 사실을 주목하지 않았다.

사람들이 좋아하는 성공 스토리는 일단 결과에서 시작한다는 점을 주목해야 한다. 성공한 결과에 맞는 성공의 원인을 찾는 방식으로 구성되는 게 바로 성공 스토리다. 이는 결과로 과정의 좋고 나쁨을 평가하는 결과편향Outcome bias의 사고이다. 애플의 대성공 이후 스티브 잡스의 과거를 추적하면 그가 이룬 모든 성공은 스티브 잡스의 의도된 선택의 결과로 이해하기 쉽다. 성공할 수밖에 없는 불변의 성공법칙이 만들어지는 것이다. 물론 그는 걸출한 능력을 지닌 뛰어난 인물이지만 그의 선택에도 실패가 있고 능력과는 상관없이 뜻밖의 운으로 거둔 성공도 있다.

때론 좋은 의도와 결정이 나쁜 결과를 만들 수도 있고 때론 옳지 않은 결정이 좋은 결과를 만들 수도 있다. 하지만 결과편향은 무조건 결과가 좋으면 과정도 좋고 결과가 나쁘면 과정도 나쁜 것으로 판단한다. 여기에 '후광효과Halo effect'도 관여한다. 모두가 부러워하는 성공이 주는 강력한 후광 덕분에 주인공은 영웅 혹은 천재로 과장되기 쉽다.

세상의 모든 일은 당연히 인과관계로 이해할 수 있다는 착각을 『블랙 스완』의 저자 나심 탈레브Nassim Taleb는 서사오류Narrative Fallacy의 개념으로 정의했다. 서사오류는 복잡한 세상을 단순하게 이해하는 직관의 사고방식이며 현재 일어난 몇 가

성공방정식

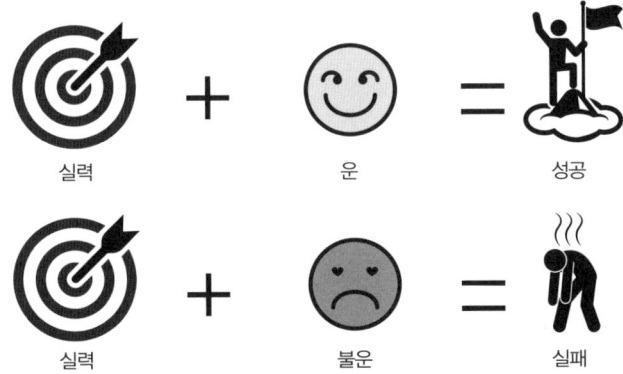

지 사건에 주목해 인과관계로 엮어서 미래를 예측하기 때문에 매우 잘못된 판단을 유도한다. 현재의 결정으로 미래를 예측할 수는 없다. 미래의 결과는 현재의 결정뿐만 아니라 예측할 수 없는 '운'도 관여하기 때문이다.

운을 믿지 않는 성공법칙은 과신을 부른다

짐 콜린스James C. Collins와 제리 포라스Jerry I. Porras는 저서 『성공하는 기업들의 8가지 습관Built to last』에서 세계 최고의 기업 18곳을 선정하고 성공법칙을 소개했다. 성공법칙을 꼼꼼하게 분석해 누구든 따라하면 최고의 기업을 만들 수 있을 것 같은 생각이 들 정도였다. 하지만 이들 18개 기업 중 약 20%는 글로벌 금융위기가 발생하기도 전인 2006년에 이미 사라졌다. 절대로 망하지 않을 성공 모델로 거론된 노키아도 정점에서 추락까지 단 10여 년밖에 걸리지 않았다. 나머지 기업들 역시 세계 기업 순위의 상위권에서 밀려난 지 오래다.

사람들은 그들이 정상에 있을 때 성공의 원인을 찾았고 그들이 정상에서 밀려나자 똑같은 방식으로 실패의 원인을 찾았다. 공통된 실패의 원인으로는 성공에 자만해서 변화에 빨리 대응하지 못한 경영자의 무능함을 손꼽았다. 하지만 이는 CEO가 무능했기 때문에 실패했다고 믿는 것은 이해착각이며 기업이 몰락했기 때문에 경영자가 무능해 보이는 결과편향의 반영이다. 맥킨지 컨설팅사에서 5년간 경영전략 컨설턴트로 활동한 엘레나 보텔로Elena L. Botelho는 저서 『이웃집 CEO』에서 1만 8,000명의 경영자를 연구한 결과 우리가 믿고 있는 'CEO의 신화'는 실제로 존재하지 않는다는 사실을 밝혔다. 실제로 CEO와 기업 성공의 상관계수는 0.3(30%) 정도에 불과하며 뛰어난 CEO가 회사를 성공적으로 이끌 확률과 덜 뛰어난 CEO가 회사를 성공적으로 이끌 확률의 차이도 고작 10% 정도라는 연구 결과도 있다. CEO의 능력이 성공에 기여하는 것은 맞지만 그것이 성공의 원인이라는 설명은 과장된 것이며 실력과 성공을 인과관계로 설명할 수 없다.

그렇다면 성공은 어떻게 만들어질까? 실제로는 운이 크게 작용한다. 예측할 수도 없고 그래서 통제할 수 없는 수많은 변동성이 바로 운이다. 정치적 문제가 느닷없이 시장을 흔들기도 하고 한 나라의 경제위기가 전 세계의 경제에 예고 없는 악재로 등장하기도 한다. 주변 환경과 인간관계 등 스스로 의도하지도 않고 예상할 수도 없는 사건들이 무수히 일어나고 좋든 싫든 자신의 선택과 결정에 관여하는 것이다. 출중한 실력과 좋은 운이 만나면 성공 가능성은 매우 높아질 것이다. 하지만 출중한 실력을 갖췄어도 불운이 계속되면 성공의 가능성은 낮아질 수밖에 없다.

미국 경제전문지 『포천』은 '가장 존경받는 기업'에 관한 연구에서 20여 년 동안 순위가 최하위권인 기업들의 주가변동을 조사했다. 그 결과 최하위권 기업들이 가장 존경받는 기업들보다 더 높은 주식 수익을 올렸다는 놀라운 사실을 알아냈다. 『성공하는 기업들의 8가지 습관』에 나온 성공한 기업들과 덜 성공한 기업들의 주식 수익 격차도 책 발간 이후 거의 사라졌다고 한다. 인과관계의 서사로 이해하면 전혀 논리적이지 않은 결과다. 성공을 만드는 불변의 요소(원인)가 존재한다면 성공은 계속 유지되어야 하지만 실제로 그런 일은 일어나지 않는다. 원래 비슷한 기업들의 차이는 실력만이 아닌, 상당 부분 운이 작용한 결과이다. 일정 기간이 지나면 이들 간의 평균 격차는 줄어든다. 운은 좋은 운이든 나쁜 운이든 계속 유지되지 않기 때문이다.

인과관계로 세상을 이해하면 지금의 결정이 미래에 반드시 의도한 결과로 나타날 것이라고 믿게 된다. 미래를 아는데 현재 자신의 결정은 절대로 틀릴 수가 없다고 생각한다. 이것이 바로 과신Overconfidence이다. 미래를 충분히 마음대로 통제할 수 있다고 믿는다면 선택과 결정에 신중할 이유가 없다. 참담한 실패를 만드는 판단의 중심엔 늘 과신이 있다.

슈퍼맨에 대한 환상

평균회귀

'스포츠 일러스트레이티드 징크스Sports Illustrated cover jinx'라는 말이 있다. 뛰어난 성적을 내던 운동선수나 팀이 미국 스포츠 잡지인 『스포츠 일러스트레이티드』 표지에 소개되면 다음 시즌에서 성적이 뚝 떨어지는 현상에서 나온 말이다. 또 소포모어 징크스Sophomore jinx라는 말도 있다. 고등학교나 대학교에서 1학년 때 공부를 잘하던 학생이 2학년이 되면 성적이 떨어지는 데서 유래한 것으로 2년 차 징크스라고도 부른다.

속칭 잘 나가던 사람이 갑자기 정체기나 부진한 상황에 빠지는 일은 흔하다. 사람들은 이런 현상의 이유를 주로 과한 자신감에 우쭐해서 노력하지 않았거나 혹은 너무 큰 부담감 때문에 제 실력을 발휘하지 못한 정신력의 문제라고 이해한다. 금메달을 딴 선수가 다음 경기에서 예선전에도 통과하지 못했을 때 뉴스의 헤드라인을 떠올려보자. '정신력 해이'와 '심적 부담'이라는 단어가 빠진 적이 없다. 하지만 이는 통계적으로 매우 자연스러운 현상이다. 평균보다 극단적으로 뛰어난 성과란 지속해서 유지하기 어렵고 장기적으로는 평균값에 가까워진다. 또 이전의 실력에 비해 극단적으로 낮은 성과를 냈을 경우, 이 또한 지속적으로 유지되지 않고 좋은 실적을 보이게 되며 장기적으로 평균값에 가까워진다. 이것이 바로 '평균회귀Regression to mean' 현상이다.

통계의 규칙은 평균으로 돌아간다

유전학자 프랜시스 골턴Francis Galton은 연구를 통해 키가 큰 아버지의 아들은 아버지보다 키가 작고 키가 작은 아버지의 아들은 아버지보다 키가 큰 경향을 발견했다. 평균으로부터 많이 벗어난 결과는 다시 평균으로 돌아오는 평균회귀 현상이다. 바로 이 평균회귀 현상 때문에 인류는 장기적으로 키가 극단적으로 커지거나 극단적으로 작아지지 않고 평균 키를 중심으로 분포하는 것이다.

날씨도 마찬가지다. 추운 날이 계속되면 다시 기온이 오르고 더운 날이 계속되면 다음엔 기온이 내려간다. 그래서 장기간 평균 기온을 비교하면 큰 차이가 없다. 주식시장에서도 평균회귀 현상이 나타난다. 비슷한 기업의 주식이 유독 고평가되거나 저평가된 경우 시간이 지나면 둘 사이의 격차가 줄고 평균값으로 회귀한다. 운동선수가 자신의 평균 실력보다 못한 성적을 냈을 때도 얼마의 시간이 지나면 평균 성적을 회복하거나 이를 뛰어넘는 성과를 낸다. 국민타자로 불리는 이승엽 선수의 평균 타율은 3할대이지만 그 역시 2할대의 성적을 기록하며 부진의 늪에 빠졌던 적이 있다. 회사에서 영업실적 1위를 기록하던 사원이 어느 해 유독 실적이 낮았다면 다음 해 혹은 그 다음 해에 다시 평균 성적을 회복하는 경우가 많다. 물론 반대의 사례도 존재한다. 실력 대비 유독 높은 평가를 받았다면 일정 기간이 지난 후에는 그보다 낮은 평가를 받을 확률이 높다.

자신의 평균 실력보다 더 뛰어나거나 그에 못 미치는 결과는 예측할 수 없는 여러 운이 복합적으로 작용한 결과다. 이런 유동적 요인들이 변화하면 자신의 원래 실력, 즉 평균의 모습을 찾게 된다. 이것은 통계적 진실이며 여기에 인과관계를 대입한 분석은 필요하지 않다. 하지만 사람들은 평균회귀 현상을 무시한다. 낮은 성과는 노력이 부족한 탓이고 높은 성과는 충분한 노력의 결과라고 생각하기 때문이다.

평균회귀를 무시하는 사고는 리더십에서 쉽게 찾아볼 수 있다. 리더들이 자주 하는 말 중에 "잘했다고 칭찬하면 꼭 성적이 떨어지고 잘못을 야단치면 잘하더라"가 있다. 이런 경우 십중팔구 엄격한 징벌 중심의 리더십을 갖게 된다. 평균회귀 현상에 따라 성적이 유독 좋으면 얼마 후 떨어질 확률이 높고 유독 나쁘면 얼마 후 그보다 높아질 확률이 높다. 그런데 마치 자신의 리더십이 특정 결과를 만들어냈다고 착각을 하는 것이다. 반대로 칭찬과 보상으로 매우 뛰어난 결과를 얻었으면 보상에 치중하는 리더십을 선호하게 된다. 마찬가지로 칭찬 리더십이 성공의 결과를 만들었다고 착각했기 때문이다.

성공을 보장하는 '뜨거운 손'은 없다

B는 몇 년 동안 안정적인 주식펀드에 투자해오다가 올해 새로운 펀드로 갈아탔다. 지난해 최고의 수익률을 기록한 펀드매니저가 올해도 틀림없이 높은 수익을 낼 것이라고 확신했기 때문이다. 하지만 B는 최근 수익률을 확인하고는 충격을 받고 말았다. 지난해 최고의 수익률을 냈던 펀드가 올해는 형편없는 성적을 냈기 때문이다. 성공은 또 다른 성공을 만든다는 그의 믿음은 보기 좋게 빗나갔다.

농구경기를 보면 경기가 잘 안 풀릴수록 유독 패스를 많이 받는 선수가 있다. 주로 슛을 연달아 성공시킨 선수들이다. 앞서 여러 번 슛을 성공시켰으니 다음 슛도 성공할 것이라고 믿는 심리가 만들어낸 장면이다. 아모스 트버스키와 토머스 길로비치Thomas Gilovich는 이런 심리를 '뜨거운 손 오류Hot hand fallacy'라고 불렀다. 이는 운 좋게 이어진 행운의 연속을 어떤 난관도 헤쳐나갈 전지전능한 해결사로 믿는 인지적 편향이다. 그런데 믿음과 달리 뜨거운 손으로 지목된 선수들은 기대만큼 해결사 노릇을 하지 못한다. 생각해보자. 선수가 던지는 슛은 각각 독립적 사건이다. 앞선 슛의 성공이 뒤의 슛을 성공시키는 데 아무런 영향을 주지 않는다. 슛 성공률은 선수의 평상시 실력의 범위에서 크게 벗어나지 않는다. 그런데 왜 뜨거운 손 오류가 생기는 걸까?

어느 날 한 선수가 경기에서 연속적으로 슛을 성공시켰다고 하자. 사람들의 기대와 박수 속에서 자신 있게 플레이를 하다 보니 슛을 던질 기회도 다른 경기 때보다 많이 생긴다. 많이 던지니 성공하는 슛의 수도 많아진다. 던지는 횟수 대비 성공 확률을 보면 자신의 평균 성적과 비슷한 수준이지만 뛰는 선수도, 지시하는 감독도, 보는 관중도 모두 그를 뜨거운 손, 즉 슈퍼맨과 같은 해결사로 믿게 된다. 이처럼 무작위 현상을 의도된 결과로 믿는 뜨거운 손 오류는 과신을 만들고 잘못된 판단을 하게 된다. 실제로는 의도된 결과가 아닌데 자신의 의지로 성공을 만들었다고 착각해서 무모한 모험도 불사하게 하는 것이다.

이와 비슷한 개념으로 도박사의 오류Gambler's fallacy가 있다.

동전을 던져서 연속적으로 앞면이 나오면 그다음에는 반드시 뒤가 나올 것으로 믿는 생각의 오류다. 도박장에서 줄곧 잃는 사람이 '앞에서 계속 잃었으니 이번에는 꼭 딸 것'이라는 믿음으로 도박을 계속하는 심리에서 나온 말이다. 도박사의 오류는 앞의 사건이 뒤의 결과에 확률적으로 전혀 영향을 미치지 않음에도 불구하고 지난 과거의 결과(확률)를 토대로 다음에는 자신의 신념대로 좋은 보상이 따를 확률이 높다고 믿는 잘못된 과신의 일종이다.

과신은 통계를 무시하는 직관적 판단의 전형이다. 이처럼 통계적 평균치에 근거하지 않은 직관적 판단은 의도적인 조정으로 오류를 줄일 수 있다. 예를 들어 상반기 실적이 매우 좋다면 다음 하반기 실적은 그만큼 나오지 않을 확률이 높다는 사실을 전제로 판단하는 것이다. 이 경우 최고의 실적이 아니라 그보다 낮은 실적을 기준으로 예전 실적의 평균치 등을 고려하면 앞으로 실적의 평균치를 비슷하게 조정할 수 있다. 평균 회귀를 고려해 예측을 조정하면 과신의 위험성을 낮추고 판단의 실수도 줄일 수 있다.

떡잎만 보고도
될성부른 나무인지 알까?

타당성 착각

해마다 새로운 인재를 뽑고 관리하는 인사담당자들은 입사성적이 좋으면 입사 후에도 좋은 성과를 낼 것으로 확신해왔다. 그런데 국내 모 대기업이 자사의 직원들을 대상으로 입사성적과 입사 후 업무성과의 연관성을 지속적으로 조사했다. 입사성적과 입사 5년 후와 10년 후의 성과를 비교 분석한 것이다. 결과는 예상을 크게 벗어났다. 입사성적과 입사 후 성과는 아무런 상관관계가 없었다. 매우 오랫동안 '당연하게' 생각했던 인사에 대한 신념이 여지없이 무너져버렸다. 인사 전문가들의 '성적이 좋으면 일도 잘할 것'이라는 확신은 전혀 타당성이 없었다.

확신과 사실을 헷갈리는 타당성 착각

어떤 사람을 뽑아야 나중에 일을 잘할까? 어떤 주식을 사야 돈을 벌 수 있을까? 사람을 뽑고 주식에 투자하는 것 모두 현재의 판단으로 미래를 선택하는 일이다. 그런데 선택을 할 때 제일 중요한 미래의 정보는 정작 알 수가 없다. 그래서 예측이 필요하다. 우리는 전문가들의 말에 귀를 기울인다. 전문가들이 주로 하는 일이 바로 미래에 대한 예측이다.

옛말에 "될성부른 나무는 떡잎부터 알아본다"가 있다. 크게 될 인물은 어릴 때부터 남다른 특성을 보이고 바로 그 특성으로 미래에 성공할 것이라는 의미다. 그리고 전문가들은 그 특성을 찾을 수 있는 능력이 있으므로 예측도 가능하다는 믿음이다. 한 마디로 척 보면 장래에 리더가 될지, 우량주가 될지 알 수 있다는 얘기다. 하지만 대니얼 카너먼은 이런 확신은 착각이라고 단언한다. 그는 저서 『생각에 관한 생각』에서 자신이 이스라엘군에 복무했을 때 장교 후보생 선발 과정에 참여한 경험을 예로 들어 전문가들의 타당성 착각을 설명했다.

인재선발을 위해 모인 전문가들은 계급장도 떼고 이름도 가린 병사들의 훈련 모습을 관찰한 후 문제해결에 나서는 태도와 성격 등을 토대로 장교 후보가 될 만한 자질을 평가했다. 테스트를 통과한 후보생들은 이후 본격적으로 장교훈련 과정에 들어갔다. 그런데 테스트를 거쳐 장교의 자질을 인정받은 병사들의 훈련 성적은 예측과 전혀 달랐다. 기업의 입사성적과 앞으로 업무성과의 상관관계가 크게 낮았던 것처럼 이들의 실제 성적도 선발 당시의 기대에 크게 못 미쳤다.

이는 판단이 옳을 확률이 얼마나 되는지 논리적으로 분석하지 않고 주관적 확신으로 내린 결과다. 사람들은 자신의 경험에 비추어 평가하고 그 과정에서 정합적 논리가 만들어지면 타당하다고 생각하고 확신한다. 이것이 타당성 착각The Illusion of Validity이다. 일단 타당성 착각에 빠지면 증거의 질과 양에 대한 논리적 분석은 중요하지 않게 생각하고 오히려 주관적 확신에 따른 판단 능력을 과신하게 된다.

인지 착각은 알아도 고치기 어렵다

한 기업의 마케팅 담당 경력사원을 뽑는 면접에 두 명의 지원자가 참여했다. 밝은 표정으로 면접관들의 질문에 시원시원하게 대답하고 적극 질문도 하는 A는 매우 능동적이고 자신감이 있어 보인다. 하지만 입사지원서에 기록된 업무와 성과 등의 내용은 기대만큼 충분하지 않다. 반면 B는 업무와 관련된 풍부한 경력이 단연 눈에 띈다. 하지만 무뚝뚝한 표정으로 면접관들과 자연스러운 대화를 이어가지 못한다. 당신이 면접관이라면 A와 B 중에서 누구를 선택하겠는가. 논리적으로 생각해보면 아무래도 업무 능력을 검증할 수 있는 B가 더 유리한 조건이다. 하지만 실제로 면접을 통과할 가능성은 A가 더 높다.

언젠가 대기업에서 20여 넘게 근무한 한 인사 전문가가 면접관들이 주로 각자 선호하는 부하의 유형에 맞는 사람을 뽑는다고 말한 적이 있다. 자신의 주관적인 경험으로 뽑을 만한 이유를 만들고 그것이 타당하다고 믿는 것이다. 솔직히 입사 후 누가 더 훌륭한 성과를 낼지는 아무도 장담할 수 없다. 하지만 타당성 착각은 알 수 있다고 확신하게 만든다. 설사 틀릴 수 있다는 사실을 알아도 그러한 사고방식을 계속 유지한다. 이유는 착시현상으로 설명할 수 있다.

착시는 눈에 보이는 착각이다. 아래 그림을 보자. 서로 대비되는 그림에서 세로 직선의 길이는 같다. 하지만 시각적으로는 한쪽이 분명 길어 보인다. 자로 재어보고 선의 길이가 같다는 사실을 알아도 여전히 한쪽이 길어 보인다. 이와 똑같은 현상이 머릿속 사고의 과정에서도 일어난다.

뮐러리어의 도형

착각은 인지적 착시현상이다. 틀렸다는 것을 인지해도 여전히 기존의 방식이 옳다고 생각된다. 직접 자로 재볼 수 있는 착시보다 눈에 보이지 않고 생각 속에서 일어나는 인지적 착각은 더 고집이 세다. 만약 미래의 상황을 예측하고 판단해야 하는 의사결정자들이 타당성 착각의 위험성을 안다면 결과가 달라질까? 행동경제학은 이에 대해 조금은 비관적이다. 타당성 착각에 빠졌을 때 스스로 착각에 빠져 있다는 사실을 자각할 수 없기 때문이다.

하지만 착시라는 것을 알기 위해 자로 직접 길이를 재보듯이 인지적 착각도 비슷한 상황에서 판단을 의심하는 방식으로 점검할 수 있다. 만약 자신을 포함해서 누군가 강한 확신으로 장담한다면 오히려 그대로 믿기보다는 타당한 논리인지 통계적 관점으로 다시 따져보는 것이다. 이처럼 인지적 착각을 방어하려면 노력이 필요하다.

원숭이와 투자 전문가 중 누가 이길까?

능력착각

1973년 미국에서 원숭이와 투자 전문가의 '주식 투자종목 찍기' 대결이 있었다. 눈을 가린 원숭이가 작은 창을 던져서 상장기업 리스트에서 찍은 종목과 투자 전문가가 선정한 종목의 수익률을 일정 시간이 지난 후 비교하는 다소 황당한 실험이었다. 이 실험의 결과는 말 그대로 충격이었다. 원숭이와 투자 전문가의 수익률이 별 차이가 없었던 것이다.

과연 전문가의 예측은 맞을까?
프린스턴 대학교의 경제학자 버튼 말키엘Burton Malkiel의 이 실험은 이후로 호기심 많은 사람에 의해 수차례 재현됐다. 원

승이 대신 일반인들이 나서서 화살을 던져 찍은 종목의 수익률과 투자 전문가가 선별한 종목의 수익률을 비교했을 때도 전문가의 능력을 확인할 만한 유의미한 차이가 나타나지 않았다. 때로는 화살이 찍은 종목의 수익률이 더 높은 결과가 나오기도 했다. 주식시장에는 '랜덤워크 이론Random walk theory'이라는 게 있다. 주가의 움직임은 술 취한 주정뱅이의 걸음걸이와 같아서 애초부터 예측이 불가능하기 때문에 주가를 분석하는 것은 의미가 없다는 얘기다.

우리는 이러한 실험 결과를 통해 전문가들의 미래 예측을 온전하게 신뢰할 수 없다는 사실을 알게 된다. 실제로 경제 및 금융 분야의 많은 실험에서 투자 전문가들의 실적은 해마다 일관되지 않고 상관관계도 제로에 가깝다는 사실이 밝혀졌다. 뉴욕대 MBA 교수 안드레아 프라지니Andrea Frazzini는 경험이 많은 전문가들이 운용하는 뮤츄얼펀드 3만 개의 거래 내역을 조사한 결과 기관투자가들이 이익 종목을 손실 종목보다 1.2배나 더 자주 처분한 사실을 발견하기도 했다. 전문가들은 그들의 자신감과는 달리 실제로는 수익과 손실의 상황을 예측하지 못했다. 수익과 손실이 전문가들의 의도에 맞게 결과로 나타나지 않았던 것이다.

하지만 전문가들은 언제나 자신들의 수익률이 시장의 평균보다 높을 거라고 자신한다. 오랜 현장경험, 경제지표와 재무

제표 분석, 해당 기업의 경영 전반에 대한 고도의 전문지식을 갖춘 자신들의 예측이 틀릴 리 없다고 확신하는 것이다. 하지만 이는 '능력착각'이며 과신이다. 앞서 열거한 능력들, 즉 현장경험, 경제지표와 기업의 재무자료, 전문 경영지식 등은 주식투자에서 성공할 수 있는 충분조건이 아니다. 주가는 전문가들이 알고 있는 정보만으로 예측이 불가능하기 때문이다. 실제 주가는 이런 정보들 외에 변화무쌍한 외부의 요소에 더 큰 영향을 받는다. 전문가들이 매우 특별한 예지력으로 미래의 주식시장에 어떤 변수들이 나타날지 꼭 찍어서 알 수 있는 게 아니라면 예측은 당연히 정확할 수가 없다.

주가가 오르락내리락하는 이유는 사고파는 사람들이 있기 때문이다. 전문가들도 같은 주식을 누구는 사고 누구는 판다. 이들이 알고 있는 정보는 대동소이하다. 다만 파는 사람은 내릴 것으로 예측한 것이고 사는 사람은 오를 것으로 예측한 것이다. 이 과정에서 돈을 버는 사람이 있으면 반드시 돈을 잃는 사람이 생긴다. 가격을 정확하게 예측할 수 있다면 사고파는 선택이 달라질 이유가 없고 투자 실패로 눈물을 흘리는 사람도 없을 것이다. 전문가의 예측은 전문성에 대한 과신에서 비롯된 능력착각과 주관적 경험을 바탕으로 선택의 논리를 만든 타당성 착각의 결과물이다.

왜 전문가의 판단이 틀릴까?

심리학자 필립 테틀록Philip E. Tetlock은 정치 경제 분야의 예측이 직업인 전문가들을 대상으로 예측이 맞을 확률을 조사했다. 그 결과 전문가의 예측이 비전문가의 예측보다 나을 게 없다는 결론을 내렸다. 또 다른 조사들은 오히려 '가장 많이 아는' 전문가의 예측이 가장 정확도가 떨어진다고도 나왔다.

전문가들의 예측 오류 중에는 꽤 유명한 이야기들이 많다. 유럽의 경영, 과학, 교육 등 분야의 전문가 모임 '로마클럽Club of Rome'은 1972년 보고서 「성장의 한계」를 통해 2000년대 초반 석유가 고갈될 것'이라고 예측했지만 이후 새로운 유전개발 기술이 개발되었고 석유 생산량은 오히려 증가했다. 1988년 예일 대학교 폴 케네디Paul Kennedy 교수는 가까운 미래에 '일본이 세계 최강의 경제 대국Pax Japonica이 될 것'이라고 예측했다. 하지만 미국은 여전히 세계 1위의 경제 대국이다. 그리고 현재 미국의 경쟁자는 일본이 아닌 중국이다.

우리가 전문가들의 예측에 귀를 기울이는 것은 빠른 문제 해결 방법을 찾을 수 있다는 믿음 때문이다. 하지만 전문가들의 예측 정확도는 우리의 믿음보다 떨어지는 경우가 많다. 이유는 과도한 능력착각 때문이다. 전문가들은 자신의 똑똑함을 과시하는 경향이 있다. 사람들이 미처 생각하지 못하는 아주 낮은 확률의 사건이라도 과대평가하고 자신이 알고 있는 많은 변수를 고려해 복잡하고 구체적인 상황을 예측한다. 하지만 변수가 많이 조합될수록 발생할 가능성은 더 낮아진다. 공부 잘하는 사람을 찾는 일보다 공부도 잘하고 얼굴도 잘생기고 운동도 잘하고 노래도 잘하는 사람을 찾는 일이 훨씬 어려운 것과 같은 이치다.

    변수란 상황에 따라 달라지는 요소다. 미래의 불확실한 상황에서 발생할 변수를 모두 고려한 예측이 정확할 리가 없다. 실제로 전문가들의 예측과 판단은 '예측이 가능한 환경'에서 정확도가 높아진다. 스탠퍼드 대학교의 파멜라 힌즈 교수 Pamela J. Hines는 "아주 훌륭한 전문가라도 빠르게 변화하는 세상에서는 과거의 전문성으로 미래를 예측하는 것이 의미 없으며 틀릴 가능성도 매우 높다."라며 전문가들의 예측이 빗나갈 수밖에 없는 현상을 '전문가의 저주 Curse of the expert'라고 불렀다. 하지만 사람들은 불확실성을 인정하는 합리적 판단을 오히려 무능함으로 받아들이고 강한 자신감을 보이는 전문가의 조언을 선호한다.

    네덜란드 심리학자 기디언 케렌 Gideon Keren은 사람들이 전문가의 예측을 신뢰하는 방식을 살펴봤다. 두 명의 기상예보관 중 한 명은 앞으로 4일간 강수 확률 90%라고 예측했고 또 다른 한 명은 75%라는 예측을 했다고 하자. 이후 실제로 4일 중 3일이 비가 왔다고 했을 때 사람들은 누구의 예측을 더 정확하다고 생각했을까? 예상대로 90%로 예측한 예보관을 더 신뢰했다. 그러나 실제로 4일 중 3일이 비가 왔으므로 75%의 비 올 확률이 더 정확한 예측이었다.

　전문가의 예측 오류를 지적하는 이런 실험들은 전문가의 판단을 무시하려는 의도가 아니라 뭔가 잘 안다고 생각할 때 빠지기 쉬운 능력착각을 경계하는 데 목적이 있다. 실제로 능력착각은 전문가에게만 나타나는 것이 아니다. 물론 아예 모르면 착각도 없겠지만 어설프게 아는 지식과 자신의 능력에 자신감이 있을 때가 문제다. '남보다 더 많이 알고 있고 그래서 예측(결정)이 정확할 것'이라는 생각은 과신이다. 하지만 사람들은 이를 자신감으로 착각하기 때문에 잘못된 판단은 계속 반복된다. 일리노이 주립대학교의 대니얼 사이먼스Daniel Simons 교수는 사람들의 자신감은 대부분 실력에서 나오는 것이 아니라 단지 자신의 실력을 과대평가해서 남들에게 과시하려는 성향이라고 설명하고 이를 '자신감 착각Illusion of confidence'이라고 정의했다.

내가 하면
다를까?

평균 이상 효과

　승자의 저주Winner's curse라는 말이 있다. 경쟁에서 이기기 위해 지나치게 큰 비용을 지불했다가 이것이 부메랑이 되어 오히려 큰 위험에 빠지는 상황을 뜻하는 경제용어다. 미국의 한 종합석유회사 소속 엔지니어 E. C. 카펜, R. V. 클랩, W. M. 캠벨이 논문에서 승자의 저주라는 개념을 처음 소개했다.

　사건의 배경은 1950년대 미국 멕시코만의 석유 시추권 경매다. 당시 경매에 참여한 기업들은 석유 시추권을 낙찰받기 위해 치열하게 경쟁했다. 당시 기술로는 정확한 매장량을 확인할 수 없었지만 경쟁이 과열되면서 낙찰가는 무려 2,000만 달러까지 치솟았다. 비싼 대가를 치르고 시추권을 확보한 기업은 성공을 자축했다. 하지만 곧 상황이 역전됐다. 시추결과 실제 가치는 약 1,000만 달러에 불과했고 해당 기업은 오히려 1,000만 달러의 큰 손해를 감당해야만 했다.

나의 능력은 확실히 남보다 낫다?

승자의 저주는 과신의 대표적인 부작용이다. 불확실한 결과를 지나치게 낙관적으로 평가하고 더 높은 가격을 지급해도 자신만큼은 잘해낼 수 있다고 믿기 때문에 잘못된 결정을 내린다. 과신은 자신이 실제로 아는 것보다 더 많이 알고 있다는 이른바 '지식착각'에서 비롯된다. 놀랍게도 평범한 우리 모두에게 능력을 과대포장하는 과신의 성향이 있다. 바로 지금 내 안에 있는 과신 성향을 확인해보자. 아래 두 개의 질문을 보고 직관적으로 답을 해보자.

> 1) 당신은 일(업무)을 잘하십니까?
> 2) 당신은 평균보다 일(업무)을 잘하십니까?

직장에서 일을 잘하느냐 아니냐를 묻는 말에 답을 하긴 쉽다. 그런데 평균보다 잘하는지를 물으면 좀 신중하게 따져봐야 한다. 우선 평균의 업무 능력이 어느 정도인지 생각해봐야 하기 때문이다. 하지만 평균 실력에 대한 구체적 데이터가 없어도 솔직히 대답이 어렵지는 않다. 당신의 머릿속에도 이미 답이 떠올랐을 것이다. 아마도 '평균 정도는 된다'거나 '평균 이상은 된다.'라고 생각할 확률이 매우 높다. 평균의 수준은 몰라도 평균 이상의 능력이 있다고 믿는 평균이상효과Above-average effect이다.

사회심리학자 데이비드 마이어스David G. Myers는 연구를 통해 미국의 기업 임원 중 90%가 자신의 성과를 평균 이상으로 평가한다는 사실을 알아냈다. 그런데 그건 일부 경영자들에게만 나타나는 것이 아니다. 경제학자 로버트 프랭크Robert H. Frank와 필립 쿡Philip J. Cook은 저서 『승자독식 사회』에서 미국 근로자의 90% 이상이 '나는 일반 근로자보다 더 생산적'이라고 믿고 있다고 밝혔다. 국내 구직자의 70%도 '나는 평균보다 우수한 인재'라고 생각한다는 조사결과(잡코리아&비즈몬, 2008)가 있다. 자신은 평균보다 많은 업무를 처리하고 있고 동료보다 더 높은 평가를 받아야 하며 사람들과 어울리는 능력도 평균 이상은 된다고 생각해본 적이 있을 것이다. 평균이상효과이며 과신의 성향이다.

권력을 가진 사람들에게 평균이상효과는 더 뚜렷하게 나타난다. 감정 심리학자 대처 켈트너Dacher Keltner는 '역할놀이' 실험을 통해 상사가 되어 의사결정권을 가졌다고 생각할 때 '잘한 일은 내 덕분'이라고 생각하고 '남의 성공은 운' 정도로 치부하는 심리가 강해지는 현상을 발견했다. 권력을 느끼면 능력을 과신하게 된다. 그리고 성과는 모두 자신의 능력 덕분으로 생각하기 때문에 팀의 공로를 자신에게 돌리는 데 거리낌이 없다. 하지만 책임은 타인에게서 찾는다. 과신은 똑똑한 자신의 실수를 인정하지 않는다.

과신은 무능력의 다른 얼굴이다

대니얼 카너먼이 혁신적 기업의 창업가들에게 "회사의 성과에 자신의 노력이 미친 영향은 얼마인가?"라고 물었다. 그러자 모두 80% 이상이라고 평가했다. 회사의 운명이 자신의 능력에 달렸다고 믿고 있다는 얘기다.

우리나라 중소기업의 50%가 창업 후 4년 내 폐업을 한다(창업진흥원, 2019). 미국도 이와 크게 다르지 않다. 소기업의 5년 생존율이 35%에 불과하다. 성공은커녕 생존하기도 어려운 것이 스타트업의 현실이다. 그런데 창업가들의 80% 이상이 성공 가능성을 확신한다고 한다. 솔직히 말하면 모두 과신이다. 성공이란 예측할 수 없는 변수가 크게 작용하고 때로는 성공의 이유가 자신의 실력이 아닌 경쟁자의 치명적인 실수 덕분일 수도 있다. 능력을 과신하는 보편적 성향이 우연히 몇 차례의 성공을 경험하게 되면 경험을 믿고 무모한 결정을 내리기 쉽다. 실패의 가능성이 높은 상황에서도 기꺼이 위험을 떠안는다. 승자의 저주가 매번 반복되는 이유다.

그리스 신화에 나오는 이카루스Icarus의 이야기를 보자. 그는 새의 깃털과 밀랍으로 만든 날개를 달고 하늘을 날았다. 그러나 하늘을 난다는 기분에 우쭐해져서 아버지의 경고를 무시하고 태양 가까이 날아올랐다가 날개가 녹아서 추락해버렸다. 그가 하늘로 날아오르는 성공을 거둔 이유도 날개고 추락한 이유도 날개다. 가장 자신있는 자산(장점)이 바로 파멸의 지름길이 되는 '이카루스 패러독스Icarus Paradox'는 비즈니스 현장에서 왕왕 일어나는 일이다. 성공의 원인이 곧 실패의 원인이 되는 역설의 핵심은 바로 과신이다. 자신의 능력을 과대평가하고 오로지 자신의 목표에만 집중하는 과신은 기저율과 같은 기본 데이터를 고려하지 않고 경쟁 관계에 있는 타인의 계획과 능력도 무시한다. 경쟁 관계에서 발생할 수 있는 위험성을 간과하는 것이다.

국내 치킨집이 8만 7,000여 곳에 달하고 해마다 8,000곳이 폐업을 하지만 연 6,000여 곳의 치킨집이 새로 문을 연다(KB금융지주 경영연구소 2019). 이미 과도한 시장이라는 것을 모두가 알지만 처음 창업을 하는 사람들은 미래를 낙관한다. 우리 치킨이 무지 맛있고 앞집보다 더 친절하고 홍보도 잘할 수 있다는 자신감으로 포장되어 있기 때문이다. 하나의 상권에 이미 여러 개의 치킨집이 있다면 과연 몇 명이 자신의 가게를 찾을 것인지 사전확률을 따져봐야 한다. 이를 토대로 투자한 원금을 언제쯤 회수할 수 있을지 비슷한 사례의 분석을 통해 자본회수기간Payback Period을 예측하고 사업 타당성을 점검해야 한다. 그러나 창업 계획을 세울 때부터 이미 경쟁에 대한 개념은 무시된 경우가 많고 전혀 고려하지 않기 때문에 자본회수기간에 대한 객관적 분석도 가능하지 않게 된다.

실제보다 능력을 과신할 때 세상은 낙관적일 수밖에 없다. 운과 같은 변수조차 능력으로 착각한다. 그러다 보니 미래의 문제도 충분히 통제할 수 있다고 믿는다. 이런 태도를 보이면 자연스럽게 새로운 정보를 받아들이는 데 게을러지고 위험 감지능력은 크게 떨어진다. 자기 과신에 빠지면 나쁜 결과에 대한 부담은 물론이고 자신의 무능력을 인지하지 못하기 때문에 스스로 성장할 기회도 놓치게 된다.

의사결정 전에는 '나의 자신감도 혹시 낙관주의적 과신은 아닌지, 타인의 자신감을 무작정 신뢰하는 것은 아닌지, 경쟁자의 능력을 과소평가하는 것은 아닌지'를 생각해볼 필요가 있다. 자신의 능력을 평가해야 한다면 스스로 판단하지 말고 외부의 평가를 듣고 수용하는 방식으로 과신의 위험성을 진단하는 것이 좋다.

나심 탈레브는 최근 저서 『스킨 인 더 게임』에서 불확실한 세계 경제에 존재하는 19가지의 보이지 않는 위기와 선택 그리고 책임의 불균형이 가져올 위험한 미래를 경고하고 있다. 그리고 그 대비책으로 "리스크를 사랑하되 파멸을 유발하는 리스크는 철저히 회피하라"고 강조한다. 리스크를 감수하고 용감하게 도전하는 자세는 분명히 필요하다. 하지만 파멸을 유발할 수 있는 리스크는 이익이 매우 클지라도 포기하라는 말이다. 낙관주의적 과신으로 큰 실패의 가능성을 무시하고 리스크를 수용하는 무책임한 리더만큼 위험한 존재는 없다. 탈레브는 리더의 가장 중요한 덕목으로 '행동과 책임의 균형'을 강조했는데 불확실성이 커지는 지금의 시대에 깊게 되새길 필요가 있다.

2강
직관을 의심하라

: 판단 습관을 바꾸면 실패를 줄인다

직관은 통찰일까 망상일까?

직관적 예측의 신뢰성

미국의 한 주택에 큰불이 났다. 소방관들은 가장 불길이 거센 주방을 화재의 진원지로 보고 집중적으로 진압에 나섰다. 그런데 주방의 불길은 잡힐 듯하다가도 다시 크게 살아나는 양상을 반복했다. 소방대장은 이 상황이 참으로 이상했다. 게다가 주방을 향해 물을 뿌리느라 소방관들이 모여 있던 거실 온도도 이상할 정도로 뜨겁게 느껴졌다. 그 순간 소방대장은 대원들에게 "모두 밖으로 나가!"라고 소리쳤다. 영문도 모른 채 대원들은 집 밖으로 뛰쳐나갔고 그와 동시에 거실 바닥이 와르르 무너져 내렸다. 소방대장의 퇴거 명령이 조금만 늦었더라면 대원들은 모두 목숨을 잃었을 것이다. 이후 조사결과 화재의 진원지는 주방이 아니라 지하실이라는 게 밝혀졌다.

심리학자 게리 클라인Gary Klein이 직관을 주제로 한 연구에서 소개한 이 일화는 정보가 한정된 긴박한 상황에서 전문가의 직관적 판단이 얼마나 놀랍고 훌륭한 결과를 만드는지 잘 보여준다. 게리 클라인은 베테랑 소방관들은 무려 80%의 상황에서 단 한 번의 직관적 판단으로 해결책을 찾아낸다는 사실도 알아냈다. 스티브 잡스는 부지불식간 작용하는 직관의 매우 놀라운 능력에 대해 "직관은 지적인 능력보다 강력하다."라고 했고 알베르트 아인슈타인은 "인간의 능력 중 정말 유일하게 가치 있는 것은 직관"이라고 했다.

그래서 더 궁금하고 난감하다. 직관이 이처럼 놀라운 능력을 가졌음에도 많은 경우 직관에 의존한 판단이 자주 비합리적인 결과를 가져오기 때문이다. 행동경제학은 직관적 판단의 오류를 경계하라고 하지만 그렇다고 직관을 무시하지도 않는다. 다만 믿을 수 있는 직관과 그렇지 못한 직관을 분명하게 구분해야 한다고 조언한다.

믿을 수 있는 직관에는 패턴이 있다

직관은 한 마디로 '패턴'을 인지하는 능력이다. 시스템 1이 연상기억 체계를 통해 과거의 경험을 떠올리고 1차적인 판단을 내리면 시스템 2가 개입해 시스템 1의 선택을 시뮬레이션

한다. 이 과정은 일정한 패턴으로 머릿속에 저장되고 직관은 패턴이 적용될 수 있는 규칙적인 상황에서 빠르게 문제해결의 방법을 찾아낸다.

직관적 판단은 생전 처음 보는 사람의 말투와 표정에서 무의식적으로 감정을 읽고 행동을 예측하는 것인데 경험으로 축적된 패턴을 읽어낸 결과다. 게리 클라인의 연구에 등장한 소방관의 직관처럼 매우 전문적인 영역에서도 직관은 패턴의 영향을 받는다. 오랫동안 규칙적으로 반복되는 상황에서 종사한 전문가라면 그의 전문지식과 임상 경험들은 일정한 패턴으로 저장될 수 있다. 비슷하게 규칙적으로 반복되는 상황이 발생할 때 매우 빠르고 효과적인 문제해결 방식을 찾아낼 수 있다. 소방관, 응급실 의사, 비행조종사, 운동선수, 체스와 바둑 기사, 프로게이머 등은 급박한 상황에서 찰나의 순간에 '왜?'라는 질문과 동시에 '어떻게?'라는 답을 찾아내는 직관적 판단이 큰 힘을 발휘한다.

반복적이고 규칙적인 업무 과정에서 빠른 피드백으로 점검이 가능한 경우 직관의 판단력은 더 쉽게 강화된다. 예를 들어 심리상담사는 상대 반응을 상담과정에서 빠르게 점검할 수 있기 때문에 내담자의 다음 행동과 상태를 직관적으로 빨리 예측할 수 있게 된다. 하지만 특정 분야에서 전문가의 직관적 판단도 장기적 예측은 신뢰하기 어렵다. 응급실 의사가 직관적으로 치료의 우선순위를 정하고 위기를 넘길 순 있지만 장기적으로 그 환자가 어떤 상황이 될지 직관으로 판단할 수 없는 것과 같다.

직관의 힘을 강조한 말콤 글래드웰Malcolm Gladwell은 저서 『블링크』에서 '경우에 따라서' 직관적 판단이 옳은 결론을 내리는 데 큰 도움이 된다면서 이런 직관을 잘 활용하려면 끊임없는 노력으로 훈련해야 한다고 강조했다. 훈련된 직관에 따른 의사결정은 이성적 판단의 반대가 아니라 또 다른 이성적 판단이다. 이처럼 규칙적 환경에서 고도로 훈련된 직관의 예측은 믿을 수 있다.

직관적 판단과 통계적 추론의 균형 찾기

신뢰할 수 있는 직관과 신뢰할 수 없는 직관의 차이는 패턴의 적용 여부다. 경영자의 의사결정, 정치와 경제전망, 투자예측 등에서 전문가들의 직관적 예측이 자주 빗나가는 이유는 규칙적 패턴이 존재하지 않는 분야이기 때문이다.

대학진학, 입사, 직원채용, 경영과 투자 전략, 주식시장의 변동 등은 선택과 결과 사이 규칙성이 존재하지 않는다. 선택이 결과로 나올 때까지 수많은 변동 요소가 개입하기 때문이다. 물론 전문가들은 지식과 경험으로 직관적 판단이 타당하다고 생각한다. 하지만 실제로는 상관관계가 매우 낮다는 사실이 여러 연구에서 증명되었다.

　대니얼 카너먼은 경영자, 투자 전문가, 입사면접관 등 전문가들이 각자 속한 분야에서 거둔 성공은 사실 운(변동성)과 실력의 조합이며 운의 영향력이 큰 분야일수록 전문가의 직관적 판단은 그저 운과 실력을 구분하지 못하는 능력착각에 불과하다고 말했다. 직관적 판단을 신뢰할 수 있는 경우는 상당히 제한적이다. 게리 클라인의 연구에서처럼 규칙적 패턴이 있는 분야가 아니라면 직관은 대체로 비합리적인 판단을 내린다. 직관은 통찰과 망상이라는 두 가지 얼굴을 가지고 있다. 합리적 선택을 위해서는 통계적 관점으로 의사결정을 하는 것이 유리하다. 하지만 직관적 판단이 언제나 어리석은 선택을 만들고 통계적 관점에 의존한 합리적 판단만이 성공의 결과를 만드는 것은 아니다.

　4차 산업혁명의 시대를 앞서 이끌고 있는 세계적인 유니콘 기업들이 초기 위험한 도전을 과감하게 선택할 수 있었던 동력 중 하나가 바로 직관의 힘이다. 스티브 잡스가 청년들에게 "당신의 마음과 직관을 따라가는 용기를 가져라."라고 거듭 격려를 아끼지 않았던 이유도 이 때문이다. 완벽하게 합리적인 판단이란 가능하지 않고 실수하더라도 그것이 곧 실패는 아니라는 낙관적이고 긍정적인 태도는 미래를 위해 꼭 필요하다. 다만, 직관적 판단을 과신하는 것은 곤란하다. 과신은 더 좋은 선택을 방해하기 때문이다. 신뢰할 수 있는 직관과 신뢰하지 말아야 할 직관의 차이를 아는 것은 중요하다. 무엇을 믿고 또 믿지 말아야 할지 구분할 수 있다면 불확실한 미래에서 더욱 합리적인 판단의 균형을 맞추는 데 도움이 될 것이기 때문이다.

직관보다
통계적 논리를 꺼내라

통계적 예측

많은 경험을 가진 전문가의 예측보다 간단한 통계를 기반으로 예측한 것이 훨씬 더 정확할 수 있다.
- 폴 밀(심리학자)

세계 최고의 전자상거래 기업 아마존의 시작은 온라인 서점이었다. 오프라인 서점과 비교가 안 될 정도로 방대한 서적들을 다양한 고객층의 입맛에 맞게 추천할 수 있는 큐레이션 서비스를 고민하던 CEO 제프 베조스는 두 가지 방안 중 하나를 선택해야 했다. 하나는 비평가와 편집자 등 전문가들의 분석을 토대로 책을 추천하는 방식이었고 다른 하나는 고객들의 판매

기록을 분석한 통계에 따라 추천하는 방식이었다. 전문가의 직관에 맡길 것인가, 아니면 빅데이터에 의존한 예측에 기댈 것인가? 제프 베조스는 통계를 선택했고 결과는 대성공이었다. 아마존은 매출의 상당 부분이 알고리즘 큐레이션 시스템으로 발생한다고 평가하고 있다.

사람들의 매우 주관적인 심리와 취향을 타깃팅해야 하는 비즈니스 분야에서 알고리즘의 예측을 적용해 성공한 예는 어렵지 않게 찾을 수 있다. 전통적으로 선호해온 직관의 판단과 통계적 판단의 경쟁에서 통계는 확실히 더 나은 예측력을 증명하고 있다.

승자는 항상 통계다

2012년 재선에 성공한 버락 오바마 대통령의 선거에서 가장 주목을 받은 건 알고리즘의 예측력이었다. 오바마 캠프는 구글의 CEO 에릭 슈미트, 애플의 CEO 스티브 잡스 등 IT 전문가들에게 조언을 받아 '빅데이터 선거전략'을 세웠다. 빅데이터 분석에 따라 유권자와 의사소통, 홍보, 모금활동은 물론이고 심지어 연설의 방향까지 정했다. 선거가 끝난 후 사람들은 궁금했다. 알고리즘의 예측은 어느 정도 정확했을까? 분석 결과 실제 득표수와 예측의 차이는 1% 미만이었다. 알고리즘은 약 3억 3,000만 명에 이르는 미국 국민들의 갈대 같은 마음을 읽고 향방을 예측하는 경쟁에서 선거 전문가들보다 정확한 예측력을 보여줬다.

경제학자 올리 아셴펠터Orley Ashenfelter는 프랑스 보르도 지방의 날씨 데이터를 분석한 통계자료를 바탕으로 이제 막 생산된 보르도 와인이 수년 후 혹은 수십 년 후 경매가가 얼마가 될지 예측해 발표했다. 그러자 와인 전문가들이 거세게 반발했다. 탁월한 미각과 오랜 감별력을 바탕으로 결정되는 와인의 가격을 미리 예측할 수 없다는 거였다. 하지만 논쟁의 승리자는 아셴펠터였다. 그의 예측과 실제 와인의 가격이 거의 맞아떨어졌던 것이다. 이후 그의 이름을 딴 아셴펠터 공식은 좋은 와인을 찾는 예측의 도구로 활용되고 있다.

전문가의 예측은 훈련과 경험(임상)에 따른 주관적 느낌의 판단이고 통계(공식, 알고리즘) 예측은 일정한 규칙에 따라 몇 가지 점수와 순위를 조합한 결과의 판단이다. 직관의 판단이 정확도가 떨어지는 이유는 전문가들이 미래를 예측할 때 지나치게 많은 변수를 반영하기 때문이다. 변수란 상황에 따라 발생할 수도 있고 발생하지 않을 수도 있다. 다양한 변수를 모두 조합해 가능성을 추론할 때 발생 가능성은 더 낮아진다. 바로 결합오류의 함정이다.

최종결정에서는 직관의 눈을 가려라

이제 막 태어난 신생아는 1분 1초를 방심하는 순간 심각한 위험에 빠질 수 있다. 그래서 분만실에서는 아프가 점수Apgar score라는 것을 활용해 신생아의 건강상태를 체크한다. 피부색깔, 심장박동수, 반사반응, 근육긴장도, 호흡상태 등 5개 항목에 0~2점 단위로 점수를 매긴다. 총 10점 만점에서 7~9점이면 정상으로 판단하고 그 이하는 세밀하게 관찰하고 의료적 조치를 하게 된다.

아프가 점수는 1953년 미국의 마취과 의사 버지니아 아프가Virginia Apgar가 만든 것이다. 당시만 해도 신생아의 건강 상태는 오로지 의사의 직관으로 판단했다. 우선적으로 호흡 상태를 살피든 울음소리로 건강상태를 판단하든 의사의 주관적 경험이 중요했다. 그러다 보니 신생아가 보내는 위험신호를 제때 알아차리지 못하는 경우가 많았고 신생아 사망률도 매우 높았다. 버지니아 아프가가 만든 불과 5개 항목의 검사지는 대단한 위력을 발휘했다. 신생아의 상태를 비교 가능한 수치로 전환시킴으로써 직관적 예측으로 발생할 수 있는 변수를 크게 줄인 것이다. 단순하고 객관적인 공식을 준수하는 것만으로도 신생아 사망률은 크게 낮아졌다.

심리학자 폴 밀Paul Meehl은 1954년에 일찌감치 훈련된 전문가의 임상예측과 통계예측을 비교한 연구결과를 내놨다. 전문지식과 경험을 갖춘 상담사들이 개인면담, 성적, 적성검사, 자기소개서 등을 토대로 대학 신입생의 1년 후 성적을 예측한 결과와 고등학교 성적과 적성검사의 알고리즘 분석으로 예측한 결과 대결에서 알고리즘이 승리했다.

S그룹에서 26년간 근무한 인사담당자는 "지원자가 면접장에 들어서는 순간 당락의 80%가 결정된다."라고 말한다. 전형적인 직관의 개입이다. '척 보면 안다'는 휴리스틱과 편향으로 자신의 판단을 과신하고 다른 객관적 정보를 무시하는 일은 너무 흔하다. 그렇다면 직관적 예측은 모두 무시해야 하는 걸까? 그렇지 않다. 다만 직관적 예측을 무조건 신뢰하기보다 객관적 정보에 집중함으로써 판단의 오류를 줄이는 노력을 해야 한다. 그래서 필요한 것이 바로 예측의 툴이다. 평가모형을 잘 설계하면 시스템 1이 빠르게 판단을 내리려고 할 때 객관적 평가의 공식을 통해 숙고하는 시스템 2를 의도적으로 개입시킬 수 있다.

폴 밀과 대니얼 카너먼 등은 인사평가모형을 만들 때 다음의 기본 원칙을 준수하라고 조언한다. 첫째, 업무와 직책을 성공적으로 수행하는 데 필요한 특성을 대여섯 가지 정도로 선택한다. 둘째, 그 특성을 평가할 수 있는 사실적 질문을 만들어 수치로 점수화한다. 셋째, 하나의 답변이 다른 항목의 평가에 영향을 주는 것을 차단한다. 이를 위해서 한 항목의 평가를 마칠 때까지 다른 항목의 평가를 진행하면 안 된다. 이 항목과 저 항목을 번갈아가며 평가하면 후광효과의 영향을 받을 수 있기 때문이다. 하지만 가장 중요한 원칙은 바로 수치로 평가된 최종 점수를 신뢰하는 것이다. 최종 결정을 앞두고 '저 사람이 정말 일을 잘할 것 같은데.' '내 감은 한 번도 틀린 적이 없는데.'라는 생각이 들어도 객관적 지표가 높은 사람을 선발할 때 더 좋은 인재를 찾을 확률이 높아진다.

잘 안다는 생각에
맹점이 있다

내부관점과 외부관점

　미국 1위의 알루미늄 회사 알코아Alcoa는 경영위기 속에서 1987년 폴 오닐Paul O'Neill을 CEO로 임명했다. 취임 후 오닐은 경쟁력 강화를 위해 '알루미늄 제조 역량을 키워야 한다.'라고 판단했다. 그러자 내부 임원들이 반발했다. 알코아는 알루미늄업계에서 오랫동안 1위 타이틀을 유지해왔던 탓에 '우리는 이미 최고'라고 굳게 믿고 있었기 때문이다. 오닐은 임원들을 설득하기 위해 곧 내부 진단을 시작했다. 동종 업계는 물론이고 유사업체들과 생산성, 직업안전도, 품질 등의 역량을 비교하고 점수화한 결과는 깜짝 놀랄 만했다. 대부분 항목에서 알코아는 경쟁 업체보다 뒤지고 있다는 사실이 드러났기 때문이다. 반기를 들었던 임원들은 '최고'라는 자부심이 착각에 불과했다는 사실을 인정할 수밖에 없었다.

안에서 보면 절대로 볼 수 없는 중요한 것들

알코아의 CEO이며 퇴임 후 미국의 재무장관을 역임한 폴 오닐은 '자신만의 사고에 빠져서 사실을 보지 못하면 스스로가 매우 잘하고 있다는 착각에 빠지게 된다'는 사실을 직접 증명해 보임으로써 과감하게 혁신을 추진할 수 있었다.

개인이든 조직이든 의사결정 과정에서 내부관점Inside view은 큰 영향력이 있다. 자신의 강점, 역량, 그리고 현재 처한 환경에 집중한 매우 좁은 사고의 프레임이다. 한 마디로 '자신(우리)이 무엇을 잘할 수 있고 어떤 역량을 갖추고 있는가'를 바탕으로 목표와 계획을 수립하는 것이다. 자신(내부)의 관점으로 스스로 역량을 평가하고 세상을 바라보기 때문에 실제로 계획을 추진하는 과정에서 성패를 좌우할 외부환경의 요인들은 간과하게 된다.

2001년 미국의 발명가 딘 카멘Dean Kamen이 1인용 전동스쿠터 세그웨이Segway를 개발했다. 애플의 스티브 잡스와 아마존의 제프 베조스 등이 앞다퉈 전폭적 지원에 나설 정도로 세그웨이는 매우 혁신적인 제품으로 주목받았다. 그러나 세그웨이는 출시 후 18개월 동안 6,000대 판매라는 저조한 기록을 세

왔다. 이는 판매 목표의 10%도 미치지 못하는 수치였다. 세그웨이의 실패는 '혁신의 저주Curse of innovation'로 설명할 수 있다. 하버드 대학교의 존 구어빌John Gourville 교수는 미국에서 출시되는 신제품의 90%가 실패를 경험하는 현상을 보고 '혁신 제품이 시장에서 성공하지 못하는' 현실을 혁신의 저주라고 불렀다.

혁신의 저주는 내부관점에 몰입된 선택의 결과다. 기업은 혁신적 제품을 개발할 때 '얼마나 새롭고' '얼마나 성능이 좋은가'를 주목한다. 기존 제품의 한계를 기술적으로 극복한 '새로움'이 '혁신 제품'의 조건이라고 생각하는 것이다. 하지만 실제로 혁신 제품이 성공하려면 고객이 해당 제품을 거부감 없이 자연스럽게 수용할 수 있어야 한다. 제품이 아무리 새롭고 뛰어나도 고객이 쉽게 받아들이고 구매(행동)하도록 유도할 수 없다면 실패한다.

새로움과 기술력을 기준으로 '혁신성'을 평가하는 것은 개발자의 관점, 즉 내부관점이다. 반면 고객의 행동 변화를 읽는 것은 외부관점이다. 가정용 TV를 통해 드라마와 영화를 찾아서 보는 '인터넷 기반의 동영상 제공 서비스OTT, Over the top'가 보편화된 것은 그리 오래되지 않았지만 기술은 이미 2000년대 중반에 개발되었다. 당시만 해도 사람들이 인터넷을 통해 동영상을 찾아보지 않았기 때문에 2000년대 중반 기술개발과 동시에

서비스 상품을 출시했다면 시장은 호응하지 않았을 것이다. 하지만 TV가 아닌 인터넷으로 동영상을 즐기는 요즘은 OTT 서비스를 이용하기 위해 기꺼이 돈을 지급한다. 내부관점이 아닌, 외부관점을 적용한 선택의 결과가 만든 성공이다.

혁신의 저주는 내부관점에 집중하고 외부관점을 간과하는 잘못에서 비롯된다. 물론 혁신 제품을 개발할 때 개발자들이 모두 외부관점을 전적으로 무시하는 것은 아니다. 다만 자신이 개발한 혁신적 제품과 기술에 대한 평가가 과대평가되기 쉬울 뿐이다. 내부관점으로 바라볼 때 계획은 대부분 완벽해 보인다. 해내지 못할 이유보다 해낼 수 있을 것 같은 이유가 더 잘 보이기 때문이다. 이런 접근 방식으로 문제를 파악하면 시장에서 벌어질 상황을 예측하기 어렵다. 이것이 내부관점의 폐해다.

시장의 흐름과 고객의 관점으로 보는 외부관점이 없다면 뛰어난 능력을 보유하고도 혁신의 저주를 피하기 어렵다. 처음부터 타인(경쟁자)과 시장의 흐름 등 외부환경을 제대로 이해하지 못했기 때문이다.

밖에서 안을 보면 계획오류가 보인다

계획오류를 줄이려면 외부관점Outside view이 필요하다. 외부관점이란 내 잣대가 아닌 타인의 시야로 목표와 계획을 점검하는 넓은 사고의 프레임이다. 알코아가 외부의 진단으로 경쟁 업체들과 자신의 역량을 비교하는 방식이 바로 외부관점의 적용이다. '우리의 장점' 대신 '우리가 하려는 일의 가치'를 평가하는 것이다. 계획이 계획으로 끝나지 않으려면 목표의 달성 가능성을 매우 현실적으로 점검해야 한다. 실제 시장에서 어느 정도 경쟁력을 확보할 수 있는 일인지 유사한 사례에서 가능한 많은 정보를 활용해 미래의 상황을 예측하는 것이다.

많은 기업에서 보편적으로 활용하는 스왓SWOT(강점·약점·기회·위협) 분석은 내부 역량에 대한 객관적 평가가 가능하지만, 내부관점에 편향된 경우 강점과 기회를 더 주목하고 상대적으로 약점과 위협요소는 간과하는 판단의 오류에 빠지게 된다. 시장에서의 경쟁 관계를 명확하게 파악하려면 경쟁기업과의 경쟁만을 경쟁으로 이해하는 좁은 시각에서 벗어나야 한다. 세계적인 경영전략가 마이클 포터Michael E. Porter의 산업구조분석 모델인 파이브 포스5 Forces는 '기존 기업 간의 경쟁'뿐만 아니라 매우 넓은 시야로 '신규 진입자의 위협' '판매자(공급자)의 교섭력' '구매자의 교섭력' '대체품의 위협' 등 총 다섯 가지 경쟁유발 요인을 외부관점으로 평가하는 대표적인 툴로 자주 활용된다.

내부관점이 아니라 외부관점으로 먼저 문제에 접근해야 하는 이유는 앵커링 효과 때문이다. 내부관점으로 결론을 내리고 기준치를 정하고 나면 바로 생각은 그 지점에서 멀리 확장되기 어렵다. 출발점이 잘못되면 문제를 해결하는 방식도 나아가는 방향도 틀릴 수밖에 없다. 덴마크의 경제 지리학자 벤트 플루비아Bent Flyubjerg는 계획오류에 대처하고 예측의 정확도를 높이는 외부관점의 적용법을 소개했다. 외부관점 적용의 첫 단계는 비교 분석할 참고사례를 잘 찾아내는 것이다. 누구와 어떻게 비교를 하느냐에 따라 좋은 답을 찾을 수도 있고 엉뚱한 답을 찾을 수도 있다. 두 번째 단계는 통계를 읽는 것이다. 참고사례의 예산과 기간 등 통계를 토대로 기준치를 정하고 예측에 반영한다.

그리고 마지막 점검으로서 낙관주의 편향의 개입 가능성을 살펴야 한다. 앞서 여러 차례 강조했듯이 낙관주의 편향은 계획오류의 주범이다. 자신의 능력을 과대평가하고 마땅히 고려해야 할 문제들을 과소평가한다. 참고사례를 통해 객관적 통계를 알았음에도 '하지만 나는 괜찮을 것'이라거나 '우리라면 당연히 해낼 것'이라는 막연한 낙관주의가 개입하면 외부관점이고 뭐고 소용이 없어진다.

시장의 불확실성이 상시적 현상이 된 뉴 애브노멀New Abnormal 시대이다. 지금 우리에게 필요한 것은 내부에 축적된 좁고 적은 경험이 아니다. 오히려 전통적으로 믿어왔던 내부의 정보와 지식을 지속적으로 점검해야 한다. 환경의 변화를 보고 통계로 사실을 인지하는 외부관점은 상황을 객관적으로 이해하고 미래의 변화를 예측할 수 있는 가장 유용한 사고의 방식이다.

비교하지 않으면
절대 모른다

공동평가와 단독평가

　모든 것은 상대적이다. 사람들은 옆에 '비교 대상'이 있어서 좋고 나쁨의 차이를 직접 느끼지 못하면 이게 얼마나 좋은지 혹은 얼마나 나쁜지 가치를 평가하는 것을 어려워한다. 비교 대상이 없이 단독으로 대상의 가치를 평가할 때는 합리적 판단이 어렵지만 둘 이상의 비교를 통한 공동평가를 하면 비교적 객관적으로 판단하고 의사결정을 할 수 있다.

　내 집 마련을 위해 집을 보러 다니는 중 처음 본 A아파트가 무척 마음에 든다고 하자. 그래도 사람들은 대부분 다른 B아파트, C아파트 등을 더 보고 결정을 한다. 함께 놓고 비교를 해야 A아파트에 대해 정확한 평가를 할 수 있기 때문이다. 기업에서 신규사업 진출을 하려고 할 때도 마찬가지다. A 사업 하나만 놓고 보면 매우 비전이 있어 보이지만 B, C, D 사업을 함께 놓고 공동평가를 하면 서로의 차이점이 무엇인지, 장단점이 무엇인지 정확하게 판단할 수 있다. 당연히 합리적인 계산이 가능해지고 이성적으로 평가할 수 있게 된다.

평균값으로 가치를 평가하는 인지적 오류

단독평가의 오류는 세트상품을 구매하는 상황을 떠올려보면 쉽게 이해할 수 있다. 커피잔 세트를 구입하러 A마트에 갔다고 하자. 매장에는 꼭 갖고 싶던 유명 브랜드의 커피잔 세트가 진열되어 있다. 1상자에 12개의 세트가 들어 있는데 꼼꼼히 살펴보니 커피잔 1개와 받침접시 1개에 흠집이 있다. 그런데 건너편 B마트도 같은 브랜드의 커피잔 세트를 판매 중이다. 상자에는 8개의 커피잔 세트가 들어 있는데 흠집이 하나도 없다. 이 경우 A마트의 세트와 B마트의 세트 중 어느 것의 가격이 더 비싸야 할까?

A마트	커피잔 12개(11개 좋음, 1개 불량)
	받침접시 12개(11개 좋음, 1개 불량)
B마트	커피잔 8개(모두 좋음)
	받침접시 8개(모두 좋음)

답하기 어려울 게 없다. 두 세트를 비교해보면 바로 알 수 있다. A마트는 12개 중 1개의 불량품을 제외하면 11개의 커피잔 세트를 파는 것이고 B마트는 8개의 커피잔 세트를 파는 것이다. 당연히 가격은 A마트의 세트상품이 비싸야 한다. 하지만 A마트 세트와 B마트 세트만 각각 단독으로 평가할 경우 결과는 완전히 달라진다. 행동경제학자 크리스토퍼 시Chirstopher K. Hess의 실제 실험결과 사람들은 불량품이 없는 B마트 세트의 가격을 불량품이 섞인 A마트 세트보다 훨씬 더 높게 매겼다.

더 적은 개수의 세트가 더 많은 개수의 세트보다 높게 평가를 받은 이유는 평균값으로 전체의 가치를 평가하는 시스템 1의 작용 때문이다. 시스템 1은 개별적 요소들을 따지고 계산하는 과정을 생략하고 휴리스틱으로 빠르게 판단한다. 시스템 1은 평균값으로 전체의 가치를 이해하는 것이다.

커피잔 세트 이야기로 돌아가보자. 단독평가를 했을 때 사람들이 A마트 세트의 가격을 더 낮게 책정한 것은 불량품을 포함해 평균값을 내고 이를 전체 상품의 가치로 판단했기 때문이다. 불량품까지 포함해 가격을 나누면 개당 가치는 더 낮게 느껴지고 '수준이 떨어지는' 세트상품으로 인식되는 것이다. 반대로 평균값을 깎아내릴 불량품이 없는 B마트의 세트는 완벽한 상품으로 보이게 된다.

홈쇼핑에서 판매하는 제품은 대부분 세트상품이다. 본 상품보다 사은품이 더 많은 세트도 있다. 소비자들은 방송을 보면서 상품의 가치를 판단한다. 평균값을 내는 거다. 가격을 사은품까지 포함해 나누면 '어, 싸다'는 생각이 들고 결국 주문을 하고 만다. 필요치 않은 제품들이 가격에 포함되어 있어서 결과적으로는 필요 이상의 소비를 하게 되지만 인식하지 못한다.

반면, 큰마음을 먹고 비싼 제품을 구입했는데 필요도 없는 싸구려 사은품이 함께 배송되어 왔다고 하자. 사람들은 이번에도 평균값을 낸다. 실제로 본 제품의 가치는 사은품이 있을 때나 없을 때나 변화가 없지만 둘의 평균값을 내면 원래 상품의 가치가 상대적으로 낮아진 것으로 느껴지는 것이다. 이처럼 기업의 사은품 전략은 때로는 오히려 독이 될 수 있다.

단독평가에 개입하는 감정 휴리스틱

객관적 비교 대상이 없는 단독평가에서 그 범주의 평균값은 중요한 판단의 기준이다. 7세 선희의 키가 150센티미터이고 20세 윤희의 키는 155센티미터라고 하자. 이때 '선희는 키가 큰가요?'라고 물으면 모두 '크다'고 말한다. 150센티미터가 큰 키여서가 아니라 7세 어린이의 범주에서 평균 키보다 크기 때문이다. 이번에는 '윤희의 키는 큰가요?'라고 질문한다. 그럼 사람들은 '작다'고 말을 한다. 20세 성인여성 범주에서 평균 키보다 작기 때문이다. 자, 이제 공동평가 방식으로 질문을 바꿔보자. '윤희와 선희 중 누가 더 큰가요?'라고 물으면 어떻게 답을 할까? 사람들은 윤희가 더 크다고 말할 것이다. 실제로 윤희가 선희보다 5센티미터 크다. 우리는 이 간단한 질문을 통해 공동평가를 하는 순간 범주 내 평균값으로 판단하는 방식은 통하지 않는다는 사실을 알 수 있다. 평균값으로 전체의 가치를 평가함으로써 나타나는 판단의 오류는 단독평가에서 나타나며 공동평가를 하면 상대적으로 이런 오류에서 벗어날 수 있다.

대상을 평가할 때 감정은 중요한 기준이 된다. 특히 단독평가를 할 때 감정적 맥락, 즉 감정 휴리스틱이 영향을 미친다. 가령 특허기술을 개발한 벤처기업에 A기업과 B기업이 특허계약을 제안했다고 해보자. A기업은 10억 원의 계약금을 제안한다. 하지만 A기업은 이전에 비도덕적 경영 행태로 업계에서 소문이 좋지 않다. B기업은 8억 원의 계약금을 제안한다. 평소 기업 간 상생을 추구하는 경영으로 칭찬이 자자하다. 특허권을 가진 벤처기업이 A기업과 B기업의 제안을 각각 단독평가한다면 직관적으로 비도덕적인 A기업의 제안에 호감을 얻기 어렵다. 구체적 액수는 비교 대상이 없고 비도덕적 경영 행태에 대한 감정이 A기업 제안의 가치를 평가하기 때문이다. 하지만 A기업과 B기업의 제안을 동시에 놓고 공동평가한다면 판단이 달라질 수 있다. 이때는 A기업의 제안을 선택할 가능성이 높다. 10억 원과 8억 원이라는 객관적 비교 항목이 생겼기 때문이다. 추상적이면서 모호한 감정은 A기업과 B기업 제안의 평균값을 낼 때 큰 영향을 미치지 못한다.

무엇이 옳고 무엇이 이득이고 어떤 선택을 피해야 하는지 판단해야 한다면 우선 비교 평가할 수 있는 대상을 찾는 게 좋다. 우리는 비교 대상이 없을 때 평균값으로 전체의 가치를 평가하고 감정을 마치 객관적 잣대인 마냥 착각하는 오류에 빠질 수 있기 때문이다. 의사결정에서 공동평가는 어느 정도 합리성을 유지하는 좋은 대안이 될 수 있다.

도전과 리스크의
균형을 맞춰라

프레이밍의 크기

TV 프로그램 중 〈냉장고를 부탁해〉가 있다. 유명 셰프들이 출연자의 냉장고 속 재료로 요리를 만들고 출연자가 우승 셰프를 가리는 내용이다. 이 프로그램에 언젠가 유명 뮤지컬 배우가 출연했다. 완성된 두 요리가 모두 마음에 들었던 출연자가 선택을 못 하고 망설이자 MC가 툭 말을 건넸다.

"지금 막 공연이 끝난 상황이라면 어떤 요리를 먹겠는가?"

그 말에 출연자는 웃으며 바로 선택 버튼을 눌렀다. MC는 우승 셰프가 가려진 후 선택의 구체적 이유를 물었다. 그러자 출연자는 공연이 끝난 후엔 묵직하고 자극적인 음식을 먹고 싶기 때문이라며 "만약 MC가 공연하기 전에 먹고 싶은 음식을 고르라고 했다면 다른 선택을 했을 것"이라고 말했다.

이것이 프레이밍 효과다. 처음 출연자가 선택을 망설였던 이유는 '더 맛있는 요리를 고를 것'을 주문했기 때문이다. '맛있다'는 프레임에서 생각하면 출연자에게 두 요리는 모두 기준을 충족하고도 남았다. 하지만 MC가 '공연 후 먹고 싶은 음식'으로 새롭게 프레이밍, 즉 생각의 다른 프레임을 만들어주자 바로 선호도를 결정했다. 출연자의 말대로 MC가 질문을 다르게 프레이밍했다면 그날의 승자는 바뀌었을 것이다.

맥락을 알아야 프레임에 속지 않는다

프레임은 사고를 테두리 안에 가둔다. 프레임에 맞게 생각을 제한하는 것이다. 생각이 쉽게 프레임에 갇힐 수 있는 건 프레임이 개연성을 제공하기 때문이다. 사람들은 머릿속에 인과관계의 개연성이 만들어지면 사실로 인지한다. 바로 시스템 1의 특징이다.

독일의 아돌프 히틀러Adolf Hitler는 유대인 학살이라는 반인륜적 범죄를 저질렀다. 독일은 아직도 매년 공식적으로 유대인 학살에 대한 사과를 반복하고 있다. 히틀러 개인의 범죄가 아니라 독일의 국가적 범죄로 인식하기 때문이다. 사실 히틀러의 범죄가 가능했던 이유는 당시 나치당의 반유대인 정책을 독일 국민들이 수용했기 때문이다. 돌이켜보면 어떻게 이런 일이 가능했던 것인지 의문을 갖게 된다.

독일의 반유대주의 세력은 무려 10여 년에 걸쳐 반유대인 선전광고를 진행했다. 독일 국민들이 반유대인 정서를 갖도록 프레이밍한 것이다. 그 결과 히틀러가 본격적으로 유대인의 자유를 제한하고 핍박하기 시작했을 때 대다수 독일 국민들은 그 사실을 자연스럽게 받아들였다. 유대인 학대는 그럴 만한 일이라는 프레임이 만들어졌기 때문이다. 엄청난 비극이 발생했지만 당시 독일 내에서 이에 대한 문제의식은 높지 않았다. 단단하게 프레이밍된 사실은 '진짜 사실'인 것처럼 이해되기 쉽다.

사람들은 실제의 사실보다 프레임으로 사실을 이해한다. 예를 들어 MSG 논쟁도 여기에 해당된다. 1960년대 미국에서 처음 시작된 MSG 유해 논쟁은 1990년대 초 국내 조미료 회사 간의 프레임 전쟁으로 재현되었다. 당시 천연 조미료 프레임으로 포문을 연 후발기업은 MSG는 화학조미료이고 건강에 유해하다는 프레임을 만드는 데 성공했다. 미국 FDA와 한국의 식약처 등이 MSG가 유해하지 않다는 사실을 인증했지만 아직도 적지 않은 사람들이 여전히 MSG를 유해하다고 생각한다. 이제는 라면에 MSG를 넣지도 않는다. 그런데도 라면은 여전히 MSG의 대명사이다. 사람들은 라면이 건강한 식품이 아닌 이유가 MSG 때문이라고 답한다.

프레임으로 이해한 사실은 사실이 아닐 수 있다. 프레임이 의도하는 대로 생각하고 결론을 내리지 않으려면 사실의 전후 맥락을 살펴야 한다. 프레임은 대상(상황)을 그럴듯하게 단순화한 선택 논리다. 영화 예고편만 보고 '정말 재밌는 영화'라고 믿었는데 전체를 보면 전혀 아닐 수도 있다.

프레임이 제공하는 개연성에서 벗어나 전체의 맥락을 파악하면 프레임을 재구성할 수 있다. 'OO가 나쁘다(좋다)'는 프레임은 '나쁘지 않다'는 반대의 논리와 비교함으로써 프레임이 제공하는 맥락의 밖으로 빠져나올 수 있다.

좁은 프레이밍 vs 넓은 프레이밍

『코끼리는 생각하지 마』의 저자 조지 레이코프George Lakoff는 프레임을 바꾸는 것은 모든 것을 바꾸는 것이고 프레임을 재구성하는 것은 곧 변화를 의미한다고 말했다. 당연한 얘기지만 프레임은 넓어야 한다. 좁은 창 넘어 볼 수 있는 마을의 풍경이 고작 집 앞 골목 정도라면 넓은 창으로는 이웃집, 건넛집, 그리고 마을 어귀에서 이어지는 큰 도로까지도 볼 수 있는 것과 같은 이치다. 우리는 정보를 해석하고 의사결정을 할 때 반드시 프레이밍의 과정을 거치게 된다. 이때 머리를 쓰기 싫어하고 편안함을 선호하는 시스템 1은 여러 가지의 사안들을 종합적으로 고려해서 판단하지 않고 눈에 보이는 하나의 사건이 전부라고 생각한다.

예를 들어 10개 종목의 주식을 산 사람이 손해를 보지 않기 위해서 각각의 종목이 각각 오를 때 팔겠다는 전략을 세웠다고 하자. 전략에 따라 내리는 건 절대 안 팔고 오르는 건 그때그때 팔았다. 그 결과 값이 내려간 주식만 손에 쥐고 있게 된다. 좁은 시야로 한 치 앞을 모르는 선택을 하게 된 이유는 좁은 프레이밍Narrow framing으로 문제해결 방식을 결정했기 때문이다. 좁은 프레이밍은 일어나는 모든 일을 별개의 것으로 간주하고 각각의 문제 해결방식을 찾는다. 전체의 맥락을 보지 않고 개별 사건으로 이해하는 것이다. 투자에서 성공하려면 개별 종목의 손익이 아니라 가지고 있는 10개 종목의 운용을 통해 총수익을 높여야 한다. 몇 종목의 손실과 몇 종목의 이익을 합쳐서 결과적으로 수익이 나면 성공한 것이다. 이것이 넓은 프레이밍Broad framing으로 문제해결 방식을 찾는 사고다. 골프에서도 프로 골프 선수가 좁은 프레이밍으로 전략을 짜서 18홀 모든 홀에서 절대 보기를 하지 않으려고 한다면 어려운 홀에서 오히려 더 큰 낭패를 겪을 수 있다. 오히려 넓은 프레이밍으로 접근하여 쉬운 홀에서는 버디를 기록하고 어려운 홀에서는 보기를 하더라도 전체적인 스코어를 관리해야만 좋은 성적을 거둘 수 있다.

　의사결정자가 어떤 프레임으로 문제를 바라보고 해석하는가에 따라 조직의 운명이 결정될 수 있다. 기업의 미래 먹을거리를 찾아야 한다고 가정해보자. 각 부서의 사업계획 중 어떤 것은 꽤 성공 가능성이 있고 또 어떤 것은 리스크가 걱정된다. 이때 좁은 프레이밍으로 해결방식을 결정하면 '가장 그럴듯하고 낙관적으로 전망되는' 사업만 추진한다. 숲이 아닌 나무만 보는 식의 전망은 계획오류에 빠지기 쉽다. 하지만 더 위험한 것은 '될 일만 하라'는 리더의 주문이 조직에 미치는 영향이다. 이런 경우 구성원들은 조직을 위해 충분히 도전할 가치가 있는 일들을 고민하지 않는다. 부작위편향이 발생하고 조직에 결코 도움이 되지 않는다.

실패를 원하는 사람은 없다. 많은 기업들이 실패에 대비하기 위한 준비에 역량을 쏟아붓는 이유다. 하지만 여기에도 하나를 얻으면 하나를 잃는 트레이드 오프가 존재한다. 리스크를 줄이는 꼼꼼하고 방어적인 전략들은 실패를 줄이는 데는 효과적일 수 있지만 대신 성공을 거두기도 어렵다. 리스크 없는 리턴Return이 없듯이 도전 없는 성공도 있을 수 없다. 단, 성공의 가능성을 높이기 위해서는 실패를 준비하는 노력 못지 않은 '성공의 준비'가 필요하다. 성공의 준비란 '도전과 리스크의 균형을 맞추는 것'이다. 넓은 프레임의 시각으로 도전적인 목표를 발굴하고 추진하되 매우 위험한 리스크는 적극적으로 회피할 줄 아는 균형감을 잃지 않을 때 비로소 성공의 준비를 마쳤다고 할 수 있다.

많은 성공사례를 써나가는 구글도 실제로는 적지 않은 인수합병M&A의 실패로 인해 막대한 손실을 입었다. 그들의 손실이 성공보다 주목을 받지 않은 이유는 소수의 대박 프로젝트가 손실을 메웠기 때문이다. 평소 실패를 격려한다고 강조해온 구글은 직원들이 근무시간의 20%, 즉 1주일에 하루를 업무 외 연구 활동에 쓰도록 '20% 타임룰Time rule'을 운영한다. 넓은 프레이밍으로 결정한 정책이다.

우리는 모두 각자의 삶에서 의사결정자다. 좋은 프레임을 가지면 좋은 선택을 할 기회가 더 많아진다. 당장 눈앞의 문제도 넓은 프레임으로 사고하면 새로운 해결책을 찾을 수 있다. 어떻게 프레이밍을 하는가에 따라 좋은 변화를 가져올 수도 있고 나쁜 변화를 가져올 수도 있다. 생각의 프레임을 넓히면 삶도 바꿀 수 있다.

의심은 정당한 권리다

실패사전부검

"지진의 피해는 고려했지만 쓰나미의 피해는 전혀 고려하지 않았다. 이것이 가장 큰 문제였다. 일본은 전력 생산 기술과 시스템에 대한 높은 자부심으로 장시간에 걸친 정전은 절대로 일어나지 않을 것이라고 확신했다. 이 같은 안전 불감증으로 쓰나미의 습격에 대비하지 않았고 참사로 이어졌다."

2012년 7월 일본 후쿠시마 원전사고가 발생하고 1년 후 후쿠시마 원전사고 조사위원장 하타무라 요타로畑村洋太郎 도쿄대 명예교수는 기자회견에서 감독기관과 도쿄 전력의 '낙관주의와 과신'을 후쿠시마 원전사고의 근본 원인으로 지목했다. 자신들의 상상을 넘어서는 자연재해가 일어날 가능성을 아예 배제해버린 낙관주의와 어떤 상황에서도 정전사태를 막을 수 있다는 과신이 끔찍한 사태를 일으켰다는 것이다.

어느 사회나 큰 사건이 발생하면 으레 사고의 원인을 찾는다. 재해재난이 벌어지면 꼭 인재人災 논란이 뒤따르고 대형사고가 난 후에야 피해자의 이름을 딴 'ㅇㅇ법'이 만들어진다. 이런 사후약방문死後藥方文식 처방이 전혀 도움 되지 않는 것은 아니지만 나쁜 결과를 미리 예방하지 못한 잘못을 후회하기보다 사전에 실패를 줄이는 계획을 세울 수 있다면 훨씬 나은 결과를 기대할 수 있지 않을까.

계획을 사전부검하면 미래의 실패가 보인다

모든 계획은 성공적인 결과를 목표로 한다. 따라서 계획은 성공이라는 목표를 위해 필요한 요소들을 논리적으로 전개한다. 인과관계가 딱 들어맞는 계획서가 완성되고 계획을 세울 때보다 성공에 더 큰 확신이 생긴다. 실제로는 엄청난 실패를 불러올 게 뻔한 엉터리 계획조차도 최상의 성공을 전제로 만들어진다. 인지과학자 게리 클라인은 계획을 실제 행동으로 옮기기 전 성공이 아닌 실패의 가능성을 미리 점검하는 '사전부검Premortem'의 필요성을 강조한다. 이는 누군가 죽은 후 사망의 원인을 명확히 규명하기 위해 하는 부검Postmortem을 응용한 회의 방법이다.

  실패의 사전부검은 성공이 아니라 실패의 관점으로 프레임을 설정해 '모른다는 것도 모르는Unknown unknowns' 위험성을 찾아내는 과정이다. 먼저 '의사결정에 참여했던' 사람들이 최종 결정을 하기 전 모여서 '계획을 실행하고 1년 후 재앙 수준의 결과'를 상상한다. 그리고 자신의 상상 속 실패의 원인을 적는다. 이때 단지 '1년 후 실패를 한다면 이유가 뭘까?'를 묻고 생각하는 것만으로는 부족하다. 머릿속으로 1년 후의 미래로 날아가 참담한 실패의 현실을 생생하게 상상해야 한다. 엄청난 매몰비용이 발생하고 함께 고생한 동료들이 회사를 떠나는 상황을 그려보는 식이다. 그래야 실패의 원인을 더 구체적으로 많이 생각해낼 수 있다.

  실패 사전부검의 가장 큰 장점은 아직 생각하지 못했거나 혹은 서로 눈치를 보느라 차마 말을 하지 못했던 모든 잠재적 실패의 원인을 '공식적으로' 회의 테이블에 올려놓을 수 있다는 것이다. 몰랐던 위험 요소를 알게 되고 대비책을 마련한다면 미래의 실패 가능성을 조금 낮출 수 있게 된다. 각 항목을 분석하고 구체적으로 수치화함으로써 위험을 보다 객관적으로 평가할 수 있다.

  예측되는 실패를 점검하는 과정에서 외부 전문가의 컨설팅을 선호하는 경우도 있지만 직접 계획에 참여하고 책임을 지는 위치에 있지 않은 사람의 실패 사전부검은 큰 효과를 거두기 어렵다. 나심 탈레브가 저서 『스킨 인 더 게임』에서 밝혔듯이 전문가라 할지라도 직접 경험하지 않고 추정으로 판단한 의견은 그저 의견일 뿐이다. 과장해서 얘기하자면 '맞으면 좋고 아니면 말고'라는 식의 제안인 것이다. '나는 제안을 할 따름이며 선택은 당신의 몫'이라는 책임지지 않는 자의 견해가 오히려 계획을 더 위험한 방향으로 유도할 수 있다는 사실을 신중하게 고려해야 한다.

계획을 세울 땐 최악의 시나리오를 써보자

새로 계획을 세우고 일을 추진하면서 최악의 시나리오를 상상하는 건 쉽지 않다. 계획은 기본적으로 낙관적인 전망을 바탕으로 세워진다. 나름 최악의 시나리오를 반영한다고 해도 결코 최악의 상황이 아닌 경우가 더 많다. 후쿠시마 원전사고도 자주 경험을 했던 지진은 대비했지만 쓰나미는 전혀 예상하지도 못했고 따라서 어떤 대비책도 마련하지 않았다.

어릴 때 읽었던 위인전을 기억하는가. 세계 최초로 남극점을 정복한 탐험가 로알 아문센Roald Amundsen과 같은 시기 남극점 정복에 나섰지만 최초 정복의 명예를 아문센에게 넘겨줘야 했던 탐험가 로버트 스콧Robert Falcon Scott은 위인전에 등장하는 단골이다. 이 두 사람은 어린이용 위인전뿐만 아니라 경영

서에도 자주 등장한다. 남극점 정복 과정에서 보여준 두 사람의 전혀 다른 준비과정은 낙관주의로 말미암은 계획오류와 내부관점의 문제점을 그대로 담고 있기 때문이다.

아문센은 남극점 정복을 위해 3,200킬로미터를 자전거로 완주하며 체력을 키우고 2년간 에스키모와 생활하며 남극에 대한 정보를 얻었다. 당시 비교적 발전된 장비들이 있음에도 개썰매를 끄는 법을 배웠다. 남극에 도착한 후에는 식량 저장소에 눈에 잘 띄는 검은색 깃발 20개를 꽂았고 저장소 양쪽으로 1마일마다 깃발을 설치했으며 돌아올 때 길을 잃지 않기 위해 지나는 길목에 8마일마다 또 깃발을 꽂았다. 그는 탐험을 시작한 지 55일 만에 최초로 남극점에 도달했다. 반면 스콧은 조랑말과 모터 썰매를 운송수단으로 선택했다. 식량 저장소에는 고작 깃발 1개를 꽂았으며 무엇보다 지나는 길에 아무런 표시도 남기지 않았다. 천신만고 끝에 남극점에 도달했지만 아문센보다 35일이 늦었고 돌아오는 길엔 심한 눈보라 속에서 길을 잃고 실종됐다.

아문센과 스콧의 차이는 바로 시나리오다. 아문센의 계획은 최악의 시나리오를 반영한 것이다. 2년 동안 에스키모와 생활하며 남극에서 발생할 수 있는 최악의 상황을 예상하고 체력을 키웠으며 개썰매를 끄는 법을 배우고 과하다고 생각될 정도로 깃발로 표시를 남겼다. 남극의 눈 폭풍을 경험해보지 못한 아문센은 자신의 경험이 아니라 에스키모의 경험, 즉 외부 관점으로 계획을 세운 것이다.

스콧은 최상의 시나리오를 준비했다. 엄청난 눈 폭풍이 없었다면 개보다 말이 빨랐을 것이고 모터 썰매도 유용했을 것이다. 그러나 조랑말은 남극의 추운 날씨를 견디지 못했고 모터 썰매도 일찌감치 망가졌다. 탐험가로서 경험이 풍부했던 스콧은 전형적인 내부관점으로 계획을 세웠다. 낙관적 태도와 자신감은 새로운 도전을 결심하는 데 도움이 된다. 그러나 실제로 계획을 세울 때는 그럴듯해 보일수록 의심을 하고 단계마다 최악의 상황이 무엇인지 질문해야 한다. 마음속에서 혹은 주변에서 "뭐 그렇게까지 비관적이야?"라거나 "실제 그런 일이 발생한 사례가 있어?"라고 말할 수도 있다. 하지만 낙관주의적 자신감보다 의심하고 문제를 제기하는 신중함이 실패 가능성을 크게 줄이는 것은 사실이다.

계획은 미래에 대한 예측이다. 누구도 결과를 확신할 수 없다. 그리고 예측이란 누구의 것이든 원래 전적으로 신뢰할 만한 것은 못 된다. 따라서 좋은 계획은 가능한 미래를 정확하게 예측하는 것이 아니라 발생할지 모를 최악의 상황을 예상하고 큰 실패를 대비하는 것이다.

동의하지 않는 합의를 하라

집단사고 vs 집단지성

"머리를 맞대자."

사람들이 어려운 문제에 봉착했을 때 하는 말이다. 여럿이 논의를 통해 집단지성Collective intelligence을 발휘하자는 뜻이다. 다양한 생각들이 모이면 개인의 부족한 부분을 채워가며 더 나은 문제해결의 방안을 찾을 수 있을 거라는 기대가 담겨있다. 하지만 여러 명이 내린 결정이 한 사람이 내린 결정보다 반드시 더 낫다고 장담할 수는 없다. 실제로 집단의 결정이 잘못된 선택인 경우도 있다. 사람들은 스스로 깨닫지 못할 뿐 매우 자주 휴리스틱과 편향으로 결정하고 집단사고Group think의 영향으로 판단의 오류가 더 크게 증폭되기도 한다.

모두의 결정이 어떤 경우엔 집단지성으로서 시너지 효과를 내고 어떤 경우엔 평범한 개인의 결정보다 더 못한 의사결정을 내리는 집단사고로 발현된다. 집단지성을 활용하고 집단사고를 경계하려면 이 둘의 차이를 분명히 이해할 필요가 있다.

집단지성을 막는 집단사고의 유혹

집단지성은 구성원들의 통합된 지적 능력이다. 개인의 역량은 뛰어나지 않지만 여럿이 모여 협력, 경쟁, 그리고 조정을 거쳐 얻어진 집단적 능력으로서 대중의 지혜라고도 한다. 집단지성은 인터넷을 생각하면 쉽게 이해할 수 있다. 요즘 사람들이 필요한 정보를 찾기 위해 가장 먼저 하는 일은 검색이다. 인터넷 세상엔 전 세계 사람들이 올린 정보들이 모여 있다. 개별 정보의 가치와 역량은 제각각 다른 수준이지만 집합으로서 인터넷 정보는 매우 뛰어난 지적 역량을 갖추고 있다. 인터넷의 광범위한 데이터는 그 자체로 미래 산업의 핵심 자원이다. 4차 산업혁명의 시대를 집단지성의 시대라고 부르는 이유이다.

집단지성은 열린 시스템에서 생성된다. 다양한 정보(의견)들이 어떤 장벽도 없이 모일 수 있어야 하고 실시간 조정이 가능해야 한다. 다양성을 인정하는 환경이 조성되어 있지 않다면 집단지성은 오히려 집단사고로 변형될 수 있다. 집단사고도 집단지성과 같이 다수의 목소리를 표방한다. 하지만 집단지성이 여럿의 목소리를 통합해 전혀 다른 창조적 결정을 내리는 것과 달리 집단사고는 소수의 의견이 다수의 결정으로 포장되는 경우라고 할 수 있다. 한 마디로 100명이 1명의 목소리를 내는 것과 다름이 없는 의사결정을 내린다. 하나의 조직(집단)에 집단사고가 형성되면 리더와 구성원 다수의 의견을 비판 없이 받아들이게 된다. 비합리적 결정이라도 모두의 생각이라는 이유로 정당화되고 다른 의견은 배척된다. 개인의 견해와 권리는 무시해도 좋고 조직의 목표와 결과만이 중요한 의사결정 시스템이 바로 집단사고의 산물이다.

집단사고는 과신에 빠진 리더와 이를 중심으로 유대감이 강하게 형성된 조직에서 쉽게 나타난다. 예일대학교 심리학과 교수 어빙 재니스Irving Janis는 유대감이 강한 조직의 구성원들은 자신이 속한 집단의 판단은 무조건 옳다는 무오류의 환상Illusion of invulnerability에 빠지기 쉽고 그래서 집단의 결정이 잘못되었음을 보여주는 증거들을 쉽게 무시한다고 말한다. 자신들이 틀렸다는 사실을 인정하지 않기 때문에 만장일치를 추구하고 집단의 견해에 반대하는 소수의 구성원들에게 다수의 의견에 동조하도록 압력을 행사하는 것이다.

집단사고가 강한 조직은 리더 개인의 편향된 사고와 단편적 경험이 의사결정을 좌우한다. 리더의 판단 오류를 다수의 구성원이 조정할 수 있는 시스템이 없으므로 개인의 편향은 집단 내에서 오히려 증폭된다. 스스로 엘리트이며 전문가를 자처하는 소수 경영진의 부도덕한 결정으로 회사가 망하기도 하고 고위관료의 밀실 행정으로 국가적 손해가 발생하기도 하고 정치 엘리트들의 독단으로 천문학적 세금이 낭비되기도 한다.

의도된 불협화음 '제로 그래비티 씽커'를 찾아라

점심시간에 동료들과 함께 식당에 갔다가 일행 중 누군가 정한 메뉴를 따라 "나도 그거!"를 외쳐본 경험이 한두 번은 있을 것이다. 메뉴를 통일하면 빨리 먹을 수 있긴 하다. 하지만 사실 시간에 쫓기지 않을 때도 메뉴를 자주 통일한다. 차도 없고 사람도 많지 않은 도로에서 신호등이 바뀌길 기다리는 중에 누군가 아무렇지 않게 무단횡단을 하면 곧이어 따라서 길을 건너는 사람들이 생긴다. 사람들은 먼저 말을 꺼내고 행동을 시작한 사람을 따라 하려는 심리가 있다. 이것이 동조효과 Conformity effect이다.

동조효과는 집단사고와 쉽게 연결된다. 각자 기억 속에 있는 회의장면을 떠올려보자. 누군가 회의에서 최초 발언을 하고 이어 한두 명이 동조하면 나머지 구성원들은 대부분 고개를 끄덕인다. 이때 발언자가 의사결정자라면 만장일치로 회의를 종결하는 경우가 많다. 집단지성을 발휘해보자며 모인 자리지만 집단사고로 회의를 마치는 건 꽤 흔한 일이다. 집단사고가 장악한 회의실은 이미 기울어진 운동장이다. 다수 의견이 원칙이고 논리다. 소수의견은 절대로 이들을 이길 수 없다.

그래서 최근 몇 년 사이 새로운 회의문화들이 생겨나고 있다. 회의 어젠다를 미리 공개하고 구성원들이 회의 참석 전 각자 의견을 짧게 정리해 제출하도록 하는 것이다. 회의 자리에서 아이디어를 생각하거나 한 명씩 돌아가며 구두로 의견을 말하면 동조효과의 영향을 받게 된다.

조직이 내부관점에 집중할 때 집단사고는 더 강한 힘을 발휘한다. 이럴 땐 외부 집단지성의 힘을 빌려와야 한다. 외부관점으로 집단사고의 틀을 흔드는 것이다. 바로 제로 그래비티 씽커Zero Gravity Thinker, 즉 무중력 사고자를 활용하는 것이다. 제로 그래비티 씽커란 조직 밖에 존재하고 내부의 사업(인물)과 이해관계가 없는 사람(의견)을 뜻한다. 기업 컨설턴트 신시아 바튼 레이브Cynthia Barton Rabe가 저서 『이노베이션 킬러』에서 중립적이고 전문적이지 않은 사고를 의도적으로 의사결정에 개입시킴으로써 기존의 프레임에서 벗어나 변화를 이끌어낸 경영사례를 통해 제로 그래비티 씽커의 개념과 효과를 소개했다.

언젠가 모 기업의 비즈니스 모델 개발 회의에 참여한 적이 있다. 자사 브랜드 전문매장 오픈 계획의 사업 타당성을 논의하는 자리였다. 회의 중에 한 사람이 어렵게 부정적 의견을 피력했는데 말이 끝나기가 무섭게 본부장이 직접 나서서 사업의 당위성과 타당성을 역설하기 시작했다. 본부장의 발언이 끝난 후 회의실은 상당히 조용해졌다. 구성원들은 이견을 말하는 대신 침묵을 지켰다. 당시 제로 그래비티 씽커의 의견을 들어야 한다는 제안을 하는 것으로 회의를 마쳤는데 이후 사원 가족을 대상으로 의견을 청취했다는 얘기를 전해 들었다. 사원 가족들은 내부 구성원만큼이나 브랜드 로열티가 강한 사람들로서 제로 그래비티 씽커가 될 수 없다. 그들은 안타깝게도 집단사고의 틀을 벗어날 기회를 갖지 못했다.

집단지성의 중요성을 알아도 실제로 활용하는 건 어렵다. 소수 전문가에 의존하지 않고 다양한 사람들의 의견을 공유하고 논의하는 과정은 시간이 걸린다. 사람들은 뭐든 빨리 결정을 내려는 습성이 있고 이런 욕구는 집단지성 대신 집단사고의 유혹에 빠지게 된다. 삼성그룹의 이건희 회장은 과거 "한 명의 천재가 10만 명을 먹여 살린다"는 말로 소수 엘리트 인재의 중요성을 강조했다. 하지만 지금은 소수의 전문가보다 다수의 생각이 중요한 정보로 활용되는 시대다. 안타깝게도 우리는 아직 집단지성보다 집단사고에 더 익숙한 문화에서 살고 있다.

집단사고는 우리가 이콘이 아닌 휴먼이기 때문에 나타나는 비합리적 의사결정의 결과다. 따라서 행동경제학은 비합리적 판단을 내리는 개인의 인지편향과 행동을 인정하고 프레임을 전환해서 반대의 목소리를 듣고 중요한 결정에 적용하라고 조언한다. 100명의 목소리가 100개의 목소리로 나와 집단지성으로 힘을 내려면 먼저 우리 자신, 즉 휴먼을 이해해야 한다.

지갑 속 돈과 마음속 돈의 값은 같아야 한다

심리계좌의 탈출

심리계좌는 마음속 가상의 계좌다. 심리계좌를 통해 들락날락하는 돈은 실제 돈의 가치와 다르게 평가된다. 실제 돈의 가치는 변함이 없지만 그렇게 느끼고 믿는다. 그래서 심리계좌로 결정하면 착각이 생기고 실제 통장에는 꽤 심각한 문제가 발생할 수 있다. 심리계좌의 문제는 돈에 상대적 가치를 부여하는 것이다. 아래의 상황에서 당신이라면 어떤 선택을 할까? 함께 생각해보자.

> A) 근처 A쇼핑몰에서 30만 원짜리 가방을 사려고 한다. 그런데 구매 전 온라인 검색을 해보니 B쇼핑몰에서 같은

가방을 25만 원에 판매 중이다. B쇼핑몰에 가려면 차로 15분 정도 운전을 해서 가야 한다. 시계를 보니 이제 곧 퇴근길 정체가 시작될 시간이다. 당신은 B쇼핑몰로 갈 것인가?

B) 신형 MTB 자전거를 사러 상점에 갔는데 가격이 350만 원이다. 판매 사원의 설명을 듣고 있는데 마침 차로 15분 거리에 있는 다른 매장의 할인행사를 안내하는 문자가 도착했다. 같은 모델의 자전거 가격이 345만 원이다. 이제 곧 교통 정체가 시작될 시간이다. 당신이라면 다시 운전해서 인근의 상점으로 갈까?

행동경제학자 댄 애리얼리의 실험에서 사람들은 A의 경우 기꺼이 B쇼핑몰로 가겠다고 답했다. 하지만 B의 경우엔 가지 않겠다고 답했다. 같은 상황에서 다른 선택을 한 이유는 5만 원에 대한 심리적 가치가 달랐기 때문이다. 30만 원에서 5만 원 할인은 큰돈이라고 평가했고 350만 원에서 5만 원 할인은 충분히 포기가 가능한 돈이라고 평가했다. 이런 판단은 얼마나 비합리적인가? 조금만 생각해보면 바로 '잘못된' 생각을 깨달을 수 있지만 일상에서 심리계좌의 독특한 계산법을 알아차리긴 쉽지 않다.

심리계좌는 돈의 가치를 상대적으로 매기고 적은 돈은 종종 눈먼 돈으로 취급하며 부지불식간 감정과 기분에 좌우된다. 쉽고 고통이 적고 익숙하고 편안한 방식으로 돈을 쓰길 원하는 것이다. 시스템 1의 작용이며 심리계좌의 특성이다.

적은 돈에 둔감하고 감정에 예민한 심리계좌의 특성

심리계좌는 적은 돈에 둔감하고 감정에 민감하게 반응한다. 매월 지출을 구체적으로 계획하는 직장인 A는 평소 할부 구매를 자주 이용한다. 돈의 쓰임을 미리 정해두었기 때문에 큰 지출이 필요할 때는 어쩔 수 없다고 말한다. 그는 최대 18%까지 수수료를 내야 하는 신용카드 할부 구매를 하면서도 약 2%대의 이자를 받는 적은 액수의 적금을 꼬박꼬박 붓는다.

A는 나름 합리적으로 지출을 관리한다고 자부하지만 언뜻 봐도 계산이 맞질 않는다. 일단 적금으로 발생하는 이자수익보다 수수료 지출액이 더 크다. 합리적 소비방식이라고 보기 어려운 대목이다. 심리계좌는 적은 액수의 돈에 상당히 둔감하다. 특히 이자와 수수료 등은 이름표가 없는 돈이기 때문에 꼼꼼하게 챙기지 못한다. 이자와 수수료뿐만 아니라 매일 조금씩 자주 새어나가는 적은 돈도 잘 통제하지 못한다.

식료품이나 화장품 등 작은 제품에서 사치를 부리는 '스몰 럭셔리' 소비 트렌드는 적은 돈에 둔감하고 감정에 예민한 심리계좌의 특성이 잘 드러난다. 적은 돈에 상대적으로 둔감하지만 감정에는 매우 예민한 심리계좌는 스몰 럭셔리 소비를 통해 큰 만족도를 느낀다. 돈을 쓰는 이유는 행복하기 위해서지만 그때그때 심리계좌가 만족하는 방식의 소비가 얼마나 합리적인지는 따져볼 일이다.

심리계좌는 감정적이다. 열심히 일해서 번 돈을 쉽게 쓰지 않는 이유는 피땀 눈물의 감정이 묻어 있기 때문이다. 이 범주의 돈은 처음부터 '신중하게 써야 하는 돈'이라는 이름표가 붙는다. 반면 도박으로 번 돈은 공돈 내지 유흥계좌에 담기 때문에 쉽게 탕진된다. 사람들은 좋지 않은 과정을 통해 돈이 생겼을 때 편한 감정을 갖지 못한다. 그래서 적지 않은 사람들이 그 돈에서 일부를 떼어내 기부한다. 부정적 감정의 부담을 덜어야 비로소 편하게 사용할 수 있기 때문이다. 이런 이유로 범죄행위를 통해 번 돈을 보육원이나 양로원에 기부하는 범죄자들을 가끔 볼 수 있다.

심리계좌의 특성을 알고 특히 자신의 심리계좌가 어떤 작용을 하는지 생각해보는 시간은 꽤 유용하다. 돈의 가치는 일정하고 매월 개인의 통장에 들어오는 총량도 같다. 어떤 목적으로든지 다른 곳에 쓸 돈이 늘면 다른 곳에 쓸 돈은 없어진다. 심리계좌가 뭐라고 속삭이든 돈을 지출할 때 기억해야 할 팩트는 바로 이것이다.

새로운 질문으로 심리계좌 탈출하기

심리계좌가 문제가 많지만 사용할 수밖에 없다. 우린 이콘이 아니기 때문이다. 단, 심리계좌가 과도한 실수를 하지 않도록 정도를 조절할 수는 있다. 바로 질문을 통해서다. 거주지를 옮겨야 하는 B씨는 인근 부동산을 찾았다. 그런데 아파트 매도가가 3억 5,000만 원이라는 말에 그냥 돌아왔다. 아파트값이 떨어졌다고 하지만 4억 원에 산 아파트를 3억 5,000만 원에는 팔 수 없다고 생각했기 때문이다. 부동산에서는 아파트값이 계속 떨어질 것이므로 매수자가 나타났을 때 빨리 팔라고 독촉한다. 본전 생각에 전전긍긍하는 B씨에게 어떤 조언을 할 수 있을까?

4억 원에 산 아파트를 5,000만 원이나 싸게 팔아야 한다면 누구나 본전 생각이 날 것이다. 하지만 이사를 해야만 하는 상황이라면 보다 객관적으로 계산해야 한다. 이 경우 5,000만 원은 매몰비용이다. 집을 팔지 않으면 장기간 시장 환경의 변화에 따라 회복될 수도 있지만 당장 팔지 않는다고 해서 5,000만 원을 대체할 이익이 생기지 않는다. B씨의 본전 생각은 매몰비용의 효과가 반영된 심리계좌의 계산이다. 심리계좌의 계산법이 옳은지 아닌지 알고 싶을 땐 '나라면 지금 이 아파트를 4억에 살까?'라고 질문하는 게 옳다. 4억 원에 산 내 집이 아니라 현재 이 집을 다시 사는 매수자라면 어떻게 가치를 평가할 것인지 반대의 프레임을 적용하는 것이다.

좋아하는 밴드의 콘서트가 보고 싶어서 공연장을 갔는데 예매한 티켓을 잃어버렸다면 써버린 돈이 아까워 바로 포기하지 말고 '만약 티켓이 아니라 현금을 잃어버렸어도 공연을 포기하겠는가?'라고 스스로 질문하는 게 더 합리적이다. 심리계좌에 전적으로 판단을 맡기지 말고 현재 돈과 원하는 재화(경험)의 거래가 어느 정도의 만족도를 줄 것인지를 생각하는 것이다. 심리계좌의 판단에 주도권을 맡기면 매몰비용 효과에서 벗어나기 어렵다. '쓴 돈이 얼마고 들인 시간이 얼마인데.'라는 생각 대신 '새로 투자를 결정한다면 그래도 이 사업에 돈을 넣을 것인지, 지금 이 사람을 새로 만났어도 계속 관계를 지속할 것인지' 질문을 하면 새로운 답이 보인다. 심리계좌를 통제하고 싶다면 생각을 새롭게 프레이밍해보자.

심리계좌를 역이용하는 새로운 프레임

심리계좌는 매우 유동적이다. 이미 이름이 정해진 계좌도 개인의 감정, 기분, 상황에 따라 언제든지 바꿀 수 있다. 식비 계좌의 한도에 맞춰서 퇴근길에 간단히 김밥으로 저녁을 먹자고 생각했는데 회사 앞에 새로 생긴 펍Pup에 이끌려 예정에도 없던 혼술을 즐기는 일은 언제든지 일어날 수 있다. 이때 식비 계좌 한도를 초과했다는 것을 깨닫고 슬쩍 문화비 계좌를 식비 계좌로 바꿀 수도 있다. 어차피 내 마음속 계좌인데 내가 정하면 그만이다. 바로 이런 성향 때문에 심리계좌는 합리적이지 않은 결정을 내린다. 특히 장기적 목표로 만들어진 심리계좌는 새로 생긴 단기적 목표를 위한 심리계좌와 경쟁에서 이기기 어렵다. 친구들과 새로 여행계획을 세우면서 가입한 지 얼마 되지 않는 연금저축용 계좌를 해지하는 경우가 이에 해당한다.

그렇다면 거꾸로 심리계좌를 이용할 수도 있을까? 인생의 중요한 계획들을 심리계좌로 만들어놓으면 어떨까? 적금, 예금, 투자, 연금 등 미래를 위해 써야 할 돈에 구체적인 이름표를 줄줄이 달아두는 것이다. 주택마련, 결혼자금, 교육비용, 노후자금, 건강보험 등 심리계좌를 만들면 그것을 최대한 유지하고 손실로 마무리하지 않으려는 손실회피 심리의 득을 볼 수 있다. 이때 심리계좌를 해지하고 싶은 유혹을 최대한 방어할 수 있도록 중도인출이 어려운 상품을 선택하는 것도 하나의 방법이다.

기업의 마케팅 전략에 "손실은 합치고 이익은 나누어라." 하는 말이 있다. 한 번에 50%의 할인 혜택을 주는 대신 추가할인 5%, 특별 할인 10%, 회원 할인 15%, 정기 할인 20% 등으로 쪼개어 혜택을 줬을 때 사람들은 이익의 양을 더 크게 생각한다.

자, 그럼 반대의 프레임으로 생각해보자. 기업이 아닌 고객의 입장이 되면 여러 명목의 할인이 제공될 때 실제 차이가 없음에도 더 큰 이익을 볼 수 있다고 생각해 지갑을 열기 쉽다. 괜한 소비를 더 하게 되거나 돈을 더 쓰고서도 마치 이익을 얻은 양 착각할 수도 있다. 따라서 여러 개의 추가 할인을 할 때 쓸데없이 지출하지 않도록 심리계좌를 통제해야 한다.

반대로 고객이 비용을 지출할 때 별도의 청구항목을 늘리게 되면 총합은 같더라도 더 많은 돈을 썼다고 생각한다. 놀이공원에서 비용이 조금 비싸더라도 자유 이용권을 구매하면 티켓값에 대한 생각을 금방 잊어버린다. 하지만 입장료만 내고 들어가서 놀이기구 이용 비용을 별도로 받으면 그때마다 심리계좌가 손실 감정을 느끼게 된다. 패키지(모음)로 한 번에 비용을 지불하도록 하는 회원제 마케팅은 이런 심리계좌의 특성을 고려한 전략이다.

그럼 이번에도 프레임을 바꿔서 생각해보자. 종목이 무엇이든 수개월 치 회원권을 구매해놓고 시간이 지날수록 게으름을 탓하며 나가지 않았던 적이 있을 것이다. 돈을 미리 한꺼번에 냈을 뿐 매월 그 돈을 쓰는 것과 다름이 없지만 시간이 지날수록 심리계좌는 손실의 고통에 둔감해진다. 심지어 공짜로 이용하는 듯 착각도 든다. 공돈을 진중하게 생각하지 않는 심리계좌는 언제든지 그 돈을 쉽게 포기할 준비가 되어 있는 것이다.

돈을 쓰고 손익을 계산할 때마다 세상의 모든 소비항목을 비교하며 결정할 수는 없다. 하지만 시스템 2를 의도적으로 적용해볼 수는 있다. 손익을 계산할 때 심리계좌의 패턴을 떠올리는 것이다. 공돈과 잔돈을 지나치게 무시하고 호불호 감정으로 평가하고 본전 생각이 나고 있는지, 반대의 질문을 하면 심리계좌의 좁은 프레임 밖으로 나올 수 있다.

2부

왜 보이는 대로 믿고 판단하는가

3강

딱 보고 알 순 없다

: 우리는 대충 판단하고 확신해버린다

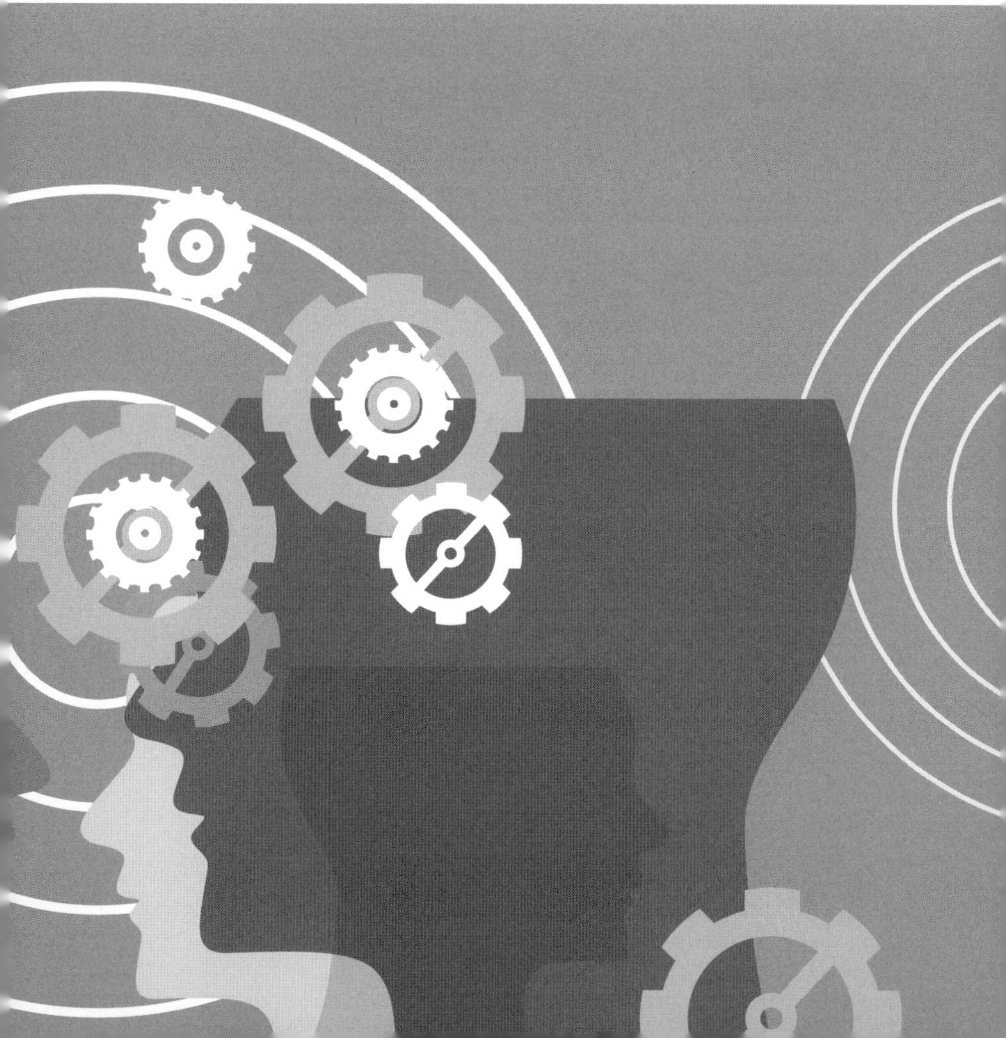

두 개의 시스템으로
움직이는 생각

시스템 1과 시스템 2

사람들이 생각하는 방식은 두 개의 시스템으로 구분된다. 하나는 자동적이고 습관적으로 생각하는 방식인데 자기도 모르는 사이 본능적으로 작동하는 '시스템 1'이다. 다른 하나는 주의집중을 해서 생각하는 방식이다. 시스템 1과 다르게 의도적인 노력이 필요하다. 이를 '시스템 2'라고 한다. 시스템 1과 시스템 2는 심리학자 키스 스타노비치Keith Stanovich와 리처드 웨스트Richard West가 처음 제안한 개념이다.

시스템 1은 매우 빠르게 작동한다. 생각할 때 별 고민 없이 즉각 반응해서 쉽게 답을 찾는다. "1 더하기 1은?" "당신의 이름은?"이라는 질문을 받았을 때 1초의 시간도 필요없이 답이 튀어나오고 "바나나는?" 하고 물으면 바로 "과일" "길어."라고 대답이 나오는 건 시스템 1의 작용이다. 출근하자마자 얼핏 상사의 표정을 본 것만으로도 '어이구, 기분이 안 좋은가 보네. 오늘은 조심하는 게 좋겠어.'라고 판단하는 것도 바로 시스템 1이 하는 일이다.

반면 시스템 2는 심사숙고하는 방식이다. 그래서 느리다. "행동경제학은 어떤 학문인가요?"라는 질문을 받으면 일단 입에서 "음……" 하는 소리가 먼저 튀어나온다. 생각을 집중해 답을 찾을 때까지 시간이 필요하기 때문이다. 운동을 목적으로 의도적으로 빠르게 걸을 때, 옛 기억을 회상할 때, 복잡한 계산을 하거나 대상을 비교하고 분석하는 등 몰두해야 할 때는 시스템 2가 활동한다.

시스템 1과 시스템 2의 불편한 상호작용

즉각적으로 판단하는 시스템 1은 '빠른 직관'이고 심사숙고하는 시스템 2는 '느린 이성'으로 이해할 수 있다. 서로 장단점이 있으므로 중요한 판단의 순간에 시스템 1과 시스템 2가 동시에 움직여서 정보를 이해하고 결정한다면 참 좋겠지만 서로 다른 두 개의 시스템은 사이가 좋은 협력자는 아니다. 외부의 정보를 수용하고 해석할 때 먼저 작동하는 건 시스템 1이다. 직관이 먼저 답을 찾다가 답을 찾기 어려워지면 비로소 시스템 2가 개입한다. 시스템 2가 집중을 시작하면 시스템 1도 잠시 작동을 멈춘다.

시스템 1과 시스템 2의 불협화음은 심리학자 대니얼 사이먼스와 크리스토퍼 차브리스Christopher Chabris가 1999년에 한 '보이지 않는 고릴라Invisible Gorilla' 실험에서 확인할 수 있다. 검은색 셔츠를 입은 팀과 흰색 셔츠를 입은 팀으로 나뉜 학생들이 농구공을 서로 패스하는 동영상을 사람들에게 보여주고 흰색 셔츠를 입은 팀이 패스한 횟수만을 세도록 했다. 그런데 이 영상에는 특이한 장면이 있다. 두 팀이 농구공을 패스하는 동안 고릴라 의상을 입은 사람이 나타나서 나보란 듯 천천히 화면 앞을 지나갔다. 영상이 끝난 후 사람들에게 "고릴라 봤어?" 물었다. 그런데 사람들은 "보지 못했는데."라고 답했다.

이처럼 한 가지에 집중하면 명백히 존재하는 다른 것을 보지 못하는 현상을 '주의력 착각Inattentional blindness'이라고 한다. 어떻게 이런 일이 가능할까? 시스템 1은 오랜 시간 집중하지 못하는 특성이 있다. 집중은 온전히 시스템 2의 몫이다. 하지만 시스템 2는 한 가지에 집중하면 다른 것을 동시에 하지 못하는 문제점이 있다. 실험 참가자들은 연구자의 요구에 따라 시스템 2를 작동해서 흰색 셔츠 팀의 패스 횟수를 세는 것에 집중했다. 그러자 눈앞에 커다란 고릴라가 지나가도 볼 수 없었던 것이다.

동시에 여러 가지 일을 할 수 있다며 멀티태스킹Multitasking을 주장하는 사람들도 있지만 우리의 인지 시스템으로는 불가능한 일이다. 만약 두세 가지 일을 동시에 해냈다면 실제로는 어느 것 하나에도 집중을 하지 않았기 때문일 것이다.

일단 믿고 보는 시스템 1과 의심하는 시스템 2

시스템 1과 시스템 2의 협업은 엉뚱한 순간에 이뤄진다. 시스템 2는 원래 시스템 1의 생각을 점검하고 통제하고 조정하는 역할을 담당한다. 하지만 워낙 게으른 탓에 시스템 1이 서둘러 내린 판단을 시스템 2가 어물쩍 '맞다'고 인정해버리는 일이 종종 발생한다. 우리는 시스템 2의 승인을 거쳤으니 이성적으로 판단했다고 생각하지만 이는 착각이다. 빨리 생각하는 만큼 시스템 1의 판단은 오류가 많다. 다음 문제를 보고 직관적으로 떠오르는 답을 말해보자.

> '백화점에서 테니스 라켓과 공 세트를 1만 1,000원에 팔고 있다. 라켓은 공보다 1만 원 비싸다. 공의 가격은 얼마일까?'

아마 대부분 1,000원을 떠올렸을 것이다. 하지만 다시 찬찬히 계산해보자. 공이 1,000원이라면 라켓의 가격은 공보다 1만 원이 비싼 1만 1,000원이 된다. 이 경우 세트 가격은 라켓값 1만 1,000원과 공의 값 1,000원을 합친 1만 2,000원이 된다. 따라서 공의 값은 1,000원이 아니라 500원이다.

처음 1,000원이라는 숫자가 머릿속에 떠오른 것은 시스템 1의 판단이다. 시스템 1은 그럴듯한 맥락이 제공되면 그대로 믿는다. 시스템 2가 조금만 집중해 계산했다면 이 문제의 트릭을 찾았을 것이다. 하지만 시스템 2는 시스템 1의 판단을 '맞다'고 승인했다. "공의 값은 1,000원이지."라고 자신 있게 대답한 건 시스템 2의 결정이다.

시스템 1의 판단은 불완전하지만 자주 이용된다. 일부러 의심하고 따져보는 시스템 2의 생각 방식보다는 보이는 대로 생각나는 대로 결정하면 쉽고 편하기 때문이다.

> '우리 아이는 배를 좋아합니다.'

이 문장을 보는 순간 머릿속에 어떤 생각이 떠올랐는가. 혹시 이 문장의 의미가 '분명하지 않다'는 사실을 알아차렸다면 이는 시스템 2가 작동한 것이다. 하지만 사람들은 의심 없이 머릿속에 떠오른 의미 그대로 이해한다. 누군가는 '먹는 배'를 떠올렸을 것이고 누군가는 '타는 배'를 떠올렸을 것이다. 서로 다른 생각을 하겠지만 각자 '이해한 대로' 빠르게 결론을 내린다. 편안하고 자연스러운 논리가 만들어지고 나면 시스템 1은 괜히 나서서 틀릴 가능성을 의심하고 반대 논리를 끌어와서 비교할 여유가 없다. 무엇이든 일단 믿고 보는 시스템 1의 판단력은 한 마디로 아는 만큼 생각하고 보이는 게 전부인 좁은 생각의 프레임을 만든다.

왜 잘 모르면서
일단 대답부터 할까?

바꿔치기와 짝짓기

시스템 1의 속단은 '잘 모르면서 일단 대답부터 하고 보는' 성향에서 비롯된다. 시스템 2가 생각해야 하는 어려운 문제도 먼저 나서서 답을 찾는다. 이때 활용하는 기술이 바로 '바꿔치기Substitution'와 '짝짓기'다.

문제가 어려워? 그럼 바꿔

누군가로부터 질문을 받았을 때 쉽게 답을 하기 어려울 때가 있다. 그런데 답이 꽉 막힐 정도의 질문을 경험하는 경우는 드문 편이다. 아는 지식이 많아서가 아니라 어려운 질문을 대답하기 쉬운 질문으로 대체하는 시스템 1의 특별한 능력 덕분이다.

만약 '1년 뒤 대통령의 지지율이 어떻게 될까요?'라는 질문을 받았다고 생각해보자. 상당히 어려운 질문이지만 지금 당신의 머릿속에는 이미 대답이 준비되었을 것이다. 직관적으로 수치가 떠오른 사람도 있을 것이고 혹은 '지금보다는 떨어지거나 오를 것'이라며 대략의 예측을 하는 사람도 있을 것이다. 어떻게 이런 일이 가능한 걸까? 바로 시스템 1의 문제 바꿔치기 기술 덕분이다. 머릿속의 문제 바꿔치기는 무의식에서 이뤄지기 때문에 스스로 문제를 바꿔서 답을 찾는다는 사실을 본인은 절대로 알 수 없다. 솔직히 우리는 1년 뒤 대통령의 지지율 변화를 알 수 없다. 타임머신을 타지 않고서야 '미래의 데이터'를 미리 알 방법이 없다. 하지만 시스템 1은 포기하지 않는다. '대통령의 지지율' 대신 '대통령에 대한 호감'으로 질문을 바꾸면 답이 쉬워진다.

"멸종위기 동물을 살리는 데 얼마를 기부하시겠어요?"라는 질문을 받았을 때도 마찬가지다. 이성적으로 판단하려면 멸종위기 동물의 현황을 파악할 수 있는 데이터를 알아야 한다. 하지만 이건 너무 어렵고 복잡하다. 그래서 시스템 1이 또 문제를 바꾼다. "얼마 전 TV 다큐멘터리에서 본 북극곰이 얼마나 불쌍했나요?"로 대체하는 식이다. 데이터를 생각하는 건 어려워도 곰이 불쌍했는지 아닌지 생각하기는 쉽다. 많이 불쌍했다면 기부를 하는 데 많은 금액을 떠올릴 것이고 큰 감흥이 없었다면 기부를 안 할 수도 있다.

회사에서 '옆 팀에 새로 온 김 대리의 실력'을 질문받아도 크게 당황하지 않는다. 김 대리 실력을 가늠할 정보가 없으면 '김 대리 인상이 좋았는가?'로 질문을 바꾼다. 잘 모르는 사람이지만 인상이 좋았다면 긍정적인 평가를 하고 아니면 무심코 부정적인 평가를 할 수도 있다. 하지만 그 순간에도 우리는 자신도 모르는 사이 질문을 바꿔치기해서 판단을 내렸다는 사실을 알지 못한다. 오히려 이성적으로 판단했다고 믿는다.

연관성도 없는 엉뚱한 사실과의 짝짓기

우리나라에서 큰 인기를 모았던 『신의 물방울』이라는 만화가 있다. 와인에 대한 꽤 풍성한 지식을 담고 있어서 와인 애호가들에게 특히 입소문을 탔다. 그런데 내용 중에 모 와인의 맛을 헤어진 연인의 눈물, 소나기, 그리고 천둥으로 표현하는 장면이 나온다. '시다.' '떫다.' '달콤하다.' '쌉싸름하다.'라는 단어 대신 전혀 연관성이 없는 상황으로 바꿔서 맛을 설명하지만 독자들은 그 맛을 충분히 이해했다고 생각한다.

우리는 전혀 관계가 없는 사실들을 서로 연결해 짝을 짓고 이해하는 신비한 능력을 갖추고 있다. 이 역시 시스템 1이 하는 일이다. 다음 질문을 함께 생각하고 답을 말해보자.

> TV 영재 프로그램에 등장한 5세 소년 영수는 어려운 곱셈을 척척 푼다. 영수의 산수 실력은 서울대학교 학점으로 몇 학점에 해당할까?

이 질문에는 정답이 있다. 바로 '모른다'이다. 5세 영수가 15년 뒤 서울대학교에 입학할지도 알 수 없고 미래 몇 학점을 받게 될지도 모른다. 하지만 대부분 이 질문에도 답을 한다.

"음……, A학점?"

이 대답이 나온 과정에 바로 시스템 1의 '강도'와 '세기'의 짝짓기 기술이 발휘되었다. 5세 영수의 산수 실력이 '매우 뛰어나다'고 판단한 시스템 1이 '서울대학교 A학점'과 짝짓기를 한 것이다. 이때 시스템 2가 개입해 둘 사이의 상관관계와 인과관계에 대한 통계를 따져봤다면 '5세 영수의 산수 실력은 뛰어나지만, 서울대학교 학점으로 평가할 수 없다'는 결론을 내렸을 것이다.

시스템 1은 강도와 세기의 짝짓기를 통해 많은 판단을 내린다. 뉴스에 보도된 범죄에 크게 분노하면 실제 법정 형량보다 높은 형량을 적용해야 한다고 생각한다. 감정의 정도와 형벌의 세기를 짝짓기한 것이다. 쉽게 문제해결책을 찾을 수 있고 나름 합리적으로 결정했다고 확신한다. 하지만 실제로 이런 짝짓기 방식의 판단은 문제가 있다. 감정의 강도에 따라 판단이 달라진다면 합리적 결정이라고 할 수 없다. 연관성이 없는 사실을 기준으로 의사결정을 내린다면 무척 심각한 결과를 가져올 수 있다. 시스템 1이 우리의 의사결정에 개입하는 모습을 주의 깊게 살피고 경계해야 하는 이유다.

스티브 잡스가
곧 애플일까?

대표성 휴리스틱

2011년 1월 스티브 잡스가 세 번째 병가를 내고 경영일선에서 물러나자 애플의 주가가 2.25% 하락했다. 같은 해 5월 스티브 잡스가 애플 세계 개발자 회의WWDC, Apple WorldWide Developers Conference에 나타나자 애플의 주가가 3% 상승했다. 그리고 4개월 후 스티브 잡스가 사망했다. 그러자 경쟁사인 삼성전자의 주가가 4% 상승했다.

스티브 잡스의 건강 문제가 세계적 이슈로 등장한 2011년 1년 동안에 일어난 일이다. 사람들에게 이 상황을 얘기해주고 주식시장이 요동친 이유를 물었더니 당연한 듯 대답을 했다.

"스티브 잡스가 곧 애플이니까요."

하지만 정확하게 말하면 스티브 잡스가 곧 애플은 아니다. 실제로 스티브 잡스가 사망한 후에도 애플은 여전히 혁신의 아이콘이자 시장의 리더로서 굳건히 자리를 지키고 있다. 하지만 스티브 잡스는 애플을 상징했고 사람들은 스티브 잡스의 이미지와 메시지로 애플을 이해했다. 스티브 잡스라는 한 명의 인물과 애플이라는 큰 집단을 동일시한 것이다. 이처럼 사람들은 일부의 특성으로 전체를 판단하는 경향이 있다. 스티브 잡스로 애플을 판단하고 신라면으로 농심을 판단하는 식이다. 이런 사고의 방식을 대표성 휴리스틱Representativeness heuristic이라고 한다.

휴리스틱Heuristics이란 시스템 1이 시스템 2를 대신해서 빨리 의사결정을 하기 위해 찾은 생각의 지름길이다. 대상이나 사건을 논리적으로 분석하거나 통계 등 객관적 사실에 근거해 판단하면 어렵고 시간이 오래 걸린다. 그래서 쉽게 빨리 활용할 수 있는 자신의 경험과 직관에 의존해 판단한다. 사람들은 어떤 대상이나 상황이 자신의 고정관념이나 기억과 얼마나 유사한지를 기준으로 대표성을 만든다. 머릿속에 만들어놓은 대표성을 토대로 대상이나 사건을 파악하여 발생 빈도나 확률을 판단하는 것이 대표성 휴리스틱이다. 하지만 대표성이란 일부의 특성이 겉으로 드러나 과장되어 보이는 것이다. 따라서 대표성이 곧 본질이라고 판단하면 오류가 생길 수 있다.

대표성은 경험이 만든 유사성이다

전 국민이 다 아는 속설 혈액형별 성격 유형은 대표성 휴리스틱의 흔한 예다. 'A형은 소심하다'는 말은 맞는 말일까? 이를 증명하려면 세계 인구 70억 명 중 A형인 사람들의 성격을 조사하고 분석한 연구결과가 필요하다. 대한적십자사가 발표한 우리나라 국민의 혈액형 비율은 A형 43.1%. B형 26.7%, O형 27.3%, AB형 11.5%다. 만약 "A형은 소심하다.""AB형은 변덕스럽다."라는 말이 대표성을 가지려면 우리나라 인구 중 43.1%는 소심하고 11.5%는 변덕스러워야 한다. 하지만 혈액형별 성격 유형을 연구 조사한 결과는 존재하지 않는다. 그뿐만 아니라 주변에서 잘 살펴보면 혈액형별 성격 유형과 전혀 맞지 않는 사람들을 아주 많이 발견할 수 있다. 전혀 과학적이지 않고 통계로 증명되지도 않은 혈액형별 성격 진단을 '속설'이라고 부르는 이유다.

하지만 사람들은 대표성으로 판단하는 것을 좋아한다. 이 과정에서 고정관념과 편견이 만들어진다. 자신이 만난 몇 명의 사람들을 경험의 유사성으로 묶어 정보화하고 낯선 사람을 만나면 그 대표성에 끼워 맞춰 판단한다. 목소리가 유독 큰 사람을 두세 명 만났다. 마침 그들이 경상도 사람이라면 '경상도 사람은 목소리가 크다.'라고 판단하는 것이 바로 대표성 휴리스틱이다.

> 수트를 차려입은 사람의 직업은?
> 1) 변호사 2) 하드락 가수

이 경우 사람들은 1번을 고른다. 사람들의 경험 정보 속에는 수트를 입은 변호사와 가죽바지를 입은 하드락 가수를 떠올리기 쉽기 때문이다. 수트를 입은 하드락 가수와 가죽 바지를 입은 변호사도 얼마든지 있지만 대표성 휴리스틱은 여러 경우의 수를 생각하지 않는다.

일상에서 대표성 휴리스틱의 예는 많이 찾을 수 있다. 젊은 사람은 노인보다 운전을 과격하게 한다거나 그 사람은 군인 출신이라서 권위적이고 융통성이 없을 것이라는 등의 얘기에 동조해본 적이 있을 것이다. 정답을 몰라도 자기가 떠올린 이미지, 즉 대표성을 근거로 판단하는 일은 무척 쉽다.

통계로 컨트롤하는 대표성 휴리스틱

대표성은 사람마다 다르게 설정된다. '집'이라는 단어를 들으면 누구는 단독주택을 떠올리고 누구는 아파트를 떠올린다. 대표성은 개인의 경험에 의존하는 지극히 주관적인 판단 기준이다. 지금부터 함께 간단한 추론을 해보자.

> 사람들이 붐비는 지하철 안에서 한 남자가 영문 시사주간지를 읽고 있다. 이 사람의 학력은 고졸자와 박사학위 소지자 중 어느 쪽이 더 가능성이 높을까?

어떤 정보도 없이 불확실한 예측을 해야 하는 어려운 문제다. 하지만 이 문장을 보는 순간 대부분 박사학위 소지자라고 생각한다. 대표성 휴리스틱의 판단이다. 대표성 휴리스틱은 통계적 사고로 보면 오류투성이라는 사실을 금방 알 수 있다. 4강에서 다룬 '베이즈 추론'을 다시 떠올려보자. 지하철 승객 중 박사학위 소지자의 수는 실제로 고졸자보다 적을 것이다. 전체 인구 중 박사학위 소지자의 수는 고졸자의 수보다 월등히 적다. 따라서 이 남자가 박사학위 소지자일 확률은 고졸자일 확률보다 절대로 높을 수 없다. 이것이 대표성 휴리스틱의 오류를 밝히는 논리적인 추론의 방식이다.

하지만 사람들은 대표성 휴리스틱을 '뛰어난 직관'으로 인식하고 오히려 통계를 의심한다. 영화 「머니볼」의 한 장면을 보자. 가난한 야구단 오클랜드 애슬래틱스의 신임 감독 빌리 빈Billy Beane은 팀을 리빌딩하는 과정에서 스카우터의 거센 반대에 부딪혔다. 오랫동안 직관적 판단으로 선수를 선발해온 스카우터는 빌리 빈이 통계를 바탕으로 연봉 대비 출루율이 높은 선수를 선발하려고 하자 거세게 비난했다.

"컴퓨터로 팀을 짤 수는 없어. 빌리, 야구는 숫자놀음이 아니거든……. 다른 사람들은 못해, 우리의 경험과 직관이 그들에겐 없으니까. 스카우터들이 150년 동안 한 일을 부정할 셈인가?"

하지만 빌리 빈 감독은 통계를 선택했다. '스타성이 있다거나, 척 봤을 때 가능성이 있다거나, 이런 체형의 선수가 좋은 타자가 된다'는 등 개인의 경험적 직관, 즉 대표성을 신뢰해온 오래된 룰을 과감히 깨버린 것이다. 결과는 물론 빌리 빈 감독의 선택이 옳았다. 대표성 휴리스틱은 한 마디로 '하나를 보면 열을 안다'는 착각이다. 누군가를 '딱 보니 좋은 사람' '척 보니 실력 없는 사람'이라는 생각이 든다면 일단 대표성 휴리스틱을 의심할 필요가 있다. '정말 척 보면 아는 걸까?' 대표성 휴리스틱의 횡포를 막으려면 통계적 추론의 습관을 기르는 노력이 필요하다.

왜 생각은
과장되기 쉬울까?

회상용이성 휴리스틱

"연예인들은 일반인들보다 이혼을 많이 해."라는 말을 들었다면 어떤 생각이 떠오를까? 아마 고개를 끄덕이는 사람들이 많을 것이다. 연예인이 다른 직종에 종사하는 사람들보다 이혼율이 높다는 비교 통계는 물론 없다. 그래도 사람들은 그렇다고 생각한다. 이유는 간단하다. 뉴스를 통해 유명 연예인의 이혼 소식을 상대적으로 자주 들을 수 있기 때문이다. 머릿속에 이혼한 지인들의 얼굴보다 최근 이혼한 연예인들의 얼굴이 더 쉽게 주르륵 떠오르면 더 이상 통계를 논할 필요가 없다. 이처럼 어떤 사건이 일어날 가능성을 생각할 때 그와 관련된 사례가 얼마나 빠르고 쉽게 떠오르는가를 기준으로 확률을 판단하는 것이 회상용이성 휴리스틱Availability heuristic이다.

쉽게 떠오른 생각의 과대포장

회상용이성 휴리스틱은 더 생생하고 더 많이 생각날수록 영향력을 발휘한다. 회상용이성을 강화하는 첫 번째 조건은 직접 경험이다. 신혼의 맞벌이 부부에게 "가사 활동에서 본인의 기여도는 어느 정도 되느냐?"는 질문을 하면 남편과 아내가 말한 기여도의 합이 대부분 100%가 넘는다. 공동으로 참여한 가사 활동에서 둘의 기여도를 합치면 100%가 나와야 하지만 실제로는 그렇지 않다.

이는 각자의 경험을 더 생생하게 떠올렸기 때문이다. 아내는 빨래와 청소 등을 얼마나 자주 했는지 떠올리고 또 당시 힘들었던 감정을 생각한다. 당연히 기여도가 쭉쭉 올라간다. 남편은 음식물 쓰레기봉투를 얼마나 자주 버렸고 퇴근 후 설거지를 했던 모습을 떠올린다. 역시 기여도를 높게 평가하게 된다. 내 경험은 남의 경험보다 더 생생하게 기억되며 감정이 과장되기 쉽다.

두 번째, 간접적 경험도 회상용이성에 영향을 준다. 젊은 나이의 친구가 위암에 걸려 사망했다고 하자. 이런 상황을 목격하게 되면 암에 대한, 특히 위암에 대한 공포가 강화된다. 공포가 커지면 위암 발생 가능성을 실제보다 높게 판단하게 되고 더 비싼 보험을 기꺼이 구입하는 선택을 할 수도 있다.

세 번째, 대형 사건사고와 주목받는 이슈도 회상용이성 편향을 만든다. 종일 뉴스를 통해 충격적인 장면이 흘러나오면 사람들은 해당 사건을 매우 위험하고 발생 확률이 높은 사건으로 판단한다. 심리학자 폴 슬로빅은 회상용이성 편향이 위험성을 인지하는 데 어떤 영향을 미치는지 조사했다. 실험방법은 두 개의 비교 사례 중 더 위험하다고 생각하는 쪽을 선택하는 것이다.

> 뇌졸중 사망 확률 vs 모든 사고사 확률
> 벼락 맞아 사망할 확률 vs 식중독 사망 확률

미국의 통계상 뇌졸중 사망자 수가 모든 사고사를 합친 수보다 두 배 가까이 많다. 하지만 사람들은 사고사 확률이 더 높다고 생각했다. 또 벼락 맞아 사망할 확률이 식중독으로 사망할 확률보다 52배 높다(미국의 경우). 하지만 이번에도 사람들은 식중독으로 말미암은 사망 확률이 더 높다고 생각했다. 실제 통계와 위험성에 대한 사람들의 판단은 완전히 달랐다.

이것이 회상용이성 휴리스틱의 영향이다. 매일 저녁 보는 뉴스를 생각해보자. 교통사고나 식중독 사고 소식은 빠지지 않고 등장한다. 반면 뇌졸중 사망은 특별한 경우가 아니라면 뉴스에 나오지 않는다. 벼락이 자주 내리치는 미국 중부에서 벼락으로 말미암은 사망률은 높은 편이지만 식중독 사고보다 주목받지 못한다. 어느 사회나 식중독 사고는 속보의 대상이다. 안전에 민감한 사람들의 공포감이 커지고 그만큼 생생하게 기억된다. 물론 벼락 사고가 흔하지 않은 우리나라에서 벼락으로 말미암은 사망 사건이 단기간 잇따라 발생한다면 반대의 결과가 나올 수도 있다.

쉽게 떠오른 생각일수록 위험하다

회상용이성 휴리스틱은 생각이 쉽게 떠오르는 정도, 즉 회상의 용이성으로 판단할 뿐 실제 발생 확률과는 아무런 상관이 없다. 사람들에게 종이를 한 장 나눠주고 자신의 단점을 6개 쓰라고 한 후 자신을 평가하라고 하면 어떤 결과가 나올까. 사람마다 차이는 있겠지만 대부분 6개 정도의 단점은 찾아서 적을 수 있다. 이 경우 사람들은 자신이 '단점이 많은' 사람이라고 평가했다. 이번에는 12개의 단점을 쓰도록 하고 같은 질문을 했다. 하지만 12개의 단점을 쓰는 일은 쉽지 않기 때문에 대부분 8~9개 정도에 그쳤다. 그러자 사람들은 자신이 '단점이 많지 않은' 사람이라고 평가했다. 6개의 단점을 쓴 사람들은 단점이 많다고 생각하고 8~9개의 단점을 쓴 사람들은 단점이 적다고 생각한 것이다.

더 적은 수의 단점을 썼을 때 오히려 단점이 많다고 판단한 이유는 쉽게 떠올릴 수 있었기 때문이다. 숫자가 적어서 더 쉽게 단점을 떠올렸을 뿐이지만 회상용이성 편향의 영향으로 단점을 과장하게 된다. 반면 더 많은 단점을 써놓고도 생각해내기 어려워서 12개를 채우지 못한 경우엔 오히려 단점을 과소평가하게 된다. 비합리적인 회상용이성 휴리스틱의 모습이다.

사람들은 정보를 구체적 사례의 발생 건수로 접할 때 확률보다 더 큰 영향을 받는다. 예를 들어 치명적인 독감이 발생했다고 하자. 걸리면 1%의 사망률이라는 보도를 접했을 때보다 100만 명 중 1만 명이 사망한다고 보도했을 때 더 충격을 받고 위험을 느낀다. 시스템 1은 기본적으로 통계에 약하다. 1%라는 수치를 생각할 때 즉각적으로 100만 명 중 1만 명으로 떠오르지 않고, 단지 1이라는 숫자에 주목할 뿐이다. 그러나 '100만 명당 1만 명이 사망'이라는 표현은 구체적으로 묘사되고 그만큼 더 생생하다. 100만 명이라는 분모는 무시한 채 1만 명이라는 엄청난 숫자에 자신이 포함될 수도 있다는 공포를 느끼는 것이다.

적은 확률의 사건이 단지 생생하게 떠오르고 공포와 분노 등의 감정으로 폭발함으로써 실제의 위험보다 과장되는 일은 주변에서 흔하게 접할 수 있다. 오래전 모 식품 브랜드의 '공업용 우지 사용' 파동은 회상용이성 휴리스틱의 부작용을 보여주는 좋은 사례다. 어느 날 당시 시장점유율 1위를 차지할 만큼 사람들이 즐겨 찾았던 라면을 공업용 우지로 제조한다는 뉴스가 보도되었다. 그러자 여론이 일파만파 나빠졌고 사람들은 불매운동에 나섰다. 기업은 반박의견을 내고 분노한 여론을 잠재우려 했지만 소용이 없었다. 한참 후 조사결과 '위해성'은 과장된 것이며 뉴스의 내용은 오해라는 사실이 밝혀졌다. 그러나 해당 브랜드는 이미 시장점유율 1위 자리를 내놓은 뒤였고 이후로 지금까지도 자리를 되찾지 못하고 있다.

과학적 근거나 수학적 확률과 상관없이 위험성을 과장하는 회상용이성 휴리스틱이 집단의 판단으로 작용할 때 사회를 흔들고 기업을 죽일 수도 있는 영향력을 발휘하기도 한다. 강에서 검출된 소량의 발암물질이 환경의 위기로 인지되어 갑자기 우선순위로 예산을 배정받기도 하고 수입식품에 대한 위험성 보도로 말미암아 먹을거리 위기 논쟁이 확산되어 새로 법이 만들어지기도 한다. 사실 여부와 관계없이 마치 거대한 강물이 흐르듯 한 방향으로 움직이는 여론을 바꾸기란 정말 어렵다.

생각의 닻에 걸려
넘어진 합리성

앵커링과 조정 휴리스틱

 혁신의 아이콘 애플은 사람들의 심리를 이용한 마케팅의 귀재다. 2010년 1월 태블릿PC 아이패드를 처음 소개하는 프레젠테이션에 세계의 이목이 쏠렸다. 사람들은 이 새로운 디바이스의 가격이 얼마인지 무척 궁금했다. 디바이스 정보는 앞선 보도들을 통해 대략 예측이 가능했지만 정작 가격은 공개되지 않았기 때문이다. 프레젠테이션이 마무리될 무렵 드디어 가격이 공개됐다. 스티브 잡스가 "가격은 999달러가 아닌 499달러로 시작한다"고 말하자 객석에서 환호성이 터져 나왔다. 매우 훌륭한 가격이라는 동의의 표시였다.

 그런데 499달러는 과연 합리적인 가격인가? 당시 아이패드의 경쟁제품이 아직 시장에 소개되지 않았기 때문에 비교를 통해 가격을 추정하기도 어려웠다. 하지만 사람들은 499달러의 가격이 적정 가격이라고 생각했고 만족했다. 이유가 뭘까? 사실 프레젠테이션 초반 스티브 잡스는 무대 중앙 스크린에 '999달러'라는 수치를 띄우고 전문가들이 999달러를 아이패드의 적정 가격이라고 하더라는 식의 얘기를 흘렸다. 사람들이 499달러에 만족한 이유는 스티브 잡스가 먼저 999달러의 가격을 제시했기 때문이다. 줄곧 999달러라고 생각하고 있었는데 이보다 500달러나 낮은 가격이라니 어떻게 만족하지 않을 수 있을까? 그 순간 499달러가 적정 가격인가를 따져볼 만한 다른 근거는 필요 없다. 기준가보다 낮으면 충분히 수용할 만한 가격으로 인지된다. 바로 앵커링 효과Anchoring effect이다.

앵커링 효과는 특정 숫자 혹은 개념이 사고의 기준점이 되어 이후의 판단에 영향을 미치는 현상이다. 앵커는 배가 움직이지 않도록 바닥에 고정하는 닻이다. 일단 닻을 내리면 배는 그 장소에서 벗어날 수 없다. 배에 닻을 내려 움직이지 않도록 고정하듯이 앵커링 효과는 사람들의 생각도 좁은 범위로 제한한다. 앵커링된 숫자를 기준점으로 삼아 어림짐작으로 조정하고 결론을 내린다. 이것이 앵커링과 조정 휴리스틱Anchoring heuristics이다.

모든 생각은 '앵커'를 기준으로 움직인다

앵커링 효과는 기업의 가격과 마케팅 전략에 흔하게 이용된다. 마트에서 무심코 지나쳤던 가격표를 떠올려보자. 가격표의 수치가 대부분 2,990원, 4,950원 등으로 책정된다. 사람들은 뒷자리 숫자가 복잡하면 비교하기 쉬운 대상을 떠올린다. 이때 머릿속에 각각 3,000원과 5,000원이 비교 대상이 된다. 불과 10원, 50원 차이지만 사람들은 '기준점'보다 저렴하다고 생각을 하게 된다.

또는 가격표에 일부러 할인 전 가격을 표시하기도 한다. 10만 원이라는 글자를 눈에 띄게 써놓고 바로 아래에 9만 5,000원을 병기한다. 10만 원이 기준점이 되어 상대적으로 저렴하게 보이는 전략이다. 알고 보면 온라인 쇼핑몰에서 8만 9,000원에 팔 수도 있지만 그 순간 사람들은 이런 간단한 수치 전략에 속는다. 같은 옷을 10만 원에 팔면 10만 원짜리 옷이라고 생각하지만 50% 세일해서 10만 원이라고 하면 실제로 10만 원을 썼으면서도 20만 원짜리 옷을 구매했다고 생각하기 때문에 심리적 만족도가 훨씬 크다. 앵커링 효과가 일으키는 인지적 착각이다.

해마다 업그레이드된 신제품을 판매해야 하는 기업은 '계획된 진부화Planned obsolescence' 전략을 구사한다. 계획된 진부화란 일부러 제품의 수명을 짧게 만들어 시장에 제공함으로써 신상품 판매를 촉진하는 전략이다. 흔히 "스마트폰 수명은 약정 기간이 끝나는 2년"이라는 우스갯소리가 나오는 이유를 여기서 찾을 수 있다. 계획된 진부화 전략은 앵커링 효과를 적극 활용한다. 광고를 통해 실제로는 약간의 기능이 첨가되었을 뿐인 신제품을 매우 첨단의 제품으로 홍보하고 사용하지 않으면 '뒤처진 것'이라는 심리를 만든다. 새로운 앵커링으로 심리적 기준점을 끌어올려서 과소비를 유도하는 것이다.

누가 먼저 어떻게 기준점을 제시하는가에 따라 가치 판단의 기준이 달라지기 때문에, 특히 협상에서 앵커링 효과는 매우 조심해야 한다. 해마다 임금협상을 해야 하는 노조와 경영진의 협상 과정은 앵커링의 싸움이다. 노조는 최대한 높은 수치를 제시하고 경영진은 최대한 낮은 수치를 제시한다. 어느 쪽의 수치가 앵커링이 되는가에 따라 자신들에게 더 유리한 결과를 유도할 수 있다. 모든 종류의 거래에서 앵커링 효과는 기본적으로 강력한 효과를 발휘한다. 하지만 이 상황을 알아차리고 피하기는 어렵다. 그래서 크고 작은 거래에서 흥정이 시작되었을 때 상대의 제안이 마음에 들지 않는다면 과감하게 협상의 틀에서 빠져나오는 게 더 좋은 방법이다.

오래전 중국 여행을 한 적이 있다. 당시 유명 관광지에 있는 시장에 들렀는데 사전에 '상인이 부르는 가격에서 무조건 절반을 깎으라'는 조언을 들었다. 그때만 해도 관광객을 대상으로 가격을 부풀려 판매하는 관행이 있었기에 나온 말이다. 한 번도 해본 적이 없는 과감한 흥정을 할 수 있을까 자신은 없었지만 아무튼 무조건 도전해보기로 했다.

상인이 부르는 가격의 절반을 불렀는데도 불구하고 가격을 조금 낮추며 흥정을 시작했다. 그가 절반을 싹둑 자른 가격을 제시했는데도 흥정에 나선 이유는 애초 터무니없이 높게 가격을 책정했기 때문이라는 결론에 도달했다. 이 경우 계속 협상을 해봤자 상대가 의도한 앵커링 효과에서 벗어날 수 없다. 그래서 상인이 제시한 금액으로는 구매하지 않겠다고 거부 의사를 밝힌 후 다른 상점을 향했다. 이런 과정을 한두 번 거친 후 처음 제시했던 것보다 더 좋은 가격으로 원하는 물건을 구매하는 데 성공했다.

앵커링의 덫에서 탈출하려면 프레임을 바꿔라

사람들은 정확한 팩트를 알지 못할 때 기준점을 찾고 어림짐작으로 조정하면서 추론을 한다. 이때 기준점이 조정의 출발점이기 때문에 어떤 기준점에 앵커링이 되는가에 따라 판단이 완전히 달라진다. 그런데 문제는 우리가 전혀 상관이 없는 무작위 수치에도 쉽게 앵커링이 되고 언제 어떤 방식으로 앵커링 효과에 노출되었는지도 알 수 없다는 사실이다.

대니얼 카너먼과 아모스 트버스키는 실험 참가자들에게 아프리카 국가들의 UN 가입률을 추정하라는 문제를 냈다. 실험 참가자들은 이에 대한 정보를 전혀 알지 못했다. 이때 한 그룹에는 의도적으로 10이라는 숫자를 보여줬고 또 한 그룹에는 90이라는 숫자를 보여줬다. 그랬더니 숫자 10을 본 사람들은 평균 25%, 숫자 90을 본 사람들은 평균 65%라고 답을 했다. 질문과 어떤 상관관계도 없는 수치에 앵커링된 것이다. 물론 사람들은 이런 추론을 하고도 앞서 본 수치에 영향을 받았다는 사실을 전혀 알지 못했다.

그렇다면 전문 분야에서는 어떨까? 또 다른 실험에서는 경력 15년 이상의 판사들이 무작위 수치에 앵커링이 되는 상황이 벌어졌다. 선고 전 각각 3과 9라는 숫자에 노출된 판사들은 똑같은 단순 절도 사건에 대해 숫자 3을 본 경우 5개월을 선고했고 숫자 9를 본 경우 8개월을 선고했다. 전문가의 판단도 앵커링 효과에 영향을 받아 판단에 오류가 발생할 수 있다. 하지만 앵커링 효과의 영향에 대한 이들의 태도는 일반인들과 조금 다르다. 주택가격을 전문적으로 평가하는 부동산 중개인들을 대상으로 한 실험에서 낮게 조작된 호가를 본 중개인들은 주택가격을 낮게 평가했고 높게 조작된 호가를 본 중개인들은 높게 가격을 평가했다. 앵커링 효과 때문이다. 하지만 이후 같은 실험에 참가한 일반인들은 자신들이 호가에 앵커링되었다는 사실을 인정하는 경우가 많은 반면에 중개인들은 그 사실을 인정하는 데 무척 인색했다. 전문가들이 빠지기 쉬운 능력 착각과 과신의 영향이다.

결정을 내리기까지 많은 정보를 듣고 여럿이 논의를 하는 과정을 거쳐도 일단 기준점에 앵커링이 되면 휴리스틱의 작용은 멈추지 않는다. 1996년 심리학자 그레첸 채프먼Gretchen Chapman과 브라이언 본스타인Brian Bornstein은 배심원들의 결정에 미치는 앵커링 효과를 실험했다. '경구피임약 복용으로 난소암이 발생한 여성들이 정부 기관을 상대로 소송을 제기한 가상의 사건'에서 배심원 역할을 맡은 실험자들은 원고 측이 제시한 배상액이 100달러일 때 990달러, 2만 달러일 때 3만 6,000달러를 책정했다. 원고가 겪은 고통이 생생하게 묘사된 진술을 들었고 배심원단 논의도 거쳤지만 암으로 고통받는 여성들에게 겨우 990달러의 배상금액을 정하는 결과는 앵커링 효과의 엄청난 영향력을 잘 보여준다.

반면 원고가 500만 달러와 10억 달러라는 매우 큰 규모의 액수를 제시했을 때 실험자들은 각각 44만 달러와 49만 달러로 조정했다. 부당하다고 판단하면 기준점과 오히려 멀어지는 선택을 하기도 한다. 하지만 이번에도 앵커링 효과는 발휘되었다. 100달러나 2만 달러를 기준점으로 판단했을 때보다 확실히 높은 액수의 배상금이 책정된 것은 처음에 제시된 높은 금액에 앵커링되었기 때문이다.

어떻게 하면 앵커링 효과의 덫에서 빠져나올 수 있을까? 행동경제학은 상대가 제시한 기준점과 반대의 주장을 찾으라고 제안한다. 협상 시 상대가 제시한 수치는 무조건 비합리적이라고 전제를 한 뒤 시스템 2를 활용해 그 이유를 찾는 것이다. 충분히 이유를 생각하기 전에는 섣부르게 제안을 해서는 안 된다. 이런 의도적 노력은 앵커링 효과에 영향을 받아 자신도 모르게 테이블에 등장한 기준점 근처에서 생각하게 되는 상황을 막는 효과가 있다.

좋으면 맞고
싫으면 틀리다

감정과 기분 휴리스틱

사람들은 익숙하고 편한 것을 좋아한다. 친숙한 것을 신뢰하고 사용하던 제품도 웬만하면 잘 바꾸지 않으려고 한다. 현재의 상태를 계속 유지하길 원하는 성향이 강하다. 이는 합리적으로 손익을 따져서가 아니고 단지 좋아하는 감정 때문인 경우가 많다.

감정은 상당히 중요한 의사결정에도 개입한다. 주식투자자가 자신이 좋아하는 기업의 주식을 사면서 객관적 근거가 부족함에도 '수익이 높을 것'이라고 믿는다. 마찬가지로 특정 기업의 주식이 리스크에 비해 수익이 낮을 거라고 확신하는 때도 이런저런 이유를 생각하고 근거를 제시하더라도 사실은 그

기업을 '좋아하지 않는 마음'이 진짜 이유일 수 있다. 좋고 나쁨의 감정이 신뢰도를 결정하고 선택의 논리까지 만들어버리는 감정 휴리스틱Affect heuristic의 영향이다.

좋아해? 싫어해? 감정이 전부다

주식시장에는 '테마주'라는 것이 있다. 특정 이슈와 관련해 투자가 집중되는 종목을 말한다. 특히 대통령 선거 등 큰 이슈를 앞두고 후보자의 이름을 딴 'ㅇㅇㅇ테마주'가 크게 주목을 받는다. 대통령 후보자와 관련된 주식 종목이라는 얘긴데 실제로 해당 후보자와 연관성이 매우 적거나 아예 상관이 없는 경우가 허다하다. 그런데도 자신이 좋아하는 후보자와 연관된 테마주라면 큰 고민 없이 주식을 매입한다. 좋은 감정을 신뢰의 잣대로 판단하기 때문이다. 증권사 창구에서 상담 직원의 외모나 말투가 마음에 들어서 권유하는 종목을 덜컥 매입하거나 반대로 외모가 마음에 들지 않아 신뢰하지 않는 경우도 있다. 이런 우스꽝스러운 일은 초보 투자자뿐만 아니라 투자 경력이 오래된 사람들도 겪는 일이다. 감정 휴리스틱은 전문가와 초보자를 가리지 않는 인간의 인지적 사고 습관이기 때문이다.

사람들이 감정으로 세상을 판단하는 이유는 편하기 때문이다. 시스템 2를 가동해서 이것저것 따지기보다 좋아하면 긍정적 평가를 하고 싫어하면 부정적 평가를 하는 시스템 1에 맡겨

두는 게 훨씬 쉽다. 생각해보자. 평소 환경에 관심도 없었는데 자신이 지지하는 대통령이 새로운 환경정책을 내놨다면 내용은 몰라도 일단 진정성만큼은 철석같이 믿는다. 그리고 환경정책을 위해 쓰는 세금도 충분히 감당할 만한 일이라고 판단한다. 회사에서도 이런 일은 비일비재하다. 프로젝트 진행을 앞두고 투자비용에 대한 이견이 있을 때 자신이 좋아하는 프로젝트라면 투자 대비 수익이 더 클 것이라는 주장을 더 신뢰하게 된다. 논거가 비약해도 결론에 큰 영향을 미치지 않는다. 중요한 것은 '호불호' 감정의 상태다. 미국에서는 자신이 자주 가는 치과 의사의 이미지와 비슷한 외모의 사람을 싫어한다는 연구도 있다. 치과 치료에 대한 고통 때문에 그 의사와 비슷한 사람이 무의식적으로 꺼려진다는 것이다.

감정이 판단에 개입할수록 합리성과는 거리가 멀어진다. 때로는 크게 증폭된 감정이 문제의 본질을 덮어버리는 일도 발생한다. 감정 상태에 따라 위험에 대한 인식도 크게 달라진다. 특정 이슈에 대한 무조건적인 긍정 평가나 부정 평가도 나타난다. 이런 대단한 영향력 때문에 감정 휴리스틱에 호소하는 전략은 기업, 정치, 엔터테인먼트 분야 등에서 자주 활용된다. 지지층 결집과 팬클럽 관리의 핵심은 논리가 아닌 감정의 메시지다. 연예인들이 이름 대신 예명을 사용해 친숙함을 강조하고 문제가 있을 때마다 정당이 이름부터 바꾸는 것은 모두 감정 휴리스틱을 이용하는 것이다.

그런가 하면 기업의 마케팅 전략으로 '감정의 꼬리표Affective tag 달기'라는 게 있다. 긍정적 감정을 자극하는 정서적 용어로 심리적 만족감을 높여서 선택을 유도하는 것인데 같은 제품이라도 새롭고New, 자연친화적Natural이고, 남다른Premium, 완벽한(100%) 이미지로 메시지를 전달했을 때 선택의 선호도는 확실히 높아진다. 심리학자 조너선 하이트Jonathan Haidt는 "감정이라는 꼬리가 합리적인 개의 몸통을 흔든다"는 말로 감정이 본질을 흐리고 편향적 판단을 유도하는 감정 휴리스틱의 문제를 지적했다. 하지만 우리는 원래 감정에 반응하는 존재이고 감정을 배제한 판단이 가능하다는 사실을 오히려 믿기 어렵다. 다만 판단에 앞서 감정을 자극하는 언어가 등장하고 논리적으로 설명할 수는 없는데 '왠지 좋거나 싫은' 감정이 느껴진다면 일단 한 걸음 물러나서 스스로 감정 휴리스틱을 사용하고 있는 것은 아닌지 생각하는 시간을 가지면 판단의 객관성을 유지하는 데 도움이 될 것이다.

기분 좋을 때는 계약을 미뤄야 한다

직장인이라면 누구나 알고 있는 행동 수칙 중 하나가 '상사가 기분이 좋을 때 보고서를 올리라'는 것이다. 기분이 좋으면 긍정적인 평가를 받을 수 있지만 기분이 좋지 않으면 상대적으로 부정적인 반응이 나타날 수 있기 때문이다. 어릴 적 성적표를 받거나 용돈이 더 필요할 때 부모님 기분부터 살핀 경험이 있을 것이다. 기분이 좋지 않아 보이면 평소 안 하던 청소를 하거나 설거지를 도우면서 어떻게든 부모님의 기분이 좋아지도록 노력도 해봤을 것이다. 우리는 기분이 판단에 미치는 영향을 이미 잘 알고 있다. 어떤 순간의 기분이 계속 남아서 다른 판단에 영향을 주는 것이 바로 기분 휴리스틱Mood heuristic이다.

기분과 판단의 관계를 보여주는 재미있는 실험이 있다. 사람들에게 먼저 "얼마나 행복한가?"라는 질문을 하고 이어서 "최근 몇 번의 데이트를 했는가?" 물었을 때 두 질문의 답은 서로 어떤 상관관계도 보여주지 않았다. 데이트 횟수와 행복은 전혀 관련이 없었다. 반면 "최근 몇 번의 데이트를 했는가?"라는 질문을 먼저 던지고 이어 "행복한가?"를 묻자 데이트를 많이 한 사람들은 그렇지 않은 사람들보다 자신의 행복도를 매우 높게 평가했다. 똑같은 질문을 순서만 바꿨을 때 사람들의 답변은 완전히 달라졌다.

질문의 순서는 기분이 판단에 미치는 영향을 보여준다. 첫 질문으로 행복의 여부를 생각할 때는 시스템 2가 개입해 숙고해야 답할 수 있다. 감정보다는 이성적으로 판단하기 위해 노력을 하게 되고 뒤이어 데이트 경험을 떠올린다고 해도 앞 질문과 별개의 문제로 인식된다. 하지만 첫 질문으로 데이트 횟수를 떠올리게 되면 머릿속에 연상기억이 활성화된다. 데이트 당시의 분위기나 좋아하는 사람의 표정 등이 떠오르고 순간 기분이 좋아진다. 이어 "행복한가?"를 물으면 좋은 기분의 영향을 받아 즉각적으로 "그렇다."고 판단하는 것이다. 이때는 시스템 2가 개입할 필요가 없다.

기분이 좋을 때는 시스템 1의 활동이 두드러진다. 의심하고 따지기보다 긍정적이고 빨리 결정을 하려는 성향이 강해지는 것이다. 따라서 기분이 좋을 때는 중요한 결정을 잠시 미루는 것이 좋다. 객관적이고 합리적인 판단을 해야 하는데 기분이 좋은 마음 상태가 '좋은 게 좋은 것'이라는 식으로 슬쩍 결정을 서두를 위험이 있기 때문이다.

휴리스틱은 합리적인 판단이 필요하지 않은 상황이라면 빠르고 꽤 유용하게 사용할 수 있는 사고의 방식이다. 그러나 휴리스틱으로 판단할 때 인지적 편향이 발생하고 편향된 기준으로 판단하기에 오류가 발생한다. 심사숙고해야 할 순간 마음 상태가 불쑥 개입해 비합리적 결정을 내린다면 낭패가 아닐 수 없다. 휴리스틱은 의도적으로 사용하는 것이 아니라 본능적으로 작동하는 인지 시스템이다. 따라서 휴리스틱으로부터 완전히 벗어날 수는 없다. 하지만 휴리스틱으로 발생하는 인지적 오류를 알고 그 가능성을 충분히 인정한다면 비합리적 판단의 불행을 어느 정도 줄일 수 있을 것이다.

4강
왜 거짓을 진실이라고 착각할까?

: 우리의 눈과 머리는 속기 쉽다

통계 수치에
대한 착각

소수법칙

통계는 모두 믿을 수 있을까? 결론부터 말하자면 통계도 착각일 수 있다. 신문에 '여성 대상 설문조사 결과 대통령 지지율 60%'란 제목의 기사가 나왔다고 해보자. 아마 기사 제목을 보자마자 자연스럽게 '우리나라 여성의 60%가 대통령을 지지한다'는 생각이 들 것이다. 그런데 정말 그럴까? 좀 더 확인해볼 필요가 있다. 기사의 내용을 찬찬히 읽어보니 조사 대상이 50명이다. 게다가 이들 50명은 전통적인 여당 지지 성향의 단체에 소속된 사람들인 것으로 나타났다. 그렇다면 이 통계는 과연 신뢰할 만한 것인가.

통계적 논리로 추론한 사실은 직관적 판단보다 더 신뢰할 수 있다. 하지만 통계는 표본의 크기와 출처에 따라 얼마든지 우리의 눈과 생각을 속일 수 있다. 우리나라 여성 인구는 약 2,573만 명이다. 불과 50명의 의견이 무려 51만 배가 넘는 여성들의 의견을 대표할 수는 없다. 표본의 크기가 작을수록 통계가 전하는 메시지는 왜곡되기 쉽다. 작은 표본은 다양한 경우의 수를 읽어내지 못하기 때문이다. 대통령에 대한 지지 성향이 한쪽으로 치우칠 가능성은 50명의 표본과 5만 명의 표본 중 어느 쪽이 더 높을까? 당연히 적은 표본이다. 통계는 직관보다 정보를 더 정확하게 해석하지만 소수 표본을 바탕으로 한 통계는 오히려 착각을 만들고 편향된 정보를 생산할 수 있다.

작은 표본의 결과는 극단적이다

미국의 빌앤멜린다 게이츠 재단은 고교교육의 업그레이드를 목표로 2000년부터 '작은 학교 개혁운동 Small-School Reform'을 시작했다. 미국에서 가장 성공한 학교들의 특징을 조사해보니 '평균적으로 소규모'라는 연구결과에 따른 사업이었다. 큰 학교를 작은 학교로 축소하는 데 수십억 달러를 투자했다. 빌앤멜린다 게이츠 재단의 적극적인 행보에 미국 내 다른 재단과 기관들도 기꺼이 동참했다.

하지만 이후 통계학자들은 이 프로젝트가 '잘못된 전제'에서 출발한 것이며 오히려 큰 학교가 교과과정 선택의 폭이 넓어 특히 고학년은 더 좋은 결과를 보인다고 밝혔다. 스탠퍼드 대학교의 경제학자 에릭 하누섹Eric A. Hanushek도 저서 『학급 규모에 관한 논쟁The Class Size Debate』에서 투입 재정의 규모에 비해 학급·학교 규모의 축소가 학생들의 성취 향상에 기여하는 바가 크지 않다고 밝혔다. 상반된 논쟁을 불러온 이 엄청난 프로젝트의 출발점은 소수법칙Law of small numbers의 영향으로 '작은 학교가 평균적으로 더 성공한' 것처럼 보이는 통계의 착각이다. 소수법칙이란 작은 표본이 큰 표본보다 더 자주 극단적인 결과를 보이는 현상을 말한다. 소수법칙을 쉽게 이해할 수 있는 작은 실험을 보자.

A와 B 두 사람이 항아리에서 공을 꺼낼 준비를 하고 있다. 항아리에는 검은 공 50개와 노란 공 50개가 담겨 있다. A는 한 번에 7개씩 꺼낼 수 있고 B는 4개씩 꺼낼 수 있다. 이때 꺼낸 공의 색깔이 모두 검은색일 확률은 A와 B 중 누가 더 높을까? 정답은 B다. 공을 많이 꺼낼수록 다양한 색깔의 공이 나올 가능성이 더 높다. 실제로 확률을 계산하면 A는 1.56%, B는 12.5%로 8배의 차이가 난다. 하지만 이때 표본이 더 작은 B의 결과만으로 항아리 속에 있는 공의 색깔을 추론한다면 당연히 검은색 공이 더 많이 들어 있다고 착각할 것이다. 이것이 바로 작은 학교의 대학진학률을 보편적 통계로 오해하게 된 이유다. 학생 수 50명의 작은 학교에서 어느 해 50명이 대학에 진학했

다고 해서 모든 작은 학교가 큰 학교보다 대학진학률이 높다고 일반화할 수 없고 어느 작은 마을에 연속적으로 5명의 남자아이가 태어났다고 해서 작은 마을에서 남자아이가 태어날 확률이 높다고 결론을 내릴 수는 없다.

    소수 표본은 한쪽에 치우치기 쉬워 전체의 특성을 대표할 수 없다. 그럼에도 소수법칙의 착각에 빠지는 이유는 뭐든 빨리 인지하고 쉽게 결론을 내리려는 직관의 성향 때문이다. 직소 퍼즐 게임을 해본 적이 있을 것이다. 퍼즐 조각이 20개인 경우 금방 퍼즐을 완성할 수 있고 몇 개의 퍼즐 조각만으로도 전체 그림을 예측할 수 있다. 그러나 퍼즐 조각이 200개인 경우 시간도 오래 걸리고 어느 정도 완성되기 전까지 전체 그림을 이해하기도 어렵다. 우리의 직관은 본능적으로 적은 숫자의 퍼즐을 선호한다.

    소수 표본의 결과를 전체 통계로 과장하고 왜곡하는 소수법칙의 착각은 일부의 사건으로 전체의 모습을 이해하는 대표성 휴리스틱Representativeness heuristic이 내린 판단의 오류인 것이다. 빌앤멜린다 게이츠 재단이 지원한 '작은 학교 개혁운동'은 바로 소수법칙을 간과한 전제에서 출발했다. 만약 같은 방식으로 '하위권 학교의 특징'을 조사했다면 역시 작은 학교라는 결과가 나왔을 가능성이 매우 높다.

소수법칙에 속는 것은 인과관계의 착각 때문이다

그런데 사람들은 통계 결과의 허점을 왜 미리 알아차리지 못했을까? 바로 인과관계에 집착하는 직관의 이해방식 때문이다. 사람들은 작은 학교의 학업 성취율이 평균보다 높다는 통계 결과가 나왔을 때 표본의 크기나 출처를 따지기보다 인과관계에 더 주목했다. '맞아, 학생 수가 적으면 교사들이 개인에게 더 집중할 수 있잖아. 당연히 학습에 도움이 되겠지.'라는 정합적 스토리가 만들어지면 바로 사실로 믿는다.

미국의 통계학자 윌리엄 펠러William Feller는 통계를 이용해 제2차 세계대전 때 런던에서 집중적으로 폭탄이 떨어진 지역을 분석했다. 당시 사람들은 특정 지역에 폭격이 집중되자 '폭격이 없는 지역은 독일 스파이들이 있기 때문'이라고 여겼다. 독일이 자국의 스파이들을 보호하기 위해 일부러 폭격하지 않은 것이라는 그럴듯한 추론의 결과이다. 하지만 나중에 조사한 결과 당시 폭격 지역이 한곳에 집중된 이유는 독일 측의 의도 때문이 아니라 비행 기술력의 한계 때문에 해당 지역에 폭탄을 투하할 수밖에 없었던 것으로 나타났다. 한 마디로 폭격은 무작위로 이뤄진 결과였다.

그럼에도 지도 위에 표시된 폭격지점을 보고 있노라면 여전히 의도성이 느껴진다. 원인과 결과로 짜인 생각의 패턴에서 보면 실제 있지도 않은 유형이 보이는 착각에 빠질 수 있다. 뭐든 인과관계로 생각하는 직관은 이성이 주관하는 통계적 관점보다 언제나 빠르게 움직인다.

어느 산부인과 병원의 신생아 성별을 조사했다고 하자. 조사 기간은 한 달이다. 아기들이 순서대로 태어날 확률은 아래 세 가지 경우 중 어느 것이 높을까?

> 1) 남남남남여여여여
> 2) 여여여여여여여여
> 3) 남녀남남여남여남

이 질문에서 사람들은 대부분 3번을 고른다. 남자와 여자의 성비가 대략 반반씩이니 남아가 태어나면 그다음에는 여아가 태어나는 게 자연스러워 보인다. 1번과 2번처럼 특정 유형의 반복은 부자연스럽고 그만큼 발생 확률도 낮다고 생각한다. 하지만 통계로는 1, 2, 3번의 확률이 모두 같다. 아기의 출생은 모두 독립적 사건이며 앞에 태어난 아기의 성별이 뒤에 태어난 아기의 성별을 결정하지 않는다. '앞에 여아가 태어났으니 이번에는 남아일 것'이라는 인과관계는 애초부터 성립될 수 없다.

한 달이라는 짧은 기간 동안 병원에서는 여아만 태어날 수도 있고 남아만 태어날 수도 있다. 그렇다고 이 병원을 '남아만 태어나는 병원'이라고 말할 수 있을까? 당연히 그렇지 않다. 다음 달엔 또 다른 변화가 있을 수 있고 1년간 출생 성비를 비교하면 아마 평균에 가까운 수치가 나올 것이기 때문이다. 소수법칙은 인과관계로 단정하는 직관의 부산물이다.

목격자 진술 속
숨은 진실 찾기

기저율 무시

　비가 오는 어느 날 밤 인적이 드문 도로에서 뺑소니 사고가 났다. 마침 CCTV 영상도 없어 경찰은 무척 난감한 상황에 부닥쳤다. 그런데 다음 날 목격자가 나타났다. 그는 사고 차량이 '파란색 택시'라고 말했다. 이 도시에는 택시회사가 딱 두 곳이다. 한 곳은 파란색 택시 15대를 운행하고 다른 한 곳은 초록색 택시 85대를 운행한다.

　경찰은 목격자 진술의 신뢰도를 검증해야 했다. 같은 상황을 만들고 똑같이 실험한 결과 목격자가 택시의 색깔을 제대로 알아본 경우는 80%였고 잘못 알아본 경우가 20%였다. 그렇다면 목격자 진술대로 파란색 택시가 뺑소니 택시일까?

불확실한 상황을 추론할 때는 확률이 답이다

처음 이 질문을 들으면 대부분 고개를 갸우뚱한다. 여러 복잡한 수치와 상황이 등장하지만 가장 확실하게 머릿속에 남는 건 목격자의 진술이다. 게다가 목격자 진술의 신뢰도가 무려 80%다. 그렇다면 목격자 진술대로 파란색 택시가 뺑소니 가해 차량일 확률이 더 높지 않겠는가.

하지만 상황은 그렇게 간단하지 않다. 목격자 신뢰도가 100%가 아닌 80%이기 때문이다. 그가 잘못 봤을 20%의 가능성을 고려해야 진짜 파란색 택시가 뺑소니 차량일 확률을 알 수 있다. 목격자 진술 신뢰도 80%를 적용하면 파란색 택시 15대 중 80%인 12대는 진짜 파란색 택시이고 20%인 3대는 초록색 택시일 가능성이 있다. 반대로 초록색 택시 85대 중 20%의 17대는 실제로는 초록색 택시인데 파란색 택시로 잘못 인식했을 가능성이 있다.

목격자의 진술에 따른 진짜 파란색 택시가 뺑소니일 가능성은 파란색 택시 중에서 12대, 초록색을 파란색으로 잘못 인식할 수 있는 17대를 합친 29대를 베이즈 추론Bayesian inference*에 따라 확률로 계산(12÷29×100)하면 41%라는 결과가 나온다. 전체 택시 중 목격자 진술대로 파란색 택시가 뺑소니 차량

---

* 영국의 목사 토마스 베이즈Thomas Bayes가 만든 통계적 추론의 방법이다. 추론 대상의 '사전 확률'과 추가적인 정보를 통해 해당 대상의 '사후 확률'을 추론한다.

일 확률은 41%이고, 오히려 초록색 택시가 뺑소니 차량일 확률이 59%로 더 높다. 믿었던 목격자 진술이 반대로 뒤집힌 것이다.

이 가상의 시나리오는 대니얼 카너먼과 아모스 트버스키가 '통계적 사고'의 중요성을 강조하기 위해 만든 것이다. 목격자 진술만 듣고 파란색 택시가 뺑소니 가해 차량일 것으로 판단하는 것이 직관적 판단이다. 직관에 의존한 판단이 오류에 빠지지 않으려면 기저율Base rate을 주목해야 한다. 기저율이란 특정 범주에 속하는 사례의 상대적 빈도이다. 파란색 택시 15대와 초록색 택시 85대 중에서 목격자 진술 신뢰도 80%를 적용했을 때 파란색 택시일 확률 41%, 초록색 택시일 확률 59%가 바로 기저율이다.

41%와 59%는 100%가 아니므로 둘 중 어느 택시가 진짜 뺑소니 택시인지 확정할 수는 없다. 그러나 직관적 판단에 따라서 파란색 택시만을 가해 차량으로 지목하고 조사한다면 진짜 가해 차량을 놓칠 수 있다. 실제 뺑소니 차량은 초록색 택시일 확률이 상대적으로 더 높기 때문이다. 이처럼 사전 정보나 지식이 없을 때는 더 높은 확률을 선택해야 정답을 찾을 가능성이 높아진다.

직관적으로 판단하지 말고 통계적 사실을 주목하라

서울의 한 평범한 주택가에서 젊은 여성이 강도를 당해 상해를 입는 사건이 발생했다고 하자. 목격자도 없고 CCTV 영상도 확인이 어렵다. 아래 두 사람 중 어느 쪽이 더 가해자일 개연성이 높을까?

> 1) 가해자는 30대 젊은 남자다.
> 2) 가해자는 폭행 전과가 있는 30대의 외국인 남성 근로자다.

사전 정보가 전혀 없는 상황에서 추론할 때는 먼저 기저율부터 생각해야 한다. 1)번과 2)번 중 상대적 비율, 즉 기저율이 높은 쪽은 1)번이다. 인구비율을 보면 30대 젊은 남자가 당연히 30대의 외국인 남성 근로자보다 훨씬 많다. 따라서 가해자일 개연성은 1)번이 더 높다. 그러나 사람들의 시선은 자꾸 2)번에 쏠린다. 범죄 경력이 있는 외국인이 가해자로서 더 그럴듯해 보이기 때문이다. 이것이 바로 기저율 무시Neglect of base rate이다.

사람들은 통계보다 대표적 이미지로 만들어지는 전형성과 인과관계로 개연성을 만들고 직관적으로 옳다고 판단한다. S 대학교 경제학 교수보다 택배기사의 수가 훨씬 더 많다는 것을 충분히 알 수 있는 상황에서도 '안경을 쓰고 클래식 음악을 즐겨들으며 경제신문을 자주 보는 사람'의 직업을 유추하라고 하면 별 고민도 없이 경제학 교수라고 확신한다. 직업별 인구 분포상 택배기사의 수가 훨씬 많다는 사실을 알아도 머릿속에서는 여전히 '그래도 경제학 교수일 것 같은데…….'라고 외친다.

가상의 수치이지만 기저율을 따져보자. S 대학교 경제학 교수의 수가 10명이고 택배기사의 수가 1만 명이라고 가정한다면 경제학 교수 중 90%가 위 조건에 해당한다고 했을 때 확률은 9명이다. 반면 택배기사 중 1%만이 클래식 음악을 듣고 경제신문을 본다고 해도 그 수가 100명이다. 기저율을 대입하면 직관으로는 볼 수 없었던 새로운 진실을 볼 수 있다.

통계적 사고란 불확실한 상황을 추론할 때 가장 높은 확률을 고려하는 것이다. 특정 직업군, 예를 들어 의사들은 증세를 보고 질병을 추정할 때 가장 발생 확률이 높은 질병의 가능성을 먼저 고려한다. 직관의 판단보다 통계적 사실을 주목하는 것이다. 의사들은 열이 나는 환자를 볼 때 먼저 감기 등 바이러스에 의한 감염증을 고려한다. 상대적으로 확률이 낮은 중추성 뇌혈관 장애일 가능성을 가정하고 진단을 하지는 않는다. 발생 확률이 더 높은 개연성, 즉 기저율을 먼저 고려하도록 훈련을 한 결과다. 결국 기저율에 근거한 추론의 습관은 노력을 반복함으로써 만들어진다.

왜 낮은 가능성을
더 신뢰할까?

결합오류

    35세의 남성 영수는 내성적이고 신중하다. 그는 국문학 전공으로 문학상 공모전에 여러 번 응모한 적이 있으며 차별과 정의에 관심이 높다. 대학생일 때는 청소년 인권 보호를 위한 시위에 참여한 적도 있으며 졸업 후 6개월간 국제 앰네스티 한국지부에서 인턴으로 근무했다. 졸업 후 그는 현재 어떤 모습일 가능성이 더 높은가?

> 1) 영수는 작가다.
> 2) 영수는 인권상담사로 활동하는 작가이다.

영수가 '작가'일 가능성과 '인권상담사로 활동하는 작가'일 가능성을 묻고 있다. 이 경우 사람들은 무엇을 선택할까? 아마 대부분 2번의 가능성이 높다고 생각할 것이다. 하지만 정답은 1번이다. 확률로 따져보자. 작가의 집합 크기는 작가이면서 동시에 인권상담사로도 활동하는 작가의 집합보다 훨씬 크다. 작가와 인권상담사라는 두 개의 조건을 동시에 만족시켜야 하는 2번의 확률은 1번보다 현저히 낮을 수밖에 없다.

확률을 따져보면 금방 알 수 있는 문제이다. 그런데 사람들은 영수가 여전히 그냥 작가보다는 인권상담사로 활동하는 작가일 확률이 더 높다고 생각한다. 이것이 결합오류Conjunction fallacy의 현상이다. 두 개의 사건이 동시에 일어날 확률은 하나의 사건이 발생할 확률보다 높을 수 없다. 그럼에도 두 개의 사건이 결합되었을 때 오히려 일어날 확률이 더 높다고 추정하는 결합오류는 우리의 흔한 착각 중 하나다.

확률을 무시하는 '그럴듯한' 개연성

사람들은 왜 1번보다 2번의 확률이 더 높다고 생각하는 걸까? 이유는 영수의 이력 때문이다. 이력을 보면서 작가와 인권운동은 영수를 대표하는 이미지로 뇌에 저장되었기 때문이다. 젊은 시절 인권운동에 무척 관심이 높았다. 심지어 인권단체에서 근무한 경력까지 있다. 그래서 영수는 그냥 작가보다는 인권상담사로 활동하며 글을 쓰는 작가의 모습이 더 어울리고 머릿속에 이미지가 생생하게 떠오른다. 이것이 바로 개연성이다. 직관은 확률보다 '실제로 일어날 법한' 상황 논리를 더 신뢰하는 경향이 있다. 머릿속에 그럴듯해 보이는 개연성이 성립되면 통계의 논리는 쉽게 무시된다. 여기 또 다른 사례를 보자.

> 1) 철수는 대학생이다.
> 2) 철수는 대학생이고 경영학을 전공하며 마라톤을 한다.

1번과 2번 중 어느 쪽의 확률이 더 높을까? 답은 1번이다. 2번은 1번의 부분집합이다. 사람들은 이 질문에서 대부분 헷갈리지 않는다. 이유는 철수의 이력을 전혀 모르기 때문에 철수에 대한 대표성 이미지가 만들어지지 않는다. 이처럼 개연성을 만들어낼 정보가 없다면 논리가 직관을 이긴다.

하지만 이 문제를 풀기 전에 철수가 아마존의 CEO 제프 베조스를 존경하며 평소 운동을 좋아한다는 얘기를 해준다면 어떻게 될까? 영수의 문제를 풀 때처럼 '창업에 관심이 있고 운동을 좋아하는 철수'라는 대표적 이미지가 만들어지고 직관은 2번을 선택할 것이다. 매우 낮은 확률의 사건을 무척 개연성 있는 사건으로 착각하게 하는 직관의 횡포가 바로 결합오류다.

근거가 구체적일수록 예측은 빗나간다

"그럴듯해서 말이 되네."라는 말은 일어날 가능성이 높다는 의미로 이해된다. 우리는 설사 허구의 스토리라도 그럴듯하다고 생각하면 진실로 믿는 직관의 성향 때문에 결합오류의 함정을 피하기 어렵다. 생각해보자. 그럴듯한 스토리의 특징이 무엇인가? 바로 구체적인 묘사다. 여러 가지의 요소들이 복잡하게 얽힌 구체적 스토리는 머릿속에 생생하게 그려지고 사람들의 신뢰를 얻는다.

다음 달 당신이 신사업 프로젝트의 프레젠테이션을 준비한다고 가정해보자. 이때 청중을 설득하려면 사업이 성공할 수밖에 없는 개연성이 충분한 근거와 미래에 얻을 수 있는 결과를 아주 구체적으로 제시해야 한다. 하지만 예상되는 일이 구체적이라는 것은 여러 운이 겹쳐져야 한다는 뜻이다. 의사결정자는 목표 달성이 어려운 계획이더라도 결합오류가 만들어낸 착각 때문에 당신의 프레젠테이션을 신뢰할 가능성이 더 높다.

결합오류는 전문가들도 피하기 어렵다. 대니얼 카너먼은 국제회의에 참석한 미래학자들을 대상으로 결합오류를 실험했다. 학자들을 두 그룹으로 나눈 후 A그룹에는 1년 후 석유 소비가 30% 감소할 것이라는 내용의 시나리오를 주고 B그룹에는 1년 후 석유 가격의 급격한 상승으로 석유 소비가 30% 감소할 것이라는 내용의 시나리오를 보여줬다. 그리고 A와 B그룹이 각 시나리오의 신뢰도를 평가하도록 했다. 예상대로 B그룹의 신뢰도가 훨씬 높았다.

사실 두 개의 시나리오는 같은 내용이다. 다른 것은 '석유 가격의 급격한 상승으로'라는 말이 첨가되었을 뿐이다. 그렇다면 실제로 두 시나리오 중 어떤 것이 신뢰도가 높을까? 앞의 영수의 사례처럼 확률을 따져보면 금방 답이 나온다.

> A) 석유 소비가 30% 감소하는 상황
> B) 석유 가격이 급격하게 상승하는 상황 + 석유 소비가 30% 감소하는 상황

둘 중 실제 일어날 확률이 높은 쪽은 A 시나리오다. 하지만 전문가들조차 '석유 가격의 급격한 상승으로 석유 소비가 줄어드는' 그럴듯한 이야기가 더 논리적이라고 생각했다. 증거가 구체적일수록 예측이 빗나갈 확률이 높다. 불황이 와서 석유 소비가 감소할 수도 있고 대체 에너지의 개발로 인해 석유 소비량은 줄어들 수 있다. 하지만 우리는 여전히 구체적인 스토리를 더 선호한다. 어떤 의사결정을 할 때 그럴듯하게 들리는 시나리오 때문에 마음이 흔들린다면 바로 결합오류의 함정을 떠올리면 좋겠다. 스토리를 완벽하게 구성하는 구체적 근거들의 조합은 바로 '그런 일은 일어나지 않을 것'이라고 말하는 것과 같다.

그건 정상이고
이건 비정상일까?

정상이론

그건 정상이고 이건 비정상이라는 생각은 선호도에 영향을 준다. 머릿속에는 수많은 정상의 개념이 있고 이를 기준으로 선택할 때 정상은 '표준(규범)'의 개념으로 이해된다. 하지만 정상은 절대로 표준의 기준이 될 수 없다. 사람마다 각자 다른 정상의 개념을 갖고 있기 때문이다. 개인의 경험이 정상의 기준을 만들기 때문에 정상이냐 아니냐를 기준으로 무언가 결정할 때는 오류가 발생하게 된다.

드문 사건도 반복되면 정상이 된다

어느 날 생각지도 못한 낯선 상황에 부닥쳤다고 하자. 처음 겪는 일을 빠르게 판단하기 위해 직관은 과거의 유사한 경험들을 떠올린다. 그러다 현재 직면한 의외의 상황과 비슷한 패턴의 경험을 찾아내게 된다. 이 패턴을 인지적 기준Anchor으로 사용해서 자신의 정상 범위에 속하는지 아닌지 추론하고 평가하게 된다. 이것이 정상이론Norm theory이다.

한가로운 오후 어느 가정의 풍경을 떠올려보자. 엄마가 부지런히 집안일을 하는 중이다. 그런데 갑자기 문이 열리는 소리가 들린다. 그래도 엄마는 놀라지 않는다. 아이가 학교에서 돌아올 시간을 충분히 예상했기 때문이다. 그런데 등뒤에서 기대했던 아이의 목소리가 아니라 남편의 목소리가 들린다. 그럼 깜짝 놀란다. 전혀 예상했던 일이 아니기 때문이다. 하지만 며칠 후 똑같은 시간에 남편의 목소리가 뒤에서 들린다면 처음보다 놀라지 않는다. 이미 한 차례의 경험을 통해 남편이 낮에 귀가할 가능성을 인지하고 있고 언제라도 일어날 수 있는 정상적인 일로 생각하기 때문이다.

의외성이란 예상한 범위를 벗어나는 것이다. 즉 우리는 기대한 일이 어긋났을 때 놀라고 매우 의외라고 생각한다. 그런데 이 놀라운 사건을 한 번 더 경험하면 놀라지 않게 된다. 처음엔 비정상적이었던 의외의 사건은 다른 사건과 만나서 곧 정상적인 일이 된다. 사람들은 모 수입 브랜드의 자동차 화재사건이 났을 때 깜짝 놀랐다. 튼튼한 고급 자동차라는 이미지가 강했기 때문에 화재사건은 비정상적인 사건으로 치부됐다. 하지만 사람들은 연속해서 화재가 발생하자 공용주차장에 해당 브랜드의 자동차를 출입 금지하거나 별도로 주차구역을 지정하는 것을 매우 정상적인 일로 받아들였다.

정상과 비정상은 어떤 사건이 먼저 머릿속에 정상의 패턴으로 인식되었는지가 결정한다. 맛집으로 소문난 식당이 있다고 하자. 늘 손님으로 북적이는 이 식당의 종업원들은 불친절하기 짝이 없다. 물컵도 제때 가져다주지 않고 홀을 지나다가 손님과 부딪혀도 사과하지 않는다. 처음 식당을 찾은 손님들은 깜짝 놀란다. 다른 식당에서는 경험하지 못한 이 상황이 정상적이지 않다고 생각하기 때문이다. 하지만 두 번째 찾을 때는 종업원들의 태도에 신경을 쓰지 않게 된다. 다른 식당에서는 종업원들의 불친절함은 여전히 비정상적인 일로 생각되지만 이 식당에서는 정상적인 풍경으로 이해하기 때문이다. 오히려 종업원들이 갑자기 친절해지면 그 사실에 깜짝 놀랄 것이다.

나의 정상과 당신의 정상은 같지 않다

대학 동창 사이인 A와 B가 오랜만에 만났다. 기분 좋게 대화를 나누던 중 두 사람 모두 와인을 좋아한다는 사실을 알게 되었다. A가 얼마 전 마신 와인을 자랑하기 시작했다.

> A : "비싼 와인이라서 그런지 역시 맛이 다르더군."
>
> B : "그래? 얼마인데?"
>
> A : 10만 원"
>
> B : "비싼 와인이라며? 30만 원은 넘어야 비싼 와인이지."

비싼 와인의 정상적인 기준은 얼마일까? 사람마다 다르다. 5만 원이 넘는 가격의 와인을 마신 적이 없는 사람에게 10만 원은 비싼 가격이다. 반면 30만 원 이상의 와인을 마셔본 사람에게 10만 원의 와인은 비싸지 않다. 머릿속에 고급 차를 떠올려보자. 누군가는 국내 브랜드의 비싼 자동차가 생각나고 누군가는 슈퍼카 부가티를 떠올릴 것이다. 비싼 차를 정의하는 정상의 범위는 사람마다 다르다.

사람들은 자신의 정상에서 크게 벗어나지 않는 범위의 사고를 한다. 아주 큰 참새가 아주 작은 코뿔소 코 위에 앉아 있는 모습을 그리라고 주문하면 사람들은 대부분 아주 큰 참새를 그리겠지만 코뿔소보다 크게 그리지는 않는다. 우리는 이미 참새와 코뿔소의 크기를 알고 있고 정상적 기준에서는 참새가 아무리 커도 코뿔소보다 클 수 없기 때문이다. 정상이란 자신이 경험한 범위에서 만들어낸 기준이다. 따라서 나의 정상과 당신의 정상은 같을 수가 없다.

익숙한 평균과 표준에 대한 착각

정상이라는 개념은 직관이 낯선 정보를 빠르게 받아들이기 위해 만든 패턴이며 착각을 일으키는 인지적 편향이다. 직관이 패턴에 맞는 정보를 얼마나 쉽게 받아들이고 편안하게 진실로 믿는지 모세의 착각Moses illusion 실험을 예로 보자.

"『성경』에서 모세가 방주에 몇 마리씩 동물을 태웠을까요?"

1981년 에릭슨Erickson과 멧슨Mattson이 공동으로 진행한 이 연구에서 사람들은 대부분 바로 "한 쌍이요."라고 대답했다. 그런데 문제가 틀렸다. 방주에 동물을 태운 사람은 모세가 아니라 노아다. 사람들이 이 문제를 정상적이라고 생각한 이유는 둘 다『성경』에 등장하는 인물이고 'O'라는 발음의 이름을 가진 유사성에 속았기 때문이다. 마찬가지로 "세종대왕이 임진왜란 때 왜구를 물리치기 위해 만든 배의 이름은 뭘까요?"라고 물으면 사람들은 재빠르게 "거북선"이라고 답한다. 잠시 후 고개를 갸우뚱하며 문제의 오류를 발견할지언정 즉각적인 반응이 튀어나온다.

우리의 직관은 수많은 정상의 기준을 동원해서 새로운 정보를 해석한다. 커피숍 뒷자리에서 남성의 목소리로 "아침마다 입덧하느라 힘들어 죽겠어."라는 얘기가 들린다면 즉각 비정상이라고 판단한다. 하지만 직관은 여기서 포기하지 않는다. 곧 정상의 기준에 맞춰 스토리를 만든다. '저 남자는 임신을 한

게 아니라 아내를 너무 사랑한 나머지 대신 입덧을 겪는 쿠바드 증후군일 것'이라는 식으로 말이다.

정상적이라는 말은 평균적이며 표준이라는 의미로 사용된다. 누군가의 반응이 정상적이라고 판단하는 것은 그 반응이 평균적이고 보편적이라고 생각하는 것이다. 기업에서 상품에 대한 고객 반응을 조사할 때 '평균적 의견'에 주목하는 것도 그게 정상이라고 판단하기 때문이다. 하지만 정상의 기준은 매우 주관적이고 상대적인 개념이며 따라서 편향된 판단을 할 수 있다. 인간이 만든 최악의 개념이 '정상'이라는 말도 있다. 2015년 세계여성경제포럼의 기조 강연을 맡은 에이미 멀린스Aimee Mullins는 "보통이나 전형적인 건 있어도 정상은 없다."고 강조하며 우리 사회가 정상이라는 잘못된 개념에 갇혀 인간의 잠재력을 제한하고 있다고 했다. 정보를 해석할 때는 평균 혹은 표준의 범위에서 서둘러 판단하면 오류가 발생할 수 있다. 정보에 담긴 의미를 제대로 이해하려면 전체 맥락을 알아야 하며 그러기 위해서는 심리적 정상의 범위를 확대할 필요가 있다.

첫사랑의
동상이몽

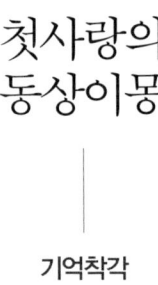

기억착각

　오랜 시간이 흘러 노년의 두 남녀가 만났다. 찬란했던 청춘의 시절 남자 토니와 여자 베로니카는 서로에게 첫사랑이었다. 하지만 베로니카는 토니의 친구 에이드리언과 커플이 되었다. 토니는 연애를 허락해달라는 친구의 편지에 기꺼이 두 사람의 사랑을 축복하는 답장을 보냈다. 그로부터 40년이 지났지만 토니의 기억 속 베로니카는 여전히 아름다운 추억의 대상이다. 하지만 오랜만에 마주한 테이블 건너편의 베로니카는 표정이 밝지 않다. 아니, 오히려 화가 나 있다. 영문을 알 수 없었던 토니는 나중에 베로니카로부터 오래전 자신이 에이드리언에게 보냈던 편지를 우편으로 받는다. 그 편지 속엔 토니의 기억과는 달리 축복의 글은 단 한 줄도 없었다. 오직 두 사람을 향한 지독한 분노와 저주만이 가득했을 뿐이다.

우리의 기억은 진짜일까?

영국의 작가 줄리언 반스Julian Barnes의 소설 『예감은 틀리지 않는다』에는 자신의 기억과는 전혀 다른 진실과 만나게 되는 한 남자가 등장한다. 그는 자신이 오래전 저주를 퍼부었다는 사실은 물론이고 그 저주대로 불행한 일들을 겪어냈던 베로니카의 삶에 대해서도 전혀 알지 못했다. 토니의 기억 속 자신은 충분히 신사다웠고 그래서 첫사랑의 기억도 나쁘지 않을 수 있었다. 그런데 토니는 사실을 기억하지 못하는 수준을 넘어 아예 다른 기억으로 재생했다. 경험을 기억하고 싶은 대로 편집하고 그 기억에 자신마저 속는 기억착각 때문이다.

심리학자들은 오래전부터 기억을 불신해왔다. 저마다 정도의 차이가 있을지 모르지만 우리 모두 각자 원하는 대로 경험을 저장하고 재생하는 과정을 통해 착각을 만들어내는 존재들이다. 심리학자 엘리자베스 로프터스Elizabeth F. Loftus는 저서 『우리의 기억은 진짜일까?』에서 기억조작의 사례를 소개했다. 실험 참가자들의 가족들로부터 미리 조사한 에피소드를 들려주고 기억이 나는지 질문을 한다. 이때 '당신이 어렸을 때 시장에서 길을 잃은 적이 있고 누군가의 도움으로 부모를 찾았다'

는 거짓 사건을 슬쩍 끼워 넣었다. 실험 참가자들은 어린 시절의 기억을 어떻게 회상했을까? 네 명 중 한 명이 시장에서 길을 잃은 적이 있다고 기억했다. 심지어 이야기를 덧붙여 구체적으로 설명도 했다. 있지도 않은 기억을 사실로 인식한 것이다.

확실한 기억일수록 거짓일 수 있다

포토그래픽 메모리라는 말이 있다. 마치 사진을 찍듯 모든 내용을 빼놓지 않고 생생하게 기억하는 능력을 말한다. 이런 능력이 과연 가능한 걸까? 간혹 TV를 통해 엄청난 기억력의 소유자들이 소개되기도 한다. 그런데 이들이 뉴스에 나오는 이유는 그만큼 매우 드물기 때문이다.

실제로 우리의 뇌는 모든 것을 기억할 수 없다. 사진을 찍듯 기억해도 연사가 아닌 낱개의 장면으로 저장할 뿐이다. 기억을 회상하려면 직관이 각 장면을 꺼내 사이사이 존재하는 공백을 채우며 연결해야 한다. 적절한 편집을 통해 그럴듯한 스토리를 만들면 그게 바로 기억이다. 이 과정에서 착각이 일어난다. 보지 않은 사실을 봤다고 착각하고 경험하지 못한 사실을 경험했다고 인식하는 것이다.

기억착각은 매우 흔한 현상이다. 기억이 분명하지 않은 경우라면 '아, 내가 착각을 했구나.' 빨리 인정을 할 것이다. 하지만 정말 생생하게 떠오르는 기억이 거짓일 수도 있다고 생각하기는 쉽지 않다. 그러나 바로 조금 전의 기억조차 착각할 수 있는 게 바로 우리이다.

미국 캘리포니아 대학교의 연구팀이 '거짓 기억'에 대한 실험을 했다. 먼저 좀도둑이 물건을 훔치는 장면을 본 목격자들에게 용의자가 입은 옷 색깔과 키 등에 대한 진술을 들었다. 15분 후 목격자들에게 좀도둑의 옷 색깔을 진술했던 것과 다른 색깔로 바꿔서 알려줬다. 그리고 다시 15분 후 목격자들은 처음 방식대로 좀도둑에 대해 진술했다. 그런데 상당수의 목격자들이 첫 번째 진술과 다른 진술했다. 하지만 그들은 자신의 진술이 처음과 달라졌다는 사실조차 눈치채지 못했다.

기억착각은 '아, 착각했네.'라는 정도가 아니라 '그건 사실이야.'라고 믿는다. 거짓과 진실을 아예 구분하지 못하는 것이다. 이처럼 불완전한 기억의 속성 때문에 사람들이 '이것만은 확실하다고 말할수록 거짓일 가능성이 높다'는 말도 생겨났다. 기억을 어디까지 믿을 수 있을까? 자신의 기억이 어느 정도 정확한지 평가하긴 어렵다. 하지만 기억에 의존한 판단이 부정확하다는 사실만큼은 확실하다. 그러니 기억이 항상 진실인 것은 아니라는 사실을 전제로 객관적이고 합리적인 수준에서 자신을 믿는 태도가 필요하지 않을까.

거짓은 친숙함으로 위장한다

진실착각

친숙함은 낯설다는 말보다 더 좋게 받아들여진다. 편안하고 안전할 때 친숙함을 느끼고 불편하고 낯설 때 긴장한다. 친숙함을 느끼면 좋아하게 되고 또 믿게 된다. 친숙함을 진실이라고 착각하기 때문이다. 이는 직관이 대상을 판단하는 방식이며 뇌에서 자연스럽게 일어나는 진실착각True illusion이다.

진실착각을 만드는 건 어렵지 않다. 친숙함을 느끼게 해주면 된다. 자꾸 보고 듣다 보면 친숙해지고 처음엔 믿지 않더라도 계속해서 들려주면 거짓을 진실로 받아들인다.

보면 정들고 정들면 좋아지는 '단순노출효과'

1889년 프랑스 파리의 프랑스대혁명 100주년을 기념하는 만국박람회장에 거대한 철탑이 세워졌다. 건축가 구스타브 에펠Alexandre Gustave Eiffel이 설계한 것으로 높이가 무려 320미터에 달해 당시 세계에서 가장 높은 건축물이었다.

파리의 시민들은 에펠탑의 착공 계획이 발표됐을 때부터 반대 목소리를 냈다. 층고가 낮고 고풍스러운 파리의 건축들과 전혀 어울리지 않는 흉물이라고 판단한 것이다. 결국 시민들과 20년만 유지하기로 약속하고 나서야 착공이 가능했다. 완공 후에도 한참 동안 파리 사람들의 조롱거리였다. 하지만 에펠탑은 약속한 기간이 지난 후에도 해체되지 않았다. 파리 시민들이 에펠탑을 파리의 상징이라고 여겼기 때문이다. 완공 130주년을 맞은 에펠탑은 여전히 프랑스 국민의 사랑을 받고 있다.

사람들의 조롱거리에서 도시의 상징이 되기까지 20년이 걸렸다. 그 세월 동안 사람들의 생각을 정반대로 바꾼 건 바로 친숙함이다. 그렇게 싫어하던 에펠탑도 매일 보다 보니 익숙해지고 익숙하니 정들고 정드니 좋아진 것이다. 싫어하거나 혹은 무관심의 대상도 반복적으로 접하면 편안해지고 호감이 생긴다. 자주 노출된 자극에 긍정적인 태도를 보이는 단순노출효과Mere exposure effect인데 심리학자 로버트 자이언스Robert B. Zajonc는 이를 에펠탑 효과Eiffel Tower effect라고 명명했다.

우리는 자주 보고 듣는 자극에 얼마나 영향을 받는 걸까? 매일 찾아오는 영업사원을 문전박대했는데 수십 번을 찾아와 인사를 하는 바람에 정이 들어 결국 계약하게 되는 것도 단순노출효과의 영향이다. 약국에서 자기도 모르게 특정 브랜드를 요구하는 것은 효능을 잘 알아서가 아니라 매일 타는 지하철 광고에서 자주 봤기 때문일 가능성이 높다. 제품의 특징과는 전혀 연관성이 없지만 입에 잘 붙는 광고 카피와 CM송을 제작하는 이유는 단순노출효과로 제품의 호감도를 높이기 위해서다. 또 기업 로고를 곳곳에 노출시켜 친근한 이미지를 만드는 것도 단순노출효과를 노린 홍보전략이다.

단순노출효과의 힘이 세다 보니 일단 눈에 띄고 보자는 태도들도 나타난다. 미디어가 지속적으로 동일한 제목의 기사를 노출시키는 어뷰징Abusing이나 처음에 욕을 먹더라도 결국 매출만 오르면 된다는 식의 노이즈 마케팅은 단순노출효과를 악용하는 경우이다.

직관은 거짓과 진실을 잘 구분하지 못한다

심리학자 래리 자코비Larry Jacoby는 논문 「하룻밤 사이에 유명해지다」에서 가상의 낯선 이름을 자주 본 것만으로 그를 안다고 생각하고, 또 유명한 사람으로 착각하게 되는 현상을 소개했다. 우리의 뇌는 긴장하지 않고 편안하게 받아들일 수 있다면 그것이 사실이라고 믿는다. 이는 곧 직관이 편안함을 느끼도록 해주면 거짓도 진실이라고 설득할 수 있다는 것이다.

> **이순신은 1549년에 태어났다**
> 이순신은 1545년에 태어났다

여기 두 개의 문장이 있다. 하나는 진실이고 하나는 거짓이다. 이때 둘 중 무엇이 진실이냐고 질문했을 때 사람들은 어떻게 대답을 할까. 대부분 이순신은 알아도 그가 태어난 해는 모른다. 하지만 두 문장 중 굵은 글씨의 문장이 더 쉽게 읽힌다. 쉽게 읽힌다는 것은 뇌가 편안하게 받아들인다는 뜻이다. 이는 대니얼 카너먼의 실험을 재구성한 것이다. 실제로 사람들은 굵은 글씨의 정보를 진실이라고 선택했다. 물론 이순신 장군은 1549년이 아니라 1545년에 태어났다.

사람들은 어려운 단어보다 쉬운 단어를 사용한 글에 호감을 느끼고 운율이 맞는 글을 편안하게 읽는다. 편안하고 익숙한 것을 좋아하는 직관의 성향은 심지어 중요한 비교 분석이 필요한 순간에도 영향을 미친다. 읽기 어려운 회사명의 보고서와 읽기 쉬운 회사명의 보고서 두 장을 비교할 때 단지 회사명이 읽기 편하다는 사실만으로 보고서 내용에 더 주목한다는 실험 결과도 있다. 와인도 발음하기 쉬운 브랜드의 와인이 잘 팔린다. 믿기 어렵지만 사실이다.

　공자의 도를 계승한 중국의 사상가 증자(曾子)의 재미있는 일화가 있다. 어느 날 증자가 집을 비운 사이 이웃 사람이 홀로 계신 어머니를 찾아와 "당신 아들이 사람을 죽였으니 어서 피하라"고 말했다. 어머니는 당연히 "아들이 그럴 리 없다"며 믿지 않았다. 잠시 후 다른 이웃이 찾아와 "당신 아들이 사람을 죽였다"고 말했다. 어머니는 이번에도 믿지 않았다. 그런데 곧 또 한 사람이 달려와 같은 소식을 전하자 어머니가 급히 일어나 담을 넘어 도망을 갔다고 한다. 마을에 증자와 이름이 같은 사람이 있어 생긴 해프닝인데 여기서 거짓말도 반복해 들으면 믿게 된다는 의미의 증삼살인(曾參殺人)이라는 말이 생겨났다.

　사람들은 스스로 논리적인 주장에 의해 설득되었다고 생각하지만 실제로는 반복적으로 노출되는 정보와 쉽게 이해되는 정보를 진실로 믿는 직관적 판단을 내렸을 가능성을 무시할 수 없다. 친숙함과 진실을 구별하기 어려워하는 직관은 자주 생각을 속이는 착각을 만들어낸다.

경험은 있는 그대로 기억되지 않는다

피크엔드법칙

러시아 월드컵이 열렸던 2018년 여름 국내 축구팬들은 지옥과 천당을 오갔다. 국가대표팀의 16강 진출을 향한 높은 기대와 달리 예선 토너먼트 경기에서 계속 패배를 하자 팬들의 실망과 분노가 폭발했고 감독과 일부 선수들을 향한 비난의 수위가 높아졌다. 그런데 마지막 경기에서 세계 최강의 전력을 자랑하는 독일을 이기자 분위기가 완전히 바뀌었다. 예상 밖의 승리는 어느 때보다 짜릿했고 환호성은 절정에 달했다. 물론 우리 대표팀은 16강 진출에 실패했다. 하지만 사람들은 러시아 월드컵을 실패로 기억하지 않았다. 마지막 순간을 극적인 승리로 마무리한 독일전은 러시아 월드컵에 대한 기억의 전부가 되었다.

경험을 편집하는 기억이 선택을 바꾼다

효용은 재화를 소비함으로써 얻는 주관적인 만족의 정도다. 효용에 따라 선택이 결정된다. 효용은 크게 결정효용Decision utility과 경험효용Experienced utility으로 구분된다. 결정효용은 '원하는 것', 즉 선호도(욕구)이다. 경험효용은 감정, 즉 쾌락과 고통의 경험이다. 자동차를 구매하러 자동차 판매점에 갔다고 하자. 볼보와 아우디의 장단점을 따져서 볼보의 안전성과 아우디의 디자인을 비교해 선호도를 결정하는 것은 '결정효용'이다. 반면 아우디를 구매해서 직접 운전을 하면서 느끼는 쾌락의 정도는 '경험효용'이다.

선택의 결과 이 두 개의 효용이 일치한다면 감정과 이성이 모두 만족하는 완벽한 결정일 수 있다. 하지만 현실에서 경험효용과 결정효용은 일치하지 않을 때가 잦다. 실제의 경험이 선택의 선호도에 그대로 반영되지 않는 상황이 발생하기 때문이다. 현재 자신이 느끼는 쾌락과 고통의 경험은 머릿속에 기억으로 저장되었다가 미래의 어느 순간 선택과 결정에 관여한다. 하지만 이때 기억은 실제 경험과 다르다. 기억이 경험을 편집했기 때문이다. 하지만 우리는 기억이 실제 경험과 같다고 착각한다. 대니얼 카너먼과 의사 돈 레델마이어Don Redelmeier

는 대장내시경 검사를 받을 때 실제로 고통을 느끼는 경험과 나중에 기억하는 경험의 내용이 얼마나 다른지 실험을 했다.

검사를 받는 동안 환자들은 1분마다 고통의 강도를 기록했다. A그룹은 8분 동안 B그룹은 24분 동안 내시경 검사를 받았고 그 사이 고통의 강도는 오르락내리락 변화가 있었다. 이 실험에서 A그룹과 B그룹 중 어느 쪽이 더 많은 고통을 느꼈을까? 당연히 더 오랫동안 내시경을 받은 B그룹이다. 그런데 환자들이 기억하는 고통의 총량은 예상과 달랐다. 8분 동안 내시경을 받은 A그룹이 더 오래 고통을 받았다고 기억했다. A그룹과 B그룹이 실제 경험과 고통의 총량을 다르게 기억한 미스터리의 비밀은 바로 피크엔드법칙Peak-end rule이다. 사람들은 특정 경험을 기억할 때 가장 강렬한 순간Peak과 가장 마지막 순간End의 평균에 가깝게 떠올린다.

A그룹은 고작 8분 동안 검사를 받았지만 실험을 종료하는 순간 절정의 고통을 느끼는 바람에 실제 경험한 것보다 더 큰 고통을 받았다고 기억했다. 반면 B그룹은 A그룹보다 무려 세 배나 더 오랜 시간 고통을 받았다. 하지만 기억은 마지막 순간 잦아드는 고통을 더 중요하게 기록했다. 실제로 경험이 지속된 시간은 기억에 어떤 영향도 미치지 못했다.

피크엔드법칙

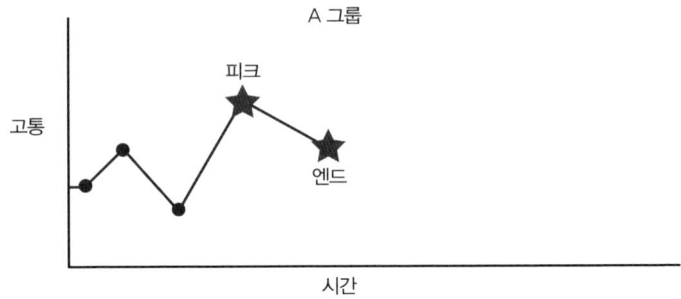

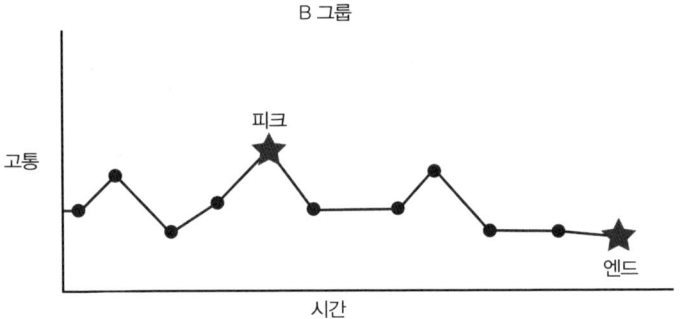

사람들은 과거의 경험을 기억할 때 가장 강렬한 순간과 마지막 경험의 평균에 가깝게 평가하고 떠올린다

'기억하는' 경험의 비합리적 의사결정

과거의 기억에 의존한 선택은 합리적이기 어렵다. 경험을 사실 그대로 기억하지 못하기 때문이다. 실제로 의사결정에서는 정말 원하는 것과 선호도가 일치하지 않는 현상이 발생한다. 경험효용과 결정효용이 서로 다른 목소리를 내는 것이다.

혼자 인도 오지로 배낭여행을 떠난 청년이 있다. 도착하자

마자 소매치기를 당해서 어려움을 겪고 발에 물집이 생겨 고생하고 음식도 입에 맞지 않아서 여행 중 일주일은 복통에 시달렸다. 여행 전 상상과는 전혀 다른 현실을 몸으로 겪으며 그는 절대로 인도를 다시 찾지 않겠다고 결심했다. 그런데 여행의 마지막 일주일을 남겨두고 게스트하우스에서 뜻밖에 마음이 통하는 여성 여행자를 만났다. 그는 남은 일주일을 그녀와 동행하며 무척 즐거운 마음으로 여행을 마쳤다. 1년 후 그는 친구로부터 인도의 다른 지역으로 여행을 가자는 제의를 받았다. 친구가 여행을 제안한 이유는 그가 인도 여행을 '고생할 만한 가치가 있는 꽤 보람된 여행'이라고 말했기 때문이다. 그는 물론 기꺼이 제안을 수락했다.

그의 여행을 객관적으로 분석하면 30일 중 23일은 끔찍했고 7일은 즐거웠다. 고통의 총량이 즐거움보다 세 배나 더 많다. 그렇다면 그가 이 여행을 다시 선택한 것은 합리적인가. 그가 만약 고통의 총량을 모두 기억하고 있다면 똑같은 선택을 했을까. 피크엔드법칙에 따라 기억이 경험을 왜곡하지 않았다면 그의 결정효용은 경험효용을 무시하지 않았을 것이다.

기억이 경험을 이처럼 왜곡하고 있다면 경험을 토대로 결정할 때 우리는 합리적인 선택을 자신할 수 없다. 최근 3개월 동안 지독한 스트레스에 시달린 직장인이 업무가 적성에 맞지 않고 비전도 없다며 과감히 퇴사를 결정했다고 하자. 하지만 그는 불과 1년 전까지도 '역시 잘 선택한 직장'이라며 주변에 자랑했을지도 모른다. 또 불행한 결혼이라며 이혼을 결심한 이유가 최근 몇 달 동안 극심한 불화를 겪었기 때문이며 두 사람이 행복했던 20년이란 시간을 무시한 결과일 수도 있다.

우리는 영화를 보고 평가를 할 때도 보통 해피엔딩이나 새드엔딩의 영화라고 한다. 영화의 전체 내용보다도 결론의 엔딩을 중시한다는 말이다. 기억에 의존한 선호도는 일관성도 합리성도 없으며 매순간 최선의 의사결정을 하려는 우리의 노력을 방해한다. 실제의 경험이 아닌 '기억하는' 경험이 착각을 만들고 착각에 빠진 우리는 더 나은 선택을 할 기회를 놓치게 되는 안타까운 일이 반복되는 것이다.

5강

왜 사실을 과장하고 환상을 좇을까?

: 누구나 사고의 체계적 오류에 빠지기 쉽다

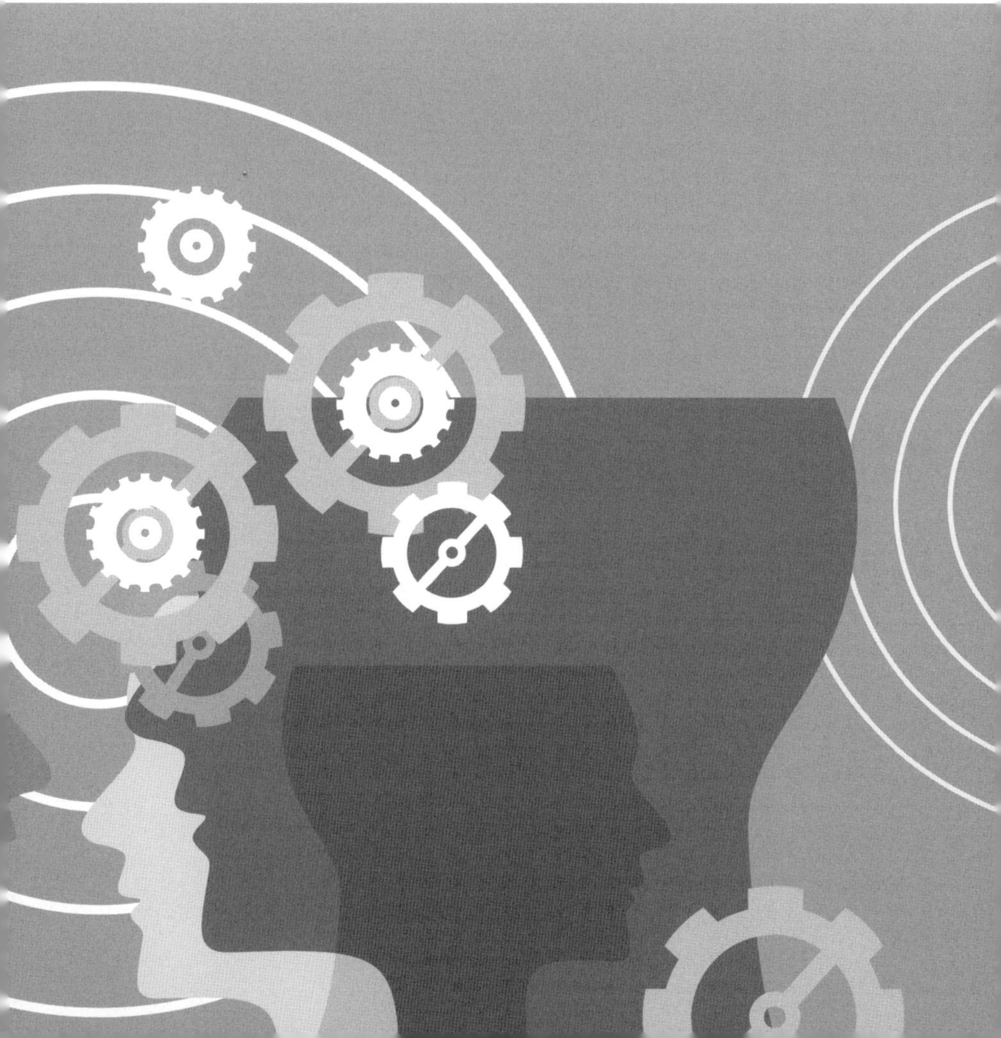

무의식이
행동을 결정한다

점화효과

어느 대학의 매점에서 일어난 일이다. 이곳에 평소 교직원과 학생들은 매일 틈틈이 들러 커피 등 간단한 음료수를 마시곤 했다. 이 매점은 여러 해 동안 판매원을 따로 고용하지 않고 사람들이 직접 양심 상자에 돈을 넣는 방식으로 운영해왔다. 무척 자유롭고 편안한 분위기다. 그러던 어느 날 가격표 옆에 A5 용지 크기의 작은 액자가 걸렸다. 액자는 1주일 간격으로 '앞을 응시하는 사람의 눈동자' 사진과 '예쁜 꽃' 사진으로 번갈아 가며 바뀌었다. 물론 사진에 대한 어떤 설명도 없었다. 매점을 이용하는 사람들 역시 사진에 관심을 보이지 않았다. 그런데 사진이 걸려 있던 10주 동안 판매된 수량은 거의 변화가

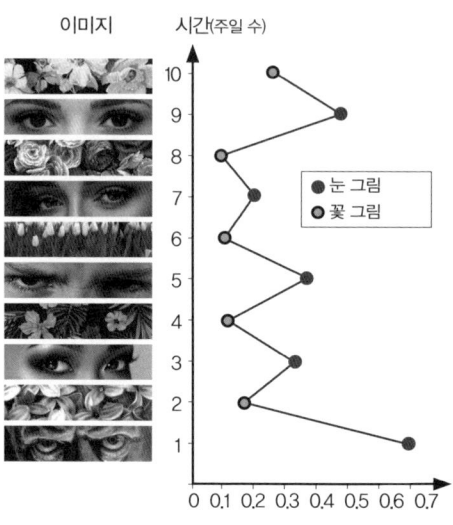

없었지만 상자 안의 돈은 커다란 차이를 보였다. 가격표는 그대로인 상황에서 눈동자 사진이 있던 기간 돈의 액수는 꽃 사진이 있을 때 돈의 액수보다 언제나 높았고 평균을 내보니 약 3배의 차이가 났다.

영국의 행동생물학자 멜리사 베이트슨Melissa Bateson은 이 실험을 통해 우리가 미처 깨닫지도 못한 아주 사소한 자극이 직접 행동을 결정할 만큼 매우 큰 영향을 미친다는 사실을 알아냈다. 이것이 바로 점화효과Priming effect이다. 사람들은 사람의 눈동자 사진이 걸려 있을 때는 가격표에 적혀 있는 금액에 가까운 돈을 지급했다. 그저 사진일 뿐이고 잠시 스치듯 사진

속 눈동자와 눈이 마주쳤을 뿐이지만 마치 감시를 받는 듯 자극을 느꼈고 행동을 바꿨다.

미처 인지하지도 못한 아주 사소한 자극이 자신의 행동을 결정한다는 사실이 조금 불편하기도 하다. '내 마음과 내 행동은 내가 잘 안다'고 믿는 사람들도 적지 않다. 하지만 점화효과는 우리 모두의 머릿속에서 매일 일어나는 일이다. 단지 개인의 생각과 행동을 촉발시킨 자극(원인)이 무엇인지 알기 어려울 뿐이다. 사람들은 매점에서 평소보다 더 많은 돈을 상자에 넣는 순간에도 사진 속 눈동자가 점화시킨 자신의 양심과 행동의 연관성을 전혀 깨닫지 못했다.

머릿속 점화장치가 하는 일

2019년 4월 강원도에서 대규모 산불이 발생했다. 그런데 이날 자신의 SNS에 '불금'이라는 단어를 올리는 바람에 성난 댓글이 폭주했고 결국 뉴스에도 등장하게 된 유명인사가 있었다. 산불이 발생한 날은 마침 금요일이었다. 그는 평소 하던 대로 일상적인 게시물을 올린 게 전부이지만 예기치 못한 상황으로 확대된 것이다. 사람들은 그의 SNS에서 불금이라는 단어를 보고 뉴스에서 본 '산불'의 이미지를 연상했고 동시에 '불타는' '유흥' '재미' '신중하지 못한' 등의 의미와 연결했다. 실제로 그를 비난한 댓글 속에는 앞의 단어들이 반복적으로 등장한다. '큰 산불이 나서 온 나라가 걱정인데 이 사람은 즐겁다.'라는 직관적 판단이 생기자 분노하게 된 것이다. 불금이라는 단어가 점화시킨 해프닝은 당사자의 공식적인 사과로 마무리되었다.

점화효과는 생각이 연상기억Associative memory 체계로 움직이기 때문에 생기는 현상이다. 사과와 구토 두 단어를 본 한 남자가 있다고 하자. 그는 전날 회식으로 숙취에 시달리는 중이다. 두 단어를 보자마자 그의 연상기억 체계가 움직인다. 전날 술안주로 나왔던 사과가 떠오르고 사과의 시큼한 맛과 구토의 역겨움이 오버랩되어 다시 구토가 치밀어오른다. 사과와 구토 두 단어에 의해 점화된 행동이다. 그의 뇌는 곧 '사과는 구토를 유발한다'는 결론을 내린다.

순식간에 떠오른 생각들이 하나의 논리가 되는 과정에는 필연적으로 자기강화Self-reinforcement가 일어난다. 하나의 단어를 보면 그 단어와 연관된 기억이 떠오르고 그 기억에 따른 감정이 떠오르고 그 감정 때문에 반응이 생기고 그 반응으로 인해 다시 감정이 격화되는 것이다. 스스로 강화시킨 감정은 'A는 B다'라는 식의 논리를 만들고 확신한다. 이런 과정으로 만들어진 여러 패턴이 기억에 저장되었다가 유사한 상황과 만났을 때 자신도 모르게 순식간에 편향된 생각으로 나타나는 것이다.

노인을 생각하면 노인처럼 행동한다

'플로리다 효과Florida effect'라는 말이 있다. 무의식적으로 보고 듣고 생각하는 것이 행동에 영향을 주는 것을 말한다. 심리학자 존 바그John Bargh는 플로리다라는 단어가 포함된 몇 개의 단어로 문장을 만드는 간단한 실험에서 점화효과의 위력을 제대로 보여줬다. 플로리다 효과는 미국의 휴양지로 인기 있는 지역 '플로리다'라는 단어와 함께 망각, 건망증, 회색, 대머리 등의 단어를 본 사람들이 실제로는 '노인'이라는 단어를 보지 않았음에도 '노인'이라는 단어를 쉽게 떠올렸다. 노인이라는 단어를 떠올린 사람들이 마치 노인처럼 느릿느릿 걷는 행동을 보이는 현상에서 만들어진 개념으로 점화효과를 뜻한다. 이 실험에서 제시된 단어들은 사람들의 머릿속에 노인에 대한 생각을 점화했고 노인에 대한 생각이 다시 노인의 감정과 행동을 점화했다. 물론 노인과 관련 없는 단어들, 예를 들어 플로리다, 휴가, 태양 등의 단어로 문장을 만든 다른 사람들은 노인처럼 행동하지 않았다.

반대로 행동이 생각을 점화하기도 한다. 같은 영화를 웃는 표정으로 봤을 때와 찡그린 표정으로 봤을 때 웃는 표정을 지은 사람들이 영화를 더 재미있게 생각한다. 아무런 의미가 없는 행동이지만 고개를 끄덕이며 무엇을 평가할 때와 고개를 좌우로 가로저으며 평가할 때 결과가 달라진다. 눈치챘겠지만 끄덕이며 평가를 한 경우 더 높은 점수를 줬다. 끄덕이는 행동이 자기도 모르게 '긍정'의 감정을 점화했고 실제 그런 생각을 하도록 한 것이다.

현재 내 생각과 행동은 무의식 속의 경험, 조금 전 본 단어와 색깔, 숫자 혹은 냄새, 음악, 그리고 심지어 옆자리에 앉은 동료의 행동에서 점화된 결과일 수 있다. 기저귀 업체 P사의 점화효과를 활용한 신제품 마케팅 전략을 보자. 신제품 개발 후 P사는 '얇고 흡수력이 뛰어난' 제품의 우수성을 광고로 홍보하지 않았다. 대신 전문가와 협력해 '아기와 수면의 중요성'에 대한 연구를 진행하고 그 결과를 토대로 사회적 이슈를 만들었다. 제품을 출시하기 전 미리 사람들 머릿속에 기폭제를 만든 것이다. 이후 분위기가 조성된 후 '아기의 수면을 생각하는 브랜드'로 포지셔닝했고 매출은 크게 상승했다.

글로벌 브랜드 코카콜라는 뉴스 프로그램에는 절대로 광고를 하지 않는 것으로 유명하다. 사람들이 자사의 브랜드를 떠올리면 무의식적으로 '즐거움'의 감정을 갖길 원하는데 어둡고 우울한 뉴스와 함께 코카콜라의 광고를 보면 사람들의 머릿속에 즐거움의 감정을 점화할 수 없기 때문이다. 대신 웃음을 주는 오락 프로그램과 즐거운 스토리의 드라마에 집중적으로 광고하는 전략을 펼쳤다. 광고와 즐거움이라는 감정을 자연스럽게 연결해 코카콜라를 떠올리면 즐거움의 감정이 점화되도록 한 것이다. 이처럼 점화효과는 우리가 절대로 알 수 없는 방식으로 사고와 행동을 결정하고 있으며 마케팅은 점화효과의 힘을 적절히 이용해 고객의 지갑을 더 쉽게 열고 있다.

대책 없는
똥고집의 함정

확증편향

2015년 시리아 난민캠프를 방문한 독일의 메르켈 총리는 난민촌에서 10대의 이슬람계 청년과 셀카로 기념사진을 찍었다. 그런데 몇 년 후 이 사진은 '메르켈이 테러리스트와 찍은 사진'이라며 인터넷에 퍼져 나갔다. 물론 가짜뉴스였고 사실이 아니라는 것이 밝혀졌지만 난민수용정책에 대한 불만의 목소리들은 매우 빠르게 결집했다.

믿고 싶은 마음으로 보고 싶은 대로 본다

어떻게 이런 일이 가능했을까. 바로 확증편향Confirmation bias 때문이다. 확증편향은 머릿속에 이미 형성된 사고, 가치, 그리고 신념에 일치하는 정보만을 선택적으로 받아들인다. 자신의 생각을 확신할 수 있는 근거 하나만 있으면 생각은 더욱 확고해진다. 실제로 인터넷에 확산된 메르켈과 이슬람계 청년의 셀카 사진은 여러 버전으로 합성된 것으로서 누가 봐도 '메르켈과 이슬람 테러리스트의 결탁'을 보여주는 증거라고 믿기는 어렵다. 하지만 난민수용정책에 반대하는 사람들에겐 자신의 주장을 확신할 수 있는 근거로서 충분한 영향력을 발휘했다. 믿고 싶은 마음으로 보고 싶은 대로 봤기 때문이다.

심리학자 마크 레퍼Mark Lepper와 공동연구자들은 미국 스탠퍼드 대학생들을 대상으로 '보고 싶은 대로 보고 믿고 싶은 대로 믿는' 사람들의 심리작용을 실험했다. 사형제도에 찬성하는 학생들과 반대하는 학생들로 나눈 후 가상의 연구결과를 보여줬다. 하나는 사형제도가 범죄율을 낮추는 효과가 있다는 내용이고 다른 하나는 범죄율을 낮추는 효과가 없다는 내용이었다. 그러자 사형제도에 찬성하는 그룹은 사형이 범죄 억지력이 있다는 연구결과를 믿었고 사형제도에 반대하는 그룹은 범죄 억지력이 없다는 연구결과를 믿었다. 자신의 주장과 반대되는 증거는 배척하고 뒷받침하는 증거는 신뢰하는 확증편향이 나타난 것이다. 그리고 실험이 끝난 후 이들은 자신의 주장을 이전보다 더 강하게 견지했다. 주장이 틀렸을 수도 있다는 가능성, 즉 반대의 근거들을 분명히 눈으로 확인했음에도 불구하고 그들은 생각을 전혀 바꾸지 않았다.

나는 절대로 틀리지 않았다?

확증편향은 '내가 틀렸다'는 사실이 밝혀져도 쉽게 인정하지 않는다. 오히려 자신의 주장을 입증하기 위한 행동을 이어간다. 마음에 드는 정보만 자꾸 취합하는 것이다. 확증편향의 대책 없는 똥고집은 주요 의사결정 과정에서 맹목적인 과신으로 나타난다.

장외주식투자에서 자주 목격할 수 있는 예가 있다. 장외주식은 장내주식보다 종목에 대한 객관적인 정보가 부족하다. 그럼에도 장외투자를 하는 이유는 '상장되면 대박'이라는 기대감 때문이다. 하지만 미래를 누가 알까? 상장이 안 될 수도 있다. 장외주식투자는 불확실성이 매우 크기 때문에 일반적으로 보수적인 접근이 필요하다. 하지만 현장의 분위기는 사뭇 다르다. 이름도 들어보지 못한 기업의 주식을 사면서 마치 미래 삼성전자의 주식이라도 사는 듯 자신감이 넘치는 투자자들을 어렵지 않게 찾을 수 있다. 이들의 머릿속엔 자신이 산 기업이 대박 날 것이라는 확신이 있다. 믿을 만한 '대박 정보'를 잔뜩 갖고 있다고 믿기 때문이다. 물론 전혀 검증되지 않은 정보이지만 믿고 싶은 정보인 것은 틀림없다. 객관적으로 믿지 말아야 할 다른 정보가 무수히 많지만 중요하게 생각되지 않는다. 믿고 싶은 정보에만 집중하는 확신편향의 영향이다.

위험한 편향임에도 운이 좋게 성공을 경험하게 되면 확증편향은 강화된다. 성공 경험을 반복한 승자들은 자신의 경험적 판단을 믿고 불확실한 상황에서 대상을 있는 그대로 보지 않고 자신의 주장을 뒷받침할 정보만을 선택 취합하는 함정에 빠지는 것이다. 확증편향이 과신을 강화하고 과신은 곧잘 '승자의 저주Winner's curse'로 나타난다. 매우 건전한 재무 상태를 유지했던 기업이 자기보다 몸집이 큰 기업을 무리하게 인수하고 재계 순위를 순식간에 상위권으로 올리는 데 성공했지만 곧 유동성 위기나 구조조정 이슈가 발생하고 결국 사들인 기업을 다시 매물로 내놓는 경우는 흔하게 접하는 뉴스가 아닌가. 경영자의 눈을 멀게 하고 잘못된 의사결정을 유도한 숨은 조정자가 바로 확증편향이다.

왜 미운 놈은
미운 짓만 할까?

후광효과

"첫인상이 전부다."라는 말이 있다. 일부만 보고 전체를 평가하는 오류를 드러낸 말이다. 이성은 첫인상이 전부가 될 수 없다는 것을 알고 있다. 하지만 우리는 현실에서 매일 이 같은 오류를 반복하며 산다. "예쁜 사람은 예쁜 짓만 하고 미운 놈은 미운 짓만 한다"는 옛말에 고개를 끄덕여본 적이 있는가? 혹은 모델이 좋아서 제품을 구매하고 인상이 좋다는 이유로 선거에서 표를 준 적은 없는가?

실제로 예쁜 사람이 예쁜 짓만 하는 일은 거의 없다. 예쁘게 본 사람이 하는 행동이 예쁘게 보일 뿐이다. 우리의 직관은 어떤 대상을 처음 접했을 때 좋은 면을 먼저 보게 되면 다른 면까지 모두 좋을 것으로 생각한다. 반대로 나쁜 특징을 먼저 접하면 역시 전체가 나쁠 거라고 믿는다. 후광효과Halo effect 때문이다.

처음 이미지가 전부를 평가한다

한 번도 만나지 못한 누군가의 몇 가지 특징만을 듣고 그 사람을 평가할 수 있을까? 물론 가능하다. 일단 머릿속으로 첫인상을 만들고 나면 쉽게 결론을 내리는 직관의 활동 덕분이다. 심리학자 솔로몬 애시Solomon Asch는 정보의 입력 순서가 만들어내는 후광효과의 영향력을 실험했다.

> A씨: 똑똑하고 근면하고 충동적이며 비판적이다. 때론 고집스럽고 질투심도 많다.
> B씨: 질투심이 많고 고집스러우며 비판적이고 충동적이다. 하지만 근면하고 똑똑하다.

두 개의 문장을 자세히 보자. A와 B의 특징이 똑같다. 이 둘의 차이는 단지 단어의 나열된 순서뿐이다. 하지만 실험에 참가한 사람들은 A에게 더 긍정적인 점수를 줬다. 평가에 큰 영향을 미친 건 앞부분에 등장한 단어들이다. 사람들은 바로 앞에 묘사된 단어에 영향을 받아서 이후 평가를 결정했다. 머릿속에 긍정적인 특징이 먼저 각인되자 뒤에 나온 비판적이고 고집스러운 부정적 특징은 상대적으로 중요하지 않은 것으로 이해했다. '똑똑하고 근면하다니 자기 일을 똑 부러지게 잘하는 사람이군. 비판적인 사고가 있으니 일도 잘하는 거야. 고집이 있다는 것은 자신의 의견을 분명하게 표현한다는 뜻이겠네……'라는 정합적 논리가 완성된 것이다.

반면 질투심이 많고 고집스러운 특징이 먼저 나열된 B는 뒤에 보이는 근면하고 똑똑한 장점을 제대로 평가받지 못했다. '질투심이 많고 고집이 세고 비판적인 사람은 동료들과 함께 일하기 적합하지 않아. 게다가 똑똑하고 근면하다고 하는 걸 보니 교활한 사람일 거야.'라는 생각이 머릿속을 채우기 때문이다. 매우 비논리적인 판단이지만 이게 바로 후광효과가 하는 일이다.

예술의 위대함도 후광이 있어야 빛이 난다

2007년 1월의 어느 날 아침 미국 워싱턴 D.C의 한 지하철역 앞에서 노숙자 차림의 한 청년이 바이올린 연주를 시작했다. 허름한 옷을 입은 남자가 연주하는 동안 수천 명의 사람이 지나갔지만 아무도 신경 쓰지 않았다. 6곡을 연주한 45분 동안 바이올린 케이스에 돈을 넣은 사람은 단 27명이었고 1분 이상 멈춰서 연주를 들은 사람은 고작 7명이었다. 그런데 나중에 그의 정체가 밝혀지고 나서 사람들은 깜짝 놀랐다. 연주자는 세계적 바이올리니스트 죠슈아 벨Joshua Bell이었고 그가 연주한 바이올린은 약 48억 원에 달하는 스트라디바리였다. 평소 죠슈아 벨의 공연을 보려면 1년 전 예약은 필수이고 수천 달러의 티켓을 구매해야 한다. 그날의 거리 공연을 기획한 『워싱턴포스트』는 '사람들은 위대한 예술이라고 말해주지 않으면 (위대함을) 알아보지 못한다'는 사실을 기사로 실었다. 이날 사람들은 낡은 옷차림의 바이올리니스트가 죠슈아 벨이라는 걸 알았다면 그냥 지나치지 않았을 것이다. 그가 연주하는 악기가 스트라디바리 바이올린이라는 사실을 알았다면 '역시 아름다운 소리'라며 눈물을 흘리는 사람이 있었을지도 모르겠다. 사람들은 평소 죠슈아 벨의 연주에 열광했지만 막상 그의 이름이 주는 후광이 사라지자 전혀 다른 모습을 보였다.

후광효과는 아주 짧은 시간에 사고에 영향을 주고 행동을 유도한다. 처음 접한 이미지를 통해 이후 만나는 정보를 해석하는 직관의 성향을 가장 잘 활용하는 사람들은 마케터들이다. 고객에게 긍정적이고 강렬한 첫인상을 심어준다면 후광효과 덕분에 직접적인 매출 증대는 물론이요, 다양한 사업 기회로 이어진다.

광고는 노골적으로 후광효과를 활용한다. 커피와 전혀 상관이 없는 피겨 퀸 김연아가 광고에서 커피를 마시면 사람들은 그에 대한 애정을 커피 브랜드와 동일시한다. TV 드라마에 나온 한류 스타 전지현이 바른 립스틱은 스타의 이미지로 포장된다. 실제로 인기 스타가 광고하는 제품은 브랜드명보다 '연아 커피' '전지현 립스틱' 등 스타의 이름으로 더 자주 회자되고 불티나게 팔린다. 샤넬이 뮤즈로 선정한 20대 초반의 아이돌 스타 제니는 '인간샤넬'이라고 불린다. 샤넬의 제품을 매우 잘 소화한다는 의미로 만들어진 용어이다. 젊은 여성들은 제니라는 스타의 이미지를 통해 샤넬의 이미지를 이해한다. 샤넬은 인간샤넬 제니의 후광으로 고전적 명품의 이미지에서 한 걸음 더 나아가 트렌디한 고급스러움이라는 이미지를 만드는 데 성공했고 열정적인 젊은 팬들의 자발적 홍보 활동의 효과도 톡톡히 누리는 중이다.

대중의 선택을 받아야 하는 마케팅에서 후광효과의 전략적 활용 사례는 무수히 많다. 후광효과라는 인지적 편향이 생기면 합리적인 판단이 어렵다. 머릿속에 자리잡은 너무나 강력한 이미지는 편견과 고정관념을 만들고 종종 불행한 사건의 출발점이 되기도 한다.

왜 우리는 후광효과를 경계해야 하는가

2012년 미국 플로리다에 거주하는 17세 소년 트레이번 마탄Trayvon Martin이 같은 지역에 거주하는 히스패닉계 백인 남성 조지 짐머만George Zimmerman의 총에 맞아 숨졌다. 비가 내리던 그날 밤, 마틴은 편의점에서 나오는 길이었다. 당시는 지역에 흑인에 의한 도난범죄가 빈번했는데 자경단원으로 활동하던 짐머만은 소년을 보자 첫눈에 수상한 사람으로 판단하고 뒤를 쫓았다. 어두운 밤 자신을 쫓는 인기척에 놀란 소년 마틴이 달리기 시작했다. 마침내 둘 사이에 격투가 벌어졌고 짐머만은 소년을 향해 총을 쐈다. 마틴은 사망했고 그의 주머니에서 발견된 것은 사탕과 음료수였다.

이 사건으로 미국 사회의 해묵은 인종갈등이 폭발하는 등 후폭풍이 대단했지만 짐머만은 무죄로 풀려났다. 만약 짐머만이 밤길에 백인 소년을 만났다면 어땠을까? 짐머만이 밤길에 만난 흑인 소년을 '보자마자' 도둑으로 판단한 것은 후광효과 때문이다. 상대적으로 흑인의 범죄율이 높은 미국에서 흑인은 쉽게 부정적 이미지를 갖게 되고 이는 흑인 전체 그룹에 대한 나쁜 평가로 이어진다. 후광효과는 감정을 과장하고 일관성 있게 유지한다. 자신도 모르게 편견의 프레임이 만들어지는 것이다. 흑인 소년 마틴의 죽음과 백인 남자 짐머만의 오판은 우리가 왜 후광효과를 경계해야 하는지를 잘 보여준다.

우리는 직관을 마음대로 조절할 수 없다. 첫인상 때문에 팀원의 능력을 과대평가하고 있을 수도 있고 그 반대일 수도 있다. 좋은 이미지가 아니라는 이유로 누군가의 권리를 무시하는 일이 당연하다고 생각하고 있을 수도 있다. 기업 이미지가 좋아서 주식을 사고 있을 수도 있다. 후광효과 때문에 더 비싼 물건을 기꺼이 사고 있을 수도 있다. 또 콩깍지에 씌워서 결혼 상대의 진짜 모습을 보지 못하고 있을 수도 있다. 대상의 속성과 본질을 아는 것의 중요성을 인식하면서도 실제로 후광효과에서 벗어나기란 쉽지 않다.

진짜 그렇게 될 줄 알았던 걸까?

사후확신편향

"얘기 들었어? 김 대리와 이 대리가 헤어졌대."

"난 처음부터 그럴 줄 알았어. 그 두 사람 성격이 달라도 너무 다르잖아."

"전에는 결혼을 장담하더니……."

"내가 언제?"

사무실 한쪽 휴게실에서 두 사람이 하는 대화이다. 흔히 보는 뒷담화 장면이다. 그런데 이 두 사람의 대화가 재밌다. 맥락을 보니 "처음부터 그럴 줄 알았다."라고 맞장구를 친 사람은 김 대리와 이 대리의 사내연애 사실을 처음 알았을 때 결혼을 확신했던 모양이다. 그런데 시간이 지난 후 다시 "헤어질 줄 알았다."라고 말한다. 그래놓고 과거의 발언에 대해서는 언제 그랬냐는 듯 부인한다. 둘러보면 주변에 이런 사람 한두 명은 꼭 있다. "홍 과장이 큰 사고 칠 줄 알았어." "그 사람 성공할 줄 알았어." "거 봐, 내가 이번 정상회담이 깨질 거라고 했지?" 등 "나는 이미 알고 있었어." 하는 말은 자주 들을 수 있고 솔직히 우리 모두 한 번쯤 해본 적이 있을 것이다. 그런데 따져보면 이 말은 거짓이다. 평범한 우리들은 미리 알 수 있는 능력을 갖추고 있지 않기 때문이다. 그런데도 왜 이런 말을 하는 사람들이 도처에 그렇게도 많은 걸까? 사후확신편향Hindsight bias이 개입했기 때문이다.

미리 알고 있었다는 인과역전의 망상들

사후확신편향은 사건이 벌어진 후 마치 미리 예견했던 것처럼 생각하고 행동하도록 하는 인지적 오류다. 앞의 장면에서 과거에 이미 직장 동료의 연애가 끝날 줄 알고 있었다고 말하는 사람도 거짓말을 하는 것이 아니다. 그의 직관이 진짜 예측을 했다고 확신하는 것이다.

앞에서 다루었던 직관의 특성을 떠올려보자. 정보를 받아들이고 해석하는 과정에서 직관은 인과관계에 의존한다. 현재 발생한 일의 원인을 찾기 위해 과거의 경험들을 뒤적거리다가 기어코 현재의 결과에 꼭 들어맞는 원인을 찾아낸다. 결론에 원인을 끼워 맞춘 것이다. 하지만 사람들은 지금의 상황을 만들어낸 원인을 찾아서 설명할 수 있다면 결과를 언제나 유추가 가능한 '당연한' 것으로 인식하게 된다.

오랜만에 참석한 동창회에서 '주말 부부로 지내던 친구가 이혼했다'는 소식을 들었다고 하자. 사람들은 어떤 반응을 보일까. "내가 그럴 줄 알았어. 떨어져 지내면 마음이 멀어지는 건 당연해."라고 말하는 사람이 반드시 등장한다. 여기에 "그러게 지난번 보니 표정이 어둡더라고. 그때 내가 이미 예상했잖아……."라며 맞장구를 치거나 고개를 끄덕이며 동조하는 모습이 떠오르지 않는가. 순식간에 친구의 이혼은 모두가 예상했던 사실이 되고야 만다. 사후확신편향은 이렇듯 '예고된' 사건을 만들어내는 능력자다.

2008년 미국발 글로벌 경제위기가 발생했다. 한 치 앞을 예단하기 어려운 상황이 일파만파 확산되자 당시 미국의 경제 전문가들은 이미 예고된 위기라며 분석과 예측을 쏟아냈다. 그런데 생각해보면 앞뒤가 맞지 않는다. 정말 예고된 사건이라면 왜 미리 대비하지 않았을까? 사실은 이와 달랐다. 금융위기가 시작되기 불과 1년 전만 해도 경제 전문가들은 미래의 경제 상황을 상당히 밝게 전망했다. 누구도 1년 후 경제위기를 예측할 수 없었던 것이다. 단지 사후 그렇게 생각할 뿐이다. 이는 인과역전의 망상에 불과하다.

선견지명? 고장 난 시계도 하루 두 번은 맞는다

실제로는 결과를 토대로 원인을 재구성한 것임에도 '내 그럴 줄 알았어.'라는 착각은 현재를 알면 미래를 예측할 수 있다는 논리적 일관성과 이어진다. 현재의 결과를 완벽(?)하게 설명해낸 직관의 자신감은 당연히 현재의 자신이 미래를 예측할 수 있다고 착각한다. 무슨 일이든 '당연히' 일어날 일이었으니 통제도 가능하다는 생각이 바로 과신이다.

영국의 수학자 앨런 튜링Alan Turing은 제2차 세계대전 중 적군의 암호를 해독하는 특별한 기계를 만드는 일에 참여했다. 그는 천문학적인 경우의 수를 모두 읽어내기란 불가능에 가까운 작업임에도 어쩌다 몇 개의 단어를 해석해내면 마치 암호 해독의 방법을 알아낸 마냥 의미를 부여하는 사람들에게 "고장 난 시계도 하루 두 번은 맞는다Even a broken clock is right twice a day"는 말로 '우연성'을 '의도성'으로 이해하지 말라고 조언했다. 멈춘 시계의 바늘은 하루에 두 번 12시간마다 반드시 맞게 되어 있는데 그 상황을 인과관계가 있는 의도적 사건으로 과장하는 비합리성을 꼬집은 것이다. 우연성을 의도성으로 해석하는 과정에서는 미래의 결과는 물론이고 운조차 통제가 가능하다는 통제착각Illusion of Control이 발생한다. 이것이 바로 과신이다.

의도한 대로 결과를 만들 수 있다는 근거 없는 과신은 매우 위험하다. 만약 타인을 대신해 결정을 내리는 위치에 있는 사람이라면 사후확신편향의 위험성을 더욱 경계해야 한다. 나뿐만 아니라 타인의 운명까지도 흔들 수 있기 때문이다. 결과가 안 좋을 게 분명한 상황에서 저 홀로 생뚱맞은 예측을 내놓고 선견지명으로 포장하는 리더와 함께 일한다고 생각해보자. 곧 밑으로 떨어질 폭포를 향해 나아가는 배에 올라탄 선원의 운명과 다를 게 없다. 하지만 일이 잘못되어도 사후확신편향이 강한 리더는 책임을 인정하려 하지 않을 것이다. 잘못된 결과를 본 후 사후확신편향이 개입해 과거 자신의 결정 과정을 편집하기 때문이다.

"이럴 줄 알았어. 내가 그때 뭐랬니? 이 사태에 대비하라고 했잖아!"

사후확신편향의 또 다른 모습은 나쁜 결과의 책임은 언제나 남의 몫이라는 것이다. 책임을 회피하는 의사결정자는 조직을 망친다. 만약 어떠한 사건이 발생한 후 습관처럼 "내 그럴 줄 알았어." 혹은 "당연한 일이야. 이유는……."이라는 말을 하고 있다면 조용히 자신에게 질문을 해보자. "정말 알고 있었던 것 맞니?"

먼데이 모닝 쿼터백의 문제들

결과편향

미국에는 먼데이 모닝 쿼터백Monday-morning quarterback이라는 말이 있다. 미국인들이 가장 좋아하는 스포츠인 미식축구의 주말 경기가 끝난 후 월요일 아침에 어제 쿼터백이 "이랬어야 하는데 저랬어야 하는데."라며 뒷말을 하는 사람들을 뜻한다. 다 지난 일을 가지고 잘잘못을 따지며 평가하는 비합리적 행동을 비판하는 의미로 사용된다.

우리 주변에도 먼데이 모닝 쿼터백이 많다. 축구 경기가 끝난 다음 날 점심시간에 모여서 한 마디씩 건네는 분위기를 떠올려보자. 그 순간만큼은 모두가 전문가다. 하지만 이들의 비평은 절대로 전문적이지도 객관적이지도 않다. 이미 알려진 결과에 따라 좌우된 평가일 뿐이다.

게임에 승리한 경우 경기 내용이 미흡해도 감독의 용병술은 칭찬받을 만하고 선수의 잘못된 위치 선정은 그럴 수도 있는 실수로 설명된다. 반대로 패배한 경우 좋은 경기를 펼쳤음에도 감독의 용병술 문제가 거론되고 선수 한 명의 실수는 원래는 절대로 있을 수 없는 나쁜 잘못으로 평가된다. 최종 결과로 그 과정의 좋고 나쁨을 평가하는 결과편향Outcome bias의 모습이다. 결과로 과정을 평가하는 직관은 어떤 문제들을 일으킬까?

결과로 과정을 평가하는 못된 생각

심리학자 조너선 바론Jonathan Baron과 존 허시John C. Hershey는 외과 의사들을 대상으로 한 심리실험에서 결과편향을 찾아냈다. 실험에 참여한 외과의사들에게 굉장히 어려운 수술 사례를 보여주고 수술 전 의사의 결정(판단)과 능력을 평가하도록 했다. 그랬더니 수술 후 환자가 회복한 사례보다 사망한 사례를 본 실험참가자가 수술 전 의사의 결정과 능력을 더 낮게 평가했다. 수술 전 상황에서 해당 의사의 판단은 두 개의 사례 모두 객관적으로 나쁘지 않았다. 하지만 수술 결과에 따라 그들의 결정과 심지어 능력까지 전혀 다른 평가를 받은 것이다.

한 기업의 CEO가 있다. 오랫동안 뛰어난 경영실적을 바탕으로 성공의 아이콘으로 유명세를 얻었다. 그런데 수년간 매출이 급격하게 하락하면서 경영 위기론이 확산되기 시작했다. 그러던 어느 날 그는 리더십에 문제가 있다고 판단한 영업부문 임원을 해고했는데 그러자 기업의 내부 갈등 뉴스가 흘러나왔다. 사람들은 한때 성공의 아이콘이었던 그를 '알고 보니 독단적인 CEO'라고 수군거리기 시작했다. 그의 결정은 경영실적이 좋았던 과거부터 계속 강조해온 임원의 인사 원칙에 따른 것이었다. 그동안 그의 원칙과 결정들은 매우 결단력 있는 CEO의 조건으로 환호를 받았다. 이 경우 실제로 CEO의 결정은 달라진 게 없다. 그는 원래의 원칙대로 행동했을 뿐이다. 그러나 사람들은 경영실적이 좋을 때와 나쁠 때 같은 행동에 대해 다른 평가를 했다. 그의 성공 요인으로 꼽혔던 '단호함'이 '독단적'이라는 실패의 요인으로 바뀐 것이다.

결과에 따라 이전 결정의 정당성을 평가하는 건 논리적으로 맞지 않다. 음주운전을 하고 집에 무사히 갔다고 해서 음주운전을 하기로 한 결정이 좋은 것이 될 수 없다. 마찬가지로 탈세로 큰 부자가 되었다고 탈세가 좋은 결정이었다고 평가할 수 없다.

좋은 결정도 때론 나쁜 결과를 만든다

사회적으로 결과편향이 뚜렷하게 드러나는 순간이 바로 큰 사건 사고가 발생했을 때다. 엄청난 사고의 결과를 보고 사람들은 원인을 찾고 분석을 시작한다. 그런데 정말 놀랍게도 모든 사건 사고의 원인은 언제나 인간의 잘못된 실수, 즉 휴먼 에러Human error로 규명된다.

영국 맨체스터 대학교의 제임스 리즌James T. Reason 교수는 스위스 치즈 모델The Swiss Cheese Model로 재해와 휴먼 에러의 관계를 설명했다. 스위스 치즈 속의 불규칙한 구멍들은 좀처럼 겹쳐지지 않지만, 어쩌다 구멍의 위치가 겹쳐져 일치하게 되면 엄청난 구멍이 생긴다. 그처럼 관리되지 않은 잠재적 위험 요소들이 어느 순간 서로 만나 복합적으로 작용하게 되면 대형사고가 발생한다는 이론이다. 리즌 교수는 일반적으로 대형사고는 개별적인 위험 요소를 관리하지 못한 휴먼 에러, 즉 인간의 실책으로 인해 발생하므로 평소 안전 시스템의 결함을 최소화하고 실책을 줄여서 재해를 예방하라고 강조한다.

그런데 한 번 생각해보자. 보통 대형사고의 발생에는 여러 가지의 요소들이 복합적으로 작용한다. 그중에는 스위스 치즈 모델이 지적한 것처럼 관리되지 않은 휴먼 에러도 있고 때로는 예측하기 어려운 '불운'도 있다. 하지만 사람들은 대형사고가 발생하면 잘못된 결과에 맞는 '나쁜 결정'을 찾는 데 주력하는 경향이 있다. 전혀 예측할 수 없었던 우연한 사건이거나 혹은 매뉴얼에 따른 조처를 했을지라도 결과가 나쁘면 나쁜 결정이 되어 책임을 져야 하는 경우도 발생한다. 모든 사건

사고를 예외 없이 휴먼 에러로 해석하는 것은 결과편향이 반영된 생각이다.

결과편향이 판단을 지배하면 문제의 본질을 찾기보다 책임 소재를 따지고 회피하기 바쁜 분위기가 조성되고 의사결정자에 대한 공정한 평가를 어렵게 한다. 현재 매우 적절한 결정을 내렸더라도 미래의 어느 시점에 그 결과가 좋지 않아 나쁜 결정으로 평가된다면 우리는 어떤 결정을 내리게 될까?

과정의 노력과 선한 의도를 공정하게 평가받을 수 없는데 굳이 애를 쓸 이유가 없다. 성공을 위한 노력보다 욕을 먹지 않을 결과가 더 중요할 뿐이다. 특히 의사결정자들에게 결과편향은 매우 큰 부담이 된다. 현재의 시점에서 아무 문제가 없는 결정이었지만 미래 결과에 따라 무능하고 나쁜 리더로 평가되면 부정적 이미지가 후광효과를 일으켜 이후 많은 후유증에 시달려야 한다. 이런 위험성을 인지한다면 의사결정자는 자연스럽게 모두를 위한 좋은 결정보다 훗날 자신에게 돌아올 평가를 좋게 할 결정에 더 신경을 쓰게 되지 않을까.

"끝이 좋으면 다 좋다Ende gut, alles gut."라는 독일 속담이 있다. 설사 과정에서 좀 좋지 않은 것이 있었더라도 좋은 결과는 그 모든 것을 덮는다는 뜻이다. 우리가 일상에서 얼마나 자주 결과로 과정을 평가하며 살고 있는지, 또 그것을 당연하게 받아들이고 있는지 충분히 설명된다. 하지만 완벽한 결과란 있을 수 없다. 우리는 결과를 모르는 채 오늘도 수많은 결정을 해야만 한다. 현실 속 인간은 완벽한 존재가 아니고, 따라서 결정도 완벽할 수 없다. 실제로 좋은 의도로 내린 결정이 나쁜 결과로 이어지는 일은 생각보다 흔하게 일어난다. 결정의 좋고 나쁨을 고민할 때 미래의 결과를 지나치게 의식한다면 오히려 좋은 결과를 얻지 못할 수도 있다. 타인을 평가할 때 결과에 치우쳐 그간의 과정과 노력을 깎아내리거나 과장하는 일이 횡행한다면 좋은 결과는 무조건 옳다는 식의 분위기가 팽배해지고 장기적으로 경계해야 할 '나쁜 의도'를 통제할 수 없다. 목적이 수단을 정당화하는 위험성은 결과편향이 만들어낸 부작용 중 하나이다.

책임지지 않으려는
복지부동의 심리

행동편향과 부작위편향

결과의 좋고 나쁨에 따라서 과정의 모든 것을 평가하는 결과편향은 또 다른 편향들과 연결된다. 결과에 대한 우려와 부담 때문에 멈춰야 할 때 행동하고 행동해야 할 때 멈춘다. 바로 행동편향Action bias과 부작위편향Omission bias이다.

행동편향은 똑같은 결과 혹은 더 나쁜 결과가 나오더라도 가만히 있는 것보다는 뭐라도 하는 것이 낫다는 생각이다. 이와 반대로 부작위편향은 행동하든 안 하든 똑같은 피해가 생긴다면 행동하지 않는 게 낫다는 생각이다. 두 개의 편향 모두 결과를 미리 염두에 두고 위험을 회피하려는 심리이다.

행동편향이 만든 면피용 선택들

이스라엘의 스포츠 분야 연구자 마이클 바엘리Michael Bar-Eli는 축구 경기의 패널티킥 순간 골키퍼의 움직임을 분석했다. 상대 선수는 왼쪽, 중앙, 오른쪽으로 3분의 1씩 공을 차는데 골키퍼는 대부분 왼쪽과 오른쪽으로만 움직인다는 사실을 알아냈다. 확률은 똑같이 3분의 1인데 중앙을 지키는 선수는 없었다. 왜일까?

골키퍼가 어느 쪽으로 움직이든 막을 확률은 3분의 1이다. 어차피 골을 먹을 가능성이 3분의 2로 더 높다. 하지만 골을 먹었을 때 관중의 반응은 다르다. 만약 제자리에 서서 중앙을 지키다가 골을 먹었다고 생각해보자. 관중들은 자리에서 벌떡 일어나서 "뭐야, 왜 아무것도 안 해!"라고 소리칠 것이다. 비록 골과 전혀 다른 방향으로 몸을 날렸더라도 일단 움직이면 최선을 다했다는 자기변명은 가능해진다.

행동편향은 운동장 밖에서도 일어난다. 주식시장이 요동칠 때 투자자들은 가만히 지켜보는 것보다 사든 팔든 뭔가 행동을 선택하기 쉽다. '아무것도 안 하다 손해를 보는 것은 아닐까?'라는 심리적 불안감을 다스리고 적어도 노력을 했다는 위안을 얻을 수 있기 때문이다. 주식거래인들이 팔지 말아야 할 때 팔고 사지 말아야 할 때 사는 어리석은 선택을 하는 이유는 수익을 내지 못하고 있을 때 고객으로부터 아무것도 하지 않았다는 비난을 받지 않기 위해서다.

회사에서는 또 어떤가. 인사평가에 반영할 만한 실적이 없어 고민하는 사람은 성공 가능성이 매우 낮거나 혹은 더 나쁜 결과가 충분히 예상되는 프로젝트를 추진하는 선택을 하기 쉽다. 뭐라도 해야 나중에 할 말이라도 있다는 생각을 하기 때문이다. 이 같은 면피용 행동을 '열정' 혹은 '노력'으로 오인하면 어떤 일이 벌어질까? 심사숙고하는 대신 단지 욕을 먹지 않기 위한 선택의 유혹에 빠지게 된다. 이런 이기적인 선택의 결과는 대체로 결정 당사자가 속한 집단 전체가 책임져야 하는 상황으로 이어진다.

자기방어에 치우친 부작위편향

미국 NBA 농구경기의 통계를 분석해보니 뜨거운 접전이 펼쳐지는 경기일수록 심판은 결정적인 순간에 평소보다 절반 이하로 휘슬을 분다는 연구결과가 있다. 심판의 부담이 클수록 적극 개입하는 행동을 꺼린다는 얘기다. 극도의 긴장 속에서 진행되는 경기에서 심판의 휘슬은 찰나의 승패를 가른다. 이런 경기에서 만약 오심이 제기되면 심판이 겪어야 할 후폭풍이 만만치 않다.

2002년 월드컵 16강전에서 한국과 이탈리아 경기의 주심 바이런 모레노Byron Aldemar Moreno Ruales는 경기 후 이탈리아로부터 편파 판정으로 제소당해 피파FIFA의 조사를 받아야 했다. 물론 모레노 주심은 무혐의 처분을 받았지만 스포츠 심판이라면 충분히 피하고 싶은 상황을 겪은 것만은 분명하다. 선수와 관중 모두가 흥분한 경기는 어느 쪽이 이기든 대부분 오심 논란으로 이어진다. 이것이 바로 심판이 피하고 싶은 위험이고 접전 상황에서 심판이 휘슬을 적게 부는 이유이다.

사람들은 비록 낮은 확률일지라도 나쁜 결과가 예상될 때 결과에 책임을 지지 않기 위해 아예 행동하지 않는 쪽을 선택한다. 이것이 부작위편향이다. 부작위편향은 마땅히 해야 하는 일이지만 개인의 손해를 감수하기보다 모두의 피해를 선택하는 자기방어의 심리와 맞닿아 있다.

전 세계적으로 치사율이 50%인 감염병이 확산되고 있는 상황을 가정해보자. 마침 한 제약사가 치사율을 20%로 낮출 수 있는 백신을 개발했다. 담당 부처는 서둘러서 신약을 허가해줄까? 치사율을 30%나 낮출 수 있으니 허가를 하고 감염병에 대비하는 것이 합리적이지만 그렇지 않을 가능성이 높다. 백신을 맞고도 사망자가 발생했을 때 제기될 수 있는 비난을 책임지고 싶지 않기 때문이다.

언젠가 약을 쓰지 않고 아이를 키우는 부모들의 모임이 우리 사회의 뜨거운 이슈가 된 적이 있다. 그들은 약의 부작용을 지나치게 과장하며 매우 낮은 확률의 위험을 회피하기 위해 반드시 필요한 예방접종조차 거부했다. 극단적이지만 부작위편향의 위험성을 보여주는 좋은 예다.

무엇이든 행동하지 않는 것이 행동하는 것보다 낫다는 생각의 부작용은 매우 크다. 새로운 상품을 개발하지 않는 것이 실패할 상품을 개발하는 것보다 낫고 설사 반드시 필요한 일이라도 반대가 뻔한 정책을 도입하는 것보다 기존의 정책을 유지하는 게 더 좋은 선택이라고 생각한다. 우리가 그토록 경계해야 한다고 목소리를 높이는 복지부동의 태도는 이렇게 만들어진다.

모든 새로운 시도는 실패의 가능성이 높다. 이때 부작위편향이 팽배한 분위기라면 구성원들은 절대로 도전에 나서지 않는다. 실패에 대해 걱정하지 않도록 하는 것이 CEO로서 자신의 일이라고 말한 아마존의 제프 베조스는 기업이 지급해야 할 가장 큰 비용은 행동으로 인한 실패가 아니라 '무행동의 오류 Errors of omission'에서 비롯된다고 강조했다. 대담한 도전은 실패의 책임을 나눌 때만 가능하다.

'뭐라도 했으니까.'라고 위안하는 행동편향과 '내가 하지 않았으니까.' 책임이 없다는 부작위편향에 따른 선택은 모두 좋은 결정이 아니다. 하루에도 수십 번씩 '할까? 말까?' 결정해야 하는 우리에게 행동경제학이 주는 조언은 사고와 행동의 균형을 찾으라는 것이다. '할까?'라는 조바심이 들면 일단 멈추고 심사숙고의 시간을 가져야 한다. 반면 '하지 말까?'라는 생각은 결과에 대한 걱정이 앞설 때다. 역시 생각을 되짚어보고 부작위편향의 영향은 아닌지 따져봐야 한다. 지나친 안전주의로 긍정적인 변화의 타이밍을 놓치면 장기적으로 손해는 더 커진다. 이땐 모 스포츠 브랜드의 유명한 슬로건을 떠올리는 것도 좋은 방법이다. 일단 '행동하라! JUST DO IT!'

3부

선택은 뇌가 아니라 마음이 한다

6강
왜 그렇게 일관성이 없을까?
: 사실은 그때그때 달라진다

공정하지 않은 공정함

상대적 공정성

1990년대 후반 코카콜라의 더글라스 아이베스터Douglas Ivester 회장은 투자자와 기자들 앞에서 더운 여름에는 콜라의 가격을 올리는 새로운 판매 전략을 발표했다. 그러면서 날씨가 더워지면 콜라의 수요가 급증하니까 그에 맞게 가격을 산정하는 것이 타당하다는 설명을 덧붙였다. 이 소식이 알려지자 소비자들은 코카콜라가 부당하게 바가지를 씌우는 것이라며 분노를 터뜨렸고 곧 매출에 영향을 미쳤다. 결국 코카콜라는 새로운 판매 전략을 시행하지 못했고 오히려 기업 이미지만 나빠지는 역풍을 맞았다.

수요가 증가하면 가격이 오른다. 누구나 아는 수요공급의 원리다. 아이베스터 회장의 선택은 경제학의 기본 이론을 따른 합리적 판단이었다. 그러나 사람들은 같은 선택을 두고 매우 공정하지 못한 처사라고 생각했다. 공정성이란 수요와 공급에 따른 시장 논리보다 감정과 심리적 요인에 따른 판단이기 때문이다.

왜 수요가 많아져도 가격이 오르면 부당한가?

2018년 2월 평창올림픽을 앞두고 지역 주민은 경제특수를 예상했다. 특히 숙박업소 운영자들의 기대가 컸다. 예상 관광객 규모에 비해 경기장 주변의 숙박시설이 부족할 것으로 예상했기 때문이다. 숙박요금의 가격이 천정부지로 올랐다. 그러자 비난 여론이 높아졌고 지자체가 나서서 가격 인하를 유도했지만 숙박업소들은 쉽게 가격을 내리려 하지 않았다. 드디어 올림픽 개막이 코앞으로 다가왔다. 그런데 지역의 숙박시설을 예약하는 사람들이 예상만큼 많지 않았다. 당황한 숙박업소들이 가격을 내리기 시작했지만 올림픽이 끝날 때까지 기대만큼의 특수는 누리지 못했다.

사람들이 수요공급의 이론과 전혀 다른 방향으로 움직인 이유는 숙박요금이 부당하다고 판단했기 때문이다. 당시 많은 관광객이 올림픽 경기가 열리는 도시 주변에서 숙박하지 않았다.

외곽 지역에서 숙박하거나 당일치기 관람을 선택했다. 공정하지 않다고 판단한 거래를 거부하는 선택을 한 것이다. 그렇다면 사람들은 어떤 기준으로 공정함을 판단하는 걸까? 폭설이 내린 다음 날 눈을 치우기 위해 제설용 삽을 사러 갔다고 하자. 그런데 하룻밤 사이 1만 5,000원짜리 삽이 2만 원으로 올랐다. 당신이라면 이 상황을 어떻게 평가할까? 대니얼 카너먼, 리처드 세일러, 잭 네치가 진행한 이 실험에서 사람들의 82%가 "부당하다."라고 답했다.

가격은 시장 원리에 따라 결정되지만 거래 가격의 공정함은 심리적 판단이다. 제설용 삽의 가격이 부당하다고 판단한 이유는 가치의 준거점 때문이다. 사람들의 심리적 준거점은 폭설이 내리기 전의 가격인 15달러이고 더 많은 돈을 내는 것은 손실이다. 갑자기 가격을 올린 행위는 손실을 강요한 것이다. 따라서 부당하다고 판단하는 것이다. 사람들이 소나기가 왔을 때 평소보다 높은 가격에 우산을 사면 손실의 감정을 느끼고 부당하다고 생각하는 것도 같은 이치다.

손실의 강요 여부는 공정함을 판단하는 기준이다. 그래서 사람들은 타인에게도 무조건 손실을 강요하지는 않는다. 예를 들어 원가급등으로 가격이 오른다면 물론 탐탁지 않지만 부당하다고 비난하지는 않는다. 하지만 기업에 손실이 발생한 것도 아닌데 날씨가 더워서 혹은 단지 수요가 급증했다는 이유로 가격을 올리는 행위는 부당하다고 판단한다. 자신들의 더 많은 이익을 위해서 손실을 강요한 것으로 이해하기 때문이다.

자기 몫을 지키려는 자 vs 빼앗으려는 자

타인에게 손실을 강요하는 것은 부당하다는 생각은 변하지 않는 공정함의 기준일까? 다음 상황을 보자. 경영진과 노조가 구조조정 협상을 진행 중이다. 회사는 인건비 절감에 필사적이다. 하지만 노조는 이를 받아들일 수 없다. 협상은 옥신각신 진통을 겪었고 결국 임금체계를 조정해 실질적으로 인건비를 절감하기로 합의했다. 단, 새로운 임금체계는 소급해 적용하지 않으며 새로 입사하는 직원들을 대상으로 하는 조건이 추가됐다.

자신의 임금이 줄어드는 것은 부당하다면서도 같은 회사인데 새로 입사하는 직원들에게는 적용할 수 있다는 생각은 과연 공정한가? 사람들은 이를 공정하다고 판단한다. 공정함이란 손실을 강요당하지 않는 것이다. 그리고 이때 손실의 준거점은 현재 자신이 소유한 몫이다. 새로운 법이나 규칙을 시행할 때 기득권을 예외로 인정하는 조부조항祖父條項, Grandfather clause은 어느 국가와 사회에서든 통하는 공정성에 대한 룰이다. 공정함이란 절대적 개념이 아니라 손실회피의 심리가 반영된 상대적 판단인 것이다.

표준경제학의 이론이 현실에서 잘 작동되지 않는 데는 공정성에 민감한 심리의 영향도 있다. 시장에서 수요와 공급의 균형이 무너지면 가격에 변동이 생기는 게 당연하다. 그러나 기업은 가격을 올리면 사람들의 공정성 기준에 맞지 않아 비난의 대상이 될 것을 우려한다. 그래서 계속 품절 사태가 벌어져도 가격을 올리는 일은 매우 드물다. 몇 년 전 구매 열풍이 불었던 '허니○○칩'은 몇 달간 대기표를 받아야 할 정도로 품절 사태를 겪었지만 가격을 올리는 대신 생산라인을 늘리는 투자를 선택했다. 기업은 경영이 악화되어 비용 절감이 절박한 경우에도 임금 삭감보다 인력 구조조정을 선택한다. 구성원들이 임금 삭감을 받아들이지 않기 때문이다.

협상은 서로가 주고받는 게임이다. 그래야 공정하다. 하지만 사람들은 '하나를 주면 하나를 잃어야 하는' 트레이드 오프Trade off를 인정하지 않는 경향이 있다. 협상의 목표는 언제나 '완벽한 성과Best Practice'이다. 예를 들어 사람들은 두 나라가 자동차와 농산물을 두고 무역협상을 했을 때 자동차와 농산물 두 분야에서 모두 이익을 얻어야 한다고 생각한다. 하지만 이해상충이 발생하는 협상에서 완벽한 성과는 현실적으로 불가능하다. 가격은 매우 낮고 품질은 최상인 제품을 생산하거나 임금은 올리고 근무시간은 줄이는 협상은 가능하지 않다. 그러나 사람들은 트레이드 오프를 인정하지 않는 심리 때문에 자동차를 내주고 농산물을 얻은 무역협상의 결과를 공정한 결과라고 인정하지 않는다. 얻은 농산물 분야의 혜택보다 내준 자동차 분야의 손실을 더 크게 과장하는 손실회피 심리의 영향이다. 그래서 협상 후 웃으며 악수를 하고 돌아서는 순간부터 양측 모두 마음속으로 각자의 손해를 곱씹는다. 공정성이 중요하다면서도 트레이드 오프를 인정하지 않는 이율배반적 사고는 공정성의 기준이 자기 몫에 충실한 개념이라는 사실을 잘 보여준다.

공정성은 이콘에게는 무용의 감정이지만 우리 휴먼에게는 의사결정을 바꿀 만큼 중요한 판단 기준이다. 최후통첩 게임을 생각해보자. 사람들은 공정하지 않은 거래에서 너도 죽고 나도 죽는 선택을 할 만큼 감정적이다. 공정성을 선호하기 때문에 때론 손해를 보더라도 공정성을 위반한 대상을 응징하려고 한다. 이때 자신이 직접 손실을 강요당한, 즉 부당한 거래의 당사자가 아니라도 처벌에 동참한다. 불매운동이 대표적인 예이다. 기업이 공정성에 더 민감하게 대응하고 사회적 책임CSR에 적극적인 것은 사람들의 심리가 경제적 선택을 좌우할 정도로 큰 영향을 미치는 것을 잘 알고 있기 때문이다.

프레임이란 안경을 쓰고 세상을 본다

프레이밍 효과

어른들은 숫자를 좋아한다. 어른들에게 새로운 친구를 사귀었다고 말하면 정작 중요한 것은 물어보지 않는다. "그 애의 목소리는 어떠니? 좋아하는 놀이는 뭐니? 나비를 수집하니?"라고 묻지 않는다. 그 대신 "나이는 몇 살이지? 형제는 몇 명이니? 아버지 수입은 얼마니?"라고 묻는다. 그래야만 그 친구가 어떤 사람인지 아는 줄로 생각한다.

만일 어른들에게 '창에는 제라늄 화분이 있고 지붕에 비둘기가 있는 붉은 벽돌로 지은 예쁜 집'을 봤다고 말하면 그 집이 어떤 집인지 생각해내지도 못한다. 그들에게는 10만 프랑짜리 집을 봤어요."라고 말해야 한다. 그래야 "야, 참 멋진 집이구나."라고 소리를 지른다.

– 『어린왕자』 중에서

 원하는 사진을 찍으려면 프레임을 잘 설정해야 한다. 눈앞에 펼쳐진 아름다운 풍경 중 어느 영역을 프레임에 넣는가에 따라 완전히 다른 장면이 연출되기 때문이다. 사진을 보는 사람은 프레임에 담긴 장면으로 그 세상과 만나고 내용을 이해했다고 생각한다. 프레임은 보는 것에만 영향을 미치지 않는다. 우리 머릿속에도 프레임이 있다. 프레임을 통해 대상의 본질을 이해하고 사건을 해석한다.

 생텍쥐페리의 『어린왕자』 속에는 너무나 다른 아이와 어른의 사고방식이 등장한다. 아이는 '목소리가 얼마나 좋은지, 어떤 놀이를 좋아하는지'를 통해 새로 사귄 친구를 판단한다. 이는 친구를 평가하는 아이의 사고방식, 즉 아이의 판단 프레임이다. 아이는 자기 프레임 밖의 세상을 이해하지 못한다. 친구를 설명하는 데 아버지의 수입과 집값이 왜 필요한지 알 수가 없다. 반대로 어른은 '아버지의 수입'으로 아이의 친구를 판단한다. 비싼 집이 좋은 집이라는 프레임이 있는 사람은 제라늄 화분과 지붕 위 비둘기가 있는 집이 좋은 집인지 아닌지 평가하기 어렵다. 프레임 밖의 세상이기 때문이다. 아이와 어른은 같은 친구를 두고서 이렇게 전혀 다른 프레임으로 평가한다.

선거에 출마한 두 후보자가 경제 상황을 두고 토론을 한다고 하자. 한 명은 고용률이 90%라고 하고 다른 한 명은 실업률이 10%라고 한다. 사람들은 90%의 고용률보다 10%의 실업률에 더 민감하게 반응하기 때문에 실업률 10%를 강조하는 후보자의 말에 더 귀를 기울이게 된다. 같은 상황이지만 표현 방법에 따라 판단이 바뀌고 선택이 변하는 프레이밍 효과 Framing Effect다.

프레임이 달라지면 선택이 바뀐다

저녁 장을 보기 위해 마트에 들렀다고 가정해보자. 마침 육류 코너에서 소고기 시식을 진행 중이다. 한 접시에는 살코기 75%라고 적혀 있고 다른 접시에는 지방 25%라고 적혀 있다. 당신이라면 어떤 고기를 선택할까? 심리학자 어윈 레빈Irwin P. Levin의 이 실험에서 사람들은 예상대로 살코기 75%의 접시를 선택했다. 살코기 75%와 지방 25%는 같은 고기를 표현만 바꾼 것이다. 하지만 사람들은 살코기 75%의 고기가 더 맛있고 육즙이 풍부하다고 했고 지방 25%라고 표시된 고기는 느끼하다거나 맛이 없다는 평을 내놨다.

표현 하나만 바꿨을 뿐이다. 그런데 사람들은 인식은 물론 감각까지 다르게 프레이밍되었고 선호도를 결정했다. 일반적으로 사람들은 가격이라는 프레임으로 맛을 평가한다. 예를 들어 비싼 와인이 맛있다는 생각은 비싼 가격을 맛이 좋다는 프레임으로 인식한 결과다. 독일 본 대학교와 프랑스 인시아드 MBA 교수진이 '가격=맛'이라는 프레임 효과를 실험한 적이 있다. 연구자들은 실험 대상자들에게 동일한 3유로짜리 레드 와인 3잔을 나눠주고 각각 3유로, 6유로, 12유로짜리 와인이라고 말해줬다. 그러자 대다수가 12유로라고 말해준 와인을 가장 맛있다고 평가했다. 비싸면 맛도 좋게 느껴지는 플라시보 효과Placebo effect이며 프레임의 힘이다.

프레이밍 효과는 사람들의 선택을 받아야 하는 모든 분야에서 적극 활용된다. 특히 광고시장은 사람들의 선호도를 바꾸기 위한 프레이밍 전쟁터라고 할 정도다. 모 맥주 브랜드에서 '물을 타지 않은 맥주'를 내세운 제품을 출시했다. 이 광고를 보고 사람들은 어떤 생각을 하게 될까? 자연스럽게 '어? 그럼 다른 맥주는 물을 탔다는 건가?'라는 의심이 든다. 이것이 프레이밍이다. 효모의 종류와 제조 공법의 프레임 안에서 싸우는 게 아니라 '물을 타지 않은 맥주'라는 전혀 다른 인식의 프레임을 만들어 새로운 소비층을 창출하는 마케팅 전략이다. 그러나 잠시 이 프레임 밖으로 나오면 바로 다른 질문이 생긴다. 과연 물을 넣지 않고 맥주를 만들 수 있을까?

우리는 프레임 안의 세상을 본다. 따라서 프레임의 패턴을 이해하고 의도적으로 프레임을 변화시켜야만 보이지 않았던 사실을 알게 되고 새로운 문제해결의 방식을 찾을 수 있다. 미국의 엘리베이터 제조사 오티스엘리베이터가 자사의 엘리베이터 내부에 거울을 부착하는 아이디어로 고객 불만을 잠재운 일은 프레이밍 효과의 유명한 사례다. 엘리베이터의 속도가 너무 느리다는 고객 불만에 대응하기 위해 경영진은 속도의 개선을 고민했다. 하지만 기술적으로 당장 더 빠른 엘리베이터를 생산하긴 어려웠다. 그때 직원 한 명이 엘리베이터 내부에 거울을 붙이자고 했고 이후 고객 불만은 사라졌다. 사람들이 엘리베이터 안에서 거울을 보느라 속도에는 신경을 쓰지 않게 된 것이다. 느린 속도는 물리적 시간의 문제이고 그래서 지루함을 느끼는 건 심리적 시간의 문제이다. 원인은 같지만 문제를 해석하는 프레임이 다르다. 물리적 시간의 프레임으로는 해결할 수 없는 고객 불만을 심리적 시간의 프레임으로 바꿨기 때문에 효과적인 문제해결 방식을 찾을 수 있었던 것이다.

손실회피 심리가 만드는 프레이밍 효과

프레이밍은 심리의 싸움이다. 이때 이익과 손실에 대한 심리적 반응이 큰 영향을 미친다. 대니얼 카너먼과 아모스 트버스키의 대표적인 실험 문제를 보자. 새로운 희귀병이 발견되었다. 질병이 발생하면 600명이 사망할 것으로 예상된다. 다음의 질병 예방 프로그램 중 어떤 것을 선택하면 좋을까?

1번 프로그램	(A) 200명이 산다. (B) 전원 살릴 확률이 1/30이고 　　모두 사망할 확률이 2/3다.	✓ ☐
2번 프로그램	(A) 400명이 사망한다. (B) 전원 사망하지 않을 확률이 1/30이고 　　모두 사망할 확률이 2/3다.	☐ ✓

　먼저 1번 프로그램에서 사람들은 (A)를 선택했다. 전망이론에서 살펴봤듯이 사람들은 긍정적(이익)인 상황에서는 적극 위험을 회피한다. '산다'는 긍정적 표현에 프레이밍이 된 사람들은 도박을 선택하지 않았다. 반면 2번 프로그램에서는 (B)를 선택했다. '사망'이라는 부정적 표현에 프레이밍이 된 사람들은 확실한 손실을 피하기 위해 위험을 추구했다.

　이들의 선택은 과연 합리적이었을까? 두 개의 질병 예방 프로그램을 다시 살펴보자. 1번과 2번 프로그램의 (A)는 사실 같은 얘기다. 600명 중 200명이 살면 400명은 죽는다. (B)도 마찬가지다. 1번 프로그램 (B)의 600명이 모두 살 확률 3분의 1과 2번 프로그램 (B)의 600명 모두가 사망하지 않을 확률 3분의 1은 같은 얘기다. 사람들은 같은 상황을 표현만 바꿨을 뿐인데도 상황을 다르게 판단하고 선호도를 바꿔버렸다.

　표현 방식에 따라 같은 사건을 아예 다르게 이해하고 그때그때 상황에 따라 선호도를 바꾸는 선택은 비합리적인 의사결정이다. 프레이밍 효과는 인간의 합리성을 제한하는 아주 강력한 인지편향이다.

'무엇을' 말하는가 vs '어떻게' 말하는가

프레이밍 효과는 단어에 따라 다르게 연상작용을 일으키는 우리의 인지 시스템과 관련이 있다. 한국과 독일의 축구 경기에서 '한국이 이겼다'와 '독일이 졌다'는 같은 뜻이다. 하지만 '이겼다'는 표현은 한국팀의 장점과 전략을 연상하게 하고 '졌다'는 표현은 독일팀의 실수와 전략의 문제점을 연상하게 한다. 같은 얘기지만 다른 의미의 정보로 해석되고 감정이 만들어지는 것이다. 따라서 누군가의 선호도를 바꿔 선택을 유도하려면 '무엇을 말하는가'보다 '어떻게 말하는가'를 더 신경 써야 한다.

50만 원 vs ~~100만 원~~
50% 할인 50만 원

두 곳의 상점에서 50만 원에 같은 옷을 팔고 있다. 한 곳은 할인하기 전 금액을 표시하지 않은 가격을 제시했고 다른 곳은 할인율을 표기한 가격표를 붙였다. 어느 상점의 옷이 팔릴 가능성이 더 높을까? 바로 50% 할인된 가격표를 붙인 옷이다. 사람들은 같은 값이라도 가치를 다르게 평가한다. 같은 옷이

라도 50% 할인을 했다고 하면 비싼 옷을 싸게 산다고 느끼는 것이다. 이익의 프레임으로 제공된 정보의 힘이다. 만약 두 곳의 상점에 모두 방문해서 직접 비교한다면 프레이밍 효과에서 벗어날 수 있을 것이다. 하지만 그렇지 않으면 적정 가격에 옷을 구매하고도 크게 이득을 본 쇼핑을 했다고 착각하게 된다.

사람들은 이익의 프레임이 제공되면 돈을 쓰는 데 부담을 느끼지 않는다. 새로 후원자를 모집해야 하는 '어린이 기아' 돕기 기관이 광고 문구를 두고 고민 중이라고 하자. 이때 '한 달 3만 원'이라는 광고와 '하루 1,000원'이라는 광고 중 어느 것이 더 효과적일까?

> '한 달 3만 원으로 어린 생명을 살릴 수 있습니다.'
> '하루 1,000원으로 어린 생명을 살릴 수 있습니다.'

한 달을 30일이라고 가정했을 때 한 달 3만 원과 하루 1,000원은 같은 얘기다. 하지만 많은 연구에 따르면 사람들은 '하루 1,000원'의 경우를 선택한다. 총합은 같지만 3만 원보다 1,000원이 훨씬 경제적으로 부담이 적게 느껴진다. 이것이 '3만 원 프레임'보다 '1,000원 프레임'이 사람들의 선호도를 움직일 수 있었던 이유이다. 돈을 쓰는 손실을 최대한 회피하고 싶은 심리의 선택을 이용한 프레이밍 효과다.

이익과 손실의 프레임은 실제 이익과 손실의 크기와는 상관이 없다. 단지 이익의 표현이냐, 손실의 표현이냐에 따라 심리적 반응이 달라질 뿐이다. 어떤 단어에 프레이밍이 되었는가에 따라 이익 혹은 손실로 이해하고 효용을 평가한다. 우리는 언제나 합리적이길 원하지만 실제로 합리적 선택을 하는 건 쉽지 않은 일이다.

왜 바꾸려 하지 않고
받아들이려 할까?

디폴트 옵션

　세계에서 장기기증률이 가장 높은 국가는 스페인이다. 2016년 기준 인구 100만 명당 무려 39.7명이 장기를 기증했다. 미국의 28.5명과 우리나라의 11.28명보다 월등히 많다. 스페인이 오랫동안 세계 1위의 장기기증률을 유지하고 있는 비결은 뭘까? 스페인 정부가 직접 밝힌 특별한 노하우는 선택의 '디폴트 옵션Default option'을 옵트아웃Opt-out 방식으로 설계한 아이디어다. 디폴트 옵션이란 '아무런 의사 표시가 없을 때 자동으로 적용되는 선택 조건'을 말한다.

> (A) 뇌사 시 장기를 기증하겠다 ☐
> (B) 뇌사 시 장기를 기증하지 않겠다 ☐

장기기증에 대한 의사를 묻는 방식은 두 종류가 있다. (A)는 분명하게 동의를 해야만 장기를 기증하는 옵트인Opt-in 방식이다. 이때 '기증하겠다'에 동의하지 않으면 자동으로 장기기증을 거부하겠다는 의사 표현이 된다. 반면 (B)는 적극적으로 의사표시를 해야지만 장기기증을 거부할 수 있는 옵트아웃 방식이다. 이 경우 '기증하지 않겠다'고 의사를 밝히지 않으면 자동으로 장기기증을 허락한 것으로 간주된다.

사람들은 뚜렷한 소신이 있는 경우가 아니라면 장기기증에 의도적으로 나서서 서약하지 않는다. 이런 행동 성향 때문에 옵트인 방식(A)으로 동의 여부를 물으면 선택하지 않는다. 그러다 보니 장기기증에 동의하는 사람이 적을 수밖에 없다. 옵트아웃 방식(B)으로 물어도 마찬가지다. 사람들은 굳이 전화하거나 서류를 제출해가며 '거부 의사'를 밝히지 않는다. 따라서 장기기증을 거부하겠다는 의사를 밝히지 않은 사람들은 저절로 장기기증을 허락한 것이 된다. 스페인 정부가 장기기증률 세계 1위의 비결을 옵트아웃 방식으로 설계된 디폴트 옵션이라고 말한 이유이다.

사람들은 무언가 선택해야 할 때 기본으로 설정된 옵션을 그대로 유지하려는 성향이 있다. 디폴트 옵션의 내용보다 디폴트 옵션이라는 프레임이 사람들의 결정에 더 큰 영향을 미치는 것이다. 그동안 사람들은 장기기증 문화는 사회적 분위기와 종교적 신념이 큰 영향을 미친다고 믿어왔다. 하지만 실제로는 전혀 그렇지 않다. 사회 문화적 배경이 비슷한 유럽의 국가 중 옵트아웃 방식을 디폴트 옵션으로 채택한 스페인, 오스트리아, 벨기에, 스웨덴 등의 장기기증률은 상당히 높고 옵트인 방식을 디폴트 옵션으로 채택한 독일, 덴마크, 영국, 네덜란드 등의 장기기증률은 낮다는 건 이미 알려져 있다. 장기기증과 같이 매우 중요한 의사결정조차 사소한 표현 방식에 따라 다르게 결정된다는 사실은 당황스럽다. 하지만 받아들여야 할 우리의 모습이다.

왜 공무원들은 복지부동할까?

사람들은 하지 않은 행동의 결과보다 스스로 행동한 결과에 대해 심리적으로 더 큰 부담을 느낀다. 직접 행동해서 나쁜 결과가 발생하면 행동하지 않아서 나쁜 결과가 발생했을 때보다 더 크게 후회를 하는 것이다. 그래서 제공된 디폴트 옵션을 그대로 받아들이는 성향이 있다. 바로 이 후회의 감정과 밀접한 관계가 있다. 계속 유지해온 상황 혹은 항상 하던 대로 행동하는 패턴은 디폴트 옵션에 해당한다. 여기서 벗어나 예외적 행동을 해서 손실이 발생했을 때 고통의 크기는 다른 선택의 경우보다 훨씬 크다.

직장인 영수와 철수는 주식 투자를 한다. 영수는 최근 갖고 있던 A 주식을 팔고 B 주식을 샀다. B 주식이 더 오를 것으로 생각했기 때문이다. 그런데 팔아버린 A 주식이 크게 오르고 B 주식은 오히려 떨어졌다. 한편 철수는 갖고 있던 B 주식을 팔고 A 주식을 사려다가 그냥 그대로 유지했다. 그런데 매수를 포기했던 A 주식이 크게 오르고 보유한 B 주식은 떨어졌다.

영수와 철수는 둘 다 B 주식을 갖고 있으며 똑같이 돈을 벌 기회를 놓쳤다. 하지만 두 사람의 감정은 다르다. 영수가 철수보다 더 크게 후회를 한다. 주식을 판 행동은 디폴트 옵션에서 일탈한 것이며 그러다 손해봤기 때문이다. 반면 아무것도 하지 않아서 자동으로 선택된 결과를 수용해야 하는 철수는 상대적으로 고통을 적게 느낀다. 비난을 두려워하는 마음은 디폴트 옵션에 머무르려는 행동을 유도한다. 꼭 해야 할 일도 후회가 두려워 행동하지 않으려는 부작위편향Omission bias의 모습이다. 공무원들이 국민의 편익을 위해서는 반드시 처리해야 하는 걸 알면서도 일부 민원인들의 항의를 받게 될까 두려운 마음에 업무를 미뤄버리는 복지부동한 자세가 전형적인 부작위편향이다.

반대로 무언가 능동적으로 행동해야 하는 것이 디폴트 옵션인 경우도 있다. 이때도 사람들은 디폴트 옵션을 유지하는 선택을 한다. 예를 들어 고객의 자산을 관리하는 자산관리사는 다양한 포트폴리오portfolio를 구성하는 것이 자신의 디폴트 옵션이다. 따라서 이들은 그대로 있는 게 더 나은 경우에도 일부 자산의 매도와 매수를 선택한다. 아무것도 하지 않는 것은 자신의 디폴트 옵션에서 일탈하는 것이고 결과가 안 좋으면 후회도 비난도 커지기 때문이다. 하지 말아야 할 행동을 심리적 부담을 덜기 위해 기어이 하고야 마는 행동편향Action bias의 모습이다. 이 경우 물론 손해는 자산관리사가 아닌 투자자들의 몫이 된다. 조직 내에서 잠시도 가만히 있지 못하고 열심히 일은 하는데 성과는 없고 사고만 치는 유형이 행동편향의 전형적인 사례다. 차라리 가만히 있는 것이 어떤 행동을 하는 것보다 좋은 결과를 가져올 것이라는 객관적이고 논리적인 근거가 있더라도 '아무거나 하는 것'이 '아무것도 하지 않는 것'보다 낫다고 믿는 행동편향은 개인은 물론 조직에 해만 끼치는 인지적 편향이다.

초기 디폴트 옵션을 좋은 방향으로 설정하라

사람들은 의사결정을 할 때 특별한 이득을 주지 않는 한 현재 상황을 바꾸려 하지 않는 현상유지편향의 영향을 받는다. 상황을 바꾸면 좋을 수도 있지만 더 나쁠 수도 있기 때문에 굳이 바뀌서 손실의 위험이 발생할 가능성을 선택하지 않는 것이다. 디폴트 옵션 주변을 어슬렁거리는 선택을 하는 이유도 바로 이 때문이다.

기업들은 사람들의 현상유지편향과 디폴트 옵션이 행동 패턴에 미치는 영향을 잘 알고 적극 활용한다. 컴퓨터를 구매했을 때의 경험을 떠올려보자. 먼저 브랜드를 고르고 나면 기본사양을 따져본다. 하지만 어려운 용어로 적힌 기본사양의 내용을 모두 알고 구입하는 사람은 많지 않다. 특별한 용도로 사용할 목적이 아니라면 대부분 기본사양을 그대로 수용한다. 기업의 입장에서는 기본 옵션을 다양하게 구성하고 가격을 올리면 이익을 확대할 수 있다.

보험 가입 때도 마찬가지다. 보장 범위가 한정된 싼 보험과 보장 범위가 넓은 비싼 보험이 있다. 이때 사람들은 디폴트 옵션에 영향을 받는다. 보장 범위가 한정된 것이 디폴트 옵션이라면 싼 보험을 선택한다. 보장 범위가 넓은 것이 디폴트 옵션이라면 비싼 보험을 선택한다. 디폴트 옵션을 포기하는 일은 곧 손실로 이해하는 손실회피 심리가 발동하기 때문이다.

통신사의 요금제도 디폴트 옵션이 적용된다. 다양한 서비스가 기본사양이라는 이름으로 제공되는데 그중 몇 가지는 몇 달 후 해지가 가능하도록 설계되어 있다. 하지만 개통 후 대체로 사람들은 처음 제공된 디폴트 옵션을 약정 기간보다 오래 유지한다. 이런 이유로 기업은 더하기 옵션이 아니라 빼기 옵션을 전략으로 더 유용하게 활용하고 있다.

　미국과 호주 등의 국가에서는 기본으로 지정된 옵션을 잘 바꾸지 않는 사람들의 행동패턴을 이용해 은퇴 후 노후대책으로서 저축 유도 프로그램을 운용하기도 한다. 개인이든 공공의 영역이든 초기 디폴트 옵션을 잘 이해하고 또 좋은 방향으로 설정하면 분명 더 나은 선택의 기회를 가질 수 있다.

왜 금연과 다이어트는
성공하기 어려울까?

선호도 역전

만약 우리가 어떤 상황에서든 매우 합리적으로 대상의 가치를 평가할 수 있다면 선택을 위한 의사결정의 선호도는 일관성을 유지할 것이다. 그러나 우리에겐 그런 능력이 없다. 상황이 바뀌면 손바닥 뒤집듯 원래의 선호도를 바꿔버린다. 사람들은 얼마나 쉽게 선호도를 바꿀까? 개인의 선택 성향 연구에서 자주 등장하는 단골 사례를 살펴보자.

> 블루투스 스피커를 구매하려고 상점을 찾았다.
> 3만 원부터 18만 원까지 다양한 가격대의 스피커가 있다.
> 당신은 어떤 제품을 사고 싶은가?

먼저, A(3만 원), B(6만 원), C(10만 원)의 스피커 중 고르라고 하자 중간 가격의 B를 선택했다. 그래서 다음엔 B(6만 원), C(10만 원), D(15만 원) 제품을 보여줬다. 그랬더니 B가 아닌 C를 선택했다. 선호도를 바꾼 것이다. 이번에는 C(10만 원), D(15만 원), E(18만 원) 제품 중 선택할 기회를 줬다. 결과는 어땠을까? 선호도는 다시 C에서 D로 바뀌었다. 이처럼 원래의 선호도와 상관없이 상황에 따라 선호하는 대상이 바뀌는 것을 선호도 역전Preference reversal이라고 한다.

선호도는 상황에 따라 변한다

블루투스 스피커를 선택하며 보여준 사람들의 행동을 심리학에서는 타협효과Compromise effect로 설명한다. 타협효과는 선택의 상황에서 양극단의 옵션이 아닌 중간 지점에서 대안을 찾는 것인데 선택 상황의 맥락이 바뀌면 선호도가 역전되는 현상을 잘 보여준다. 기업들은 사람들의 이런 심리를 이용해 주력 상품의 가격을 의도적으로 중간쯤에 포지셔닝하는 전략을 세우기도 한다.

이는 선거철 전략에도 활용된다. 정치인들은 좌파와 우파로 나뉘어 치열하게 싸우다가도 선거철이 되면 중도에 가까운 공약을 내놓는다. 실제 정치적 지향점을 바꾼 것이 아니라 사람들이 극단이 아닌 중간지대를 선호하는 성향을 이용한 선거의 전략이다. 이것이 미국의 정치학자 앤서니 다운스Anthony Downs의 '중위투표(선호)자 이론Median voter theorem'이다.

미국의 대통령이 되기 전 뛰어난 사업가로 명성이 자자했던 도널드 트럼프는 선호도 역전의 심리를 잘 이용한 사람 중 한 명이다. 그는 건축을 의뢰받으면 건축주들이 선호하는 가격보다 언제나 높은 가격을 제시했다고 한다. 하지만 실제로는 자신이 제시한 것보다 더 적은 비용으로 건물을 지었다. 물론 원래 고객이 예상했던 비용보다는 훨씬 비싼 가격이다. 하지만 그의 고객들은 원래 생각했던 적정 금액(가치)보다 더 많은 돈을 썼음에도 합리적 결과라고 생각했고 만족했다. 선택의 맥락을 바꾸는 전략으로 고객의 선호도를 역전시킨 것이다.

가치 평가 방식을 바꾸면 선호도 역전이 일어난다. 하나만 보고 단독으로 평가해 결정한 선호도는 두 개 이상의 비교 대상을 두고 평가했을 때 역전되는 것이다. 다음의 시나리오를 보자. 비행기 추락사고가 발생하자 TV에서 탑승자들의 안타까운 사연들이 보도된다. 여성 탑승객 A는 영업사원이다. 매월 두 차례씩 정기적으로 해당 비행기를 이용해왔는데 그만 사고를 피하지 못했다. 남성 탑승객 B의 스토리는 안타깝기 그지없다. 출장지에서 아내의 출산 소식을 듣고 더 일찍 귀가하기 위해 원래 일정을 바꿔 사고 비행기에 탑승했다가 사망했다.

사고 후 보상 논의가 시작됐다. 이때 탑승객 A와 B의 보상액은 다르게 책정되어야 할까? 당연히 그렇지 않다. 개인의 사연은 객관적으로 보상액을 결정하는 데 영향을 미칠 수 없다. 하지만 여성 A와 남성 B의 사연을 함께 보지 않고 각각 독립적으로 평가한 후 사람들에게 보상액을 결정하도록 하자 상황이 달라졌다. 실제로 사람들은 여성 A보다 안타까운 사연을 가진 남성 B의 보상액을 더 높게 책정했다.

심리학자 데일 밀러Dale Miller와 캐시 맥팔랜드Cathy McFarland의 선호도 역전 실험을 각색한 이 시나리오의 교훈은 한 가지다. 상황에 휘둘리는 선택을 막으려면 대상을 단독으로 평가하지 말고 여러 비교의 대상을 놓고 공동으로 평가해야 한다는 사실이다. 어떤 대상을 단독으로 평가할 때 사람들의 선호도는 객관적 타당성보다 감정(안타까움)과 심리적 반응에 더 큰 영향을 받게 된다. 하지만 두 개 이상의 대상을 동시에 공동평가하면 이성적으로 판단한다. 합리적 의사결정을 하기 위해서는 시야를 넓혀 여러 비교 조건을 갖춘 상황에서 균형 있게 평가하는 노력이 필요하다.

범주 안에서 결정되는 선호도의 문제점

사람들은 선호도를 평가할 때 동일한 성질을 가진 부류(범위)에서 비교하고 선택한다. 스마트폰을 구매할 때 A사, S사, L사의 제품을 비교하지 오토바이나 컴퓨터 등 전혀 다른 부류의 제품과 비교해 선호도를 결정하지 않는다. 같은 부류 안에서 평가하면 비교점이 뚜렷하기 때문에 선호도는 대체로 일관성을 가진다. A사의 스마트폰을 좋아하는 사람은 A사와 S사 제품의 주요 기능과 차이점을 알고 있으며 취향이 분명하다. 따라서 어지간해서는 선호 브랜드를 바꾸지 않는다.

하지만 '스마트폰과 오토바이 중 어떤 것을 선호하는가?'라는 질문을 받으면 솔직히 답변이 쉽지 않다. 스마트폰에서 얻고자 하는 욕구와 오토바이를 통해 얻고자 하는 욕구가 다르고 서로 비교를 통해 선호도를 가릴 수 있는 요소가 없기 때문이다. 사람들은 선호도를 비교하기 어려울 때 감정적 요소가 반영된 직관적 평가에 따라 결정하고 일정 범주 안에서 결정된 선호도는 곧잘 비합리적인 결과로 나타난다.

미국의 법학자이며 리처드 세일러와 함께 『넛지』를 저술한 캐스 선스타인Cass R. Sunstein은 미국 정부 부처의 과태료 체계를 조사했다. 그 결과 근로자의 안전 관련법을 위반하면 최고 7,000달러의 과태료를 부과하고 야생조류 보전법을 위반하면 최고 2만 5,000달러의 과태료가 부과된다는 사실을 찾아냈다. 생각해보자. 사람의 안전 규정을 위반했을 때 내야 하는 벌금 7,000달러와 야생조류의 안전 규정을 위반했을 때 내야 하는 벌금 2만 5,000달러는 합리적인가?

이 두 개의 과태료 조항은 분명 비합리적이다. 하지만 두 개의 과태료 체계를 나란히 비교하기 전까지 그 비합리성은 밖으로 드러나지 않는다. 각 부처 안의 과태료 조항끼리 비교하면 7,000달러와 2만 5,000달러는 나름 일관된 기준으로 책정된 금액이지만 시야를 넓혀 다른 부처의 과태료 체계와 비교하면 과연 벌금을 책정하는 기준에 일관성이란 게 있는 것인지 되묻게 된다.

선택이 언제나 같은 범주 안에서 이루어진다면 꽤 일관된 기준으로 합리적인 결정을 내릴 수 있다. 하지만 현실 속 우리의 삶은 오히려 범주를 넘나드는 사건의 연속에서 의사결정을 해야 한다. 어떻게 하면 비합리적 선택의 오류에서 벗어날 수 있을까? 선택의 순간마다 자신의 선호도를 의심하고 긴장하며 살 수는 없지만 의사결정에서 하나의 사건에 매몰되지 않고 더 포괄적인 프레임으로 다른 사건들과 공동으로 평가하는 것이 중요하다는 사실을 기억한다면 비합리적 선택의 위험을 줄이는 데 도움이 될 수 있다.

시간이 길어지면 선호도는 역전된다

계획을 한 번도 세워보지 않은 사람은 없다. 그래서 누구나 공감하는 사실이 있다. 단기적 계획은 지키기가 수월한 반면 장기적 계획은 결심으로만 끝나는 경우가 많다는 것이다. 해마다 '올해의 결심' 상위권을 차지하는 금연과 다이어트 계획은 성공하기가 왜 그렇게 어려운 걸까? 단지 인내심의 문제일까? 행동경제학은 이를 시간의 선호도 역전으로 설명한다. 사람들은 먼 미래에 발생할 사건과 가까운 미래에 발생할 사건을 다르게 평가하는데 시간이 멀어지면 선호도가 역전되는 현상이 발생한다.

금연계획을 예로 보자. 금연은 건강을 위해 필요한 일이고 바른 선택이다. 금연에 성공한 후 미래에 얻게 될 이익을 생각하면 해야 할 당위성이 충분하다. 금연의 선호도가 높아지고 해낼 수 있다는 자신감도 커진다. 하지만 매일 겪는 상황은 여의치 않다. 함께 흡연하던 동료와 여전히 어울려야 하고 스트레스를 받을 때 의지했던 담배 한 모금의 위안을 포기해야 한다. 얻는 것은 미래의 일이고 포기하는 것은 당장 눈앞의 현실이다. 미래의 건강(이익)보다 당장 포기해야 하는 사건들(손실)은 더 고통스럽다. 결국 금연의 선호도는 원래의 흡연 선호도로 역전된다.

장기적으로 옳은 목표를 세우고도 단기적 손실을 더 참지 못하는 건 손실회피 심리다. 4대 보험(고용보험, 산재보험, 국민건강보험, 국민연금)은 좋은 직장의 디폴트 옵션이다. 개인의 미래를 위한 사회적 안전망이기에 구직자들도 선호한다. 그런데 만약 급여에서 4대 보험료를 공제하지 않고 그만큼의 비용을 돈으로 받는 옵션을 선택할 수 있다면 유지할까? 그렇지 않을 가능성이 높다.

사람들은 직장인 보험, 퇴직금, 노후연금, 저축 등 장기적 투자를 손실로 받아들인다. 먼 미래를 위해 급여에서 매월 빼는 돈을 손실로 느끼기 때문에 개인의 선택에 맡기면 적극 대비하지 않는 것이다. 믿기 어렵다면 급여명세서에서 꼬박꼬박 공제되는 4대 보험료를 어떤 심정으로 봤는지 떠올려보기 바란다. 매달 이유 없이 빠져나가는 돈처럼 느껴져서 투덜거렸던 기억이 또렷하게 날 것이다. 당장 그 돈으로 할 수 있는 여러 가지 일들을 포기할 때 마음은 쓰리고 아프다.

당장 먹을 수 있는 사과 한 개가 일주일 후 먹을 수 있는 사과 두 개보다 더 선호되고 1년 후 받기로 한 10만 원보다 지금 당장 받을 수 있는 5만 원에 더 마음이 끌린다. 먼 미래의 계획을 당장 하고 싶은 소소한 일들보다 중요하게 생각하지 않는다면 미래의 어느 날 후회할 일들은 더 많아질 것이다. 장기냐, 단기냐에 따라 달라지는 시간의 선호도 역전현상은 매우 비합리적이다. 하지만 그러한 심리는 여전히 우리의 선택을 좌우하고 있다.

왜 똑같은 돈인데
다른 가치를 매길까?

심리계좌

영희와 순희는 함께 유명 밴드의 공연을 보러 갔다. 영희는 공연장에서 직접 티켓을 사기로 했고 순희는 미리 티켓을 예매했다. 그런데 매표소 앞에서 황당한 일이 벌어졌다. 영희는 티켓을 살 돈 10만 원을 잃어버렸고 순희는 예매한 10만 원짜리 티켓을 잃어버렸다. 당신이 영희라면 티켓을 살까? 또 당신이 순희라면 다시 티켓을 구매할까?

영희와 순희는 같은 문제에 직면했다. 사람들이 합리적 선택을 한다면 둘 다 티켓을 사거나 공연을 포기해야 한다. 대니얼 카너먼과 아모스 트버스키가 던진 이 질문에서 사람들은 매우 다른 결정을 내렸다. 돈을 잃어버린 영희의 입장이 되었을 때 기꺼이 티켓을 구매하겠다는 대답은 88%에 달했다. 하지만 표를 잃어버린 순희의 입장이 되었을 때 티켓을 다시 구매하겠다는 대답은 46%에 그쳤다.

영희와 순희가 잃어버린 돈이나 티켓은 똑같이 10만 원의 가치이다. 하지만 사람들은 영희가 잃은 돈과 순희가 잃은 돈에 서로 다른 가치를 부여했다. 심리계좌Mental accounting의 영향 때문이다. 심리계좌란 쉽게 표현하면 마음속에 돈을 구분해 넣어두는 주머니다. 생활비, 문화비, 의류비, 경조사비, 여행비 등 자신의 돈에 이름표를 붙여 같은 범주의 심리계좌에 넣어둔다. 현실에서 돈의 가치는 딱 그 액수만큼이다. 하지만 사람들은 그 돈을 어느 심리계좌에 넣어두었고 어떻게 사용하는지에 따라 가치를 다르게 인식한다. 생활비 10만 원은 큰돈이라며 아끼는 사람이 여행비 10만 원은 아무렇지 않게 쓸 수 있는 적은 돈으로 생각할 수도 있다.

영희와 순희의 상황에서 사람들의 선택이 달랐던 것은 두 사람이 잃어버린 돈의 심리계좌가 달랐기 때문이다. 영희가 잃어버린 10만 원은 운이 없어서 잃어버린 돈일 뿐 문화생활 계좌에 들어 있는 돈이 아니다. 다행히 지갑 속에 티켓을 살 돈이 남아 있다면 공연을 보면서 속상한 기분을 훌훌 털어버리자고 마음 먹을 수도 있다. 반면 순희가 이미 구매한 티켓은 마음속 공연 관람 계좌에서 인출한 돈이다. 공연 관람을 위해 이미 10만 원을 썼는데 다시 티켓을 구입하면 20만 원에 티켓을 구입하는 것이 된다. 10만 원짜리 공연을 20만 원에 볼 것인가, 말 것인가 고민하게 된다. 만일 공연계좌에 10만 원만 책정했다면 결국 티켓을 구매하지 않을 확률이 더 높아진다. 같은 액수의 10만 원을 각각 다른 심리계좌에 넣은 탓에 영희와 순희는 전혀 다른 선택을 하게 되었다.

이름표에 따라 달라지는 돈의 가치

심리계좌는 돈을 대하는 매우 주관적이고 좁은 프레임이다. 이익과 손실을 계산해 돈을 다르게 사용한다. 길에서 5만 원을 주웠다고 해보자. 심리계좌에 없던 돈이 생겼다. 공돈 계좌에 들어간 5만 원은 심리적 가치가 크지 않다. 그날 당장 써버려도 아깝지 않은 돈이다. 그러나 종일 아르바이트를 해서 5만 원을 벌었다면 얘기가 달라진다. 길에서 주운 5만 원과는 비교할 수 없을 만큼 심리적 가치가 크다. 당장 수입계좌에 넣게 되고 함부로 쓸 수 없는 돈이 된다. 도박장에서 큰돈을 딴 사람은 그 돈을 다시 도박자금으로 사용하기 쉽다. 결국엔 모두 잃게 되지만 도박 계좌는 쾌락을 목적으로 넣어놓은 돈이므로 전부 없어진다고 하더라도 자신이 잃은 돈이 얼마나 큰돈이고 아깝게 날려버린 것인지 깨닫지 못한다.

5,000만 원의 자동차를 구입하면서 150만 원의 선루프 옵

션을 선택하고 합리적 가격에 계약했다고 만족한 사람이 그날 저녁 마트에서는 포기당 2,000원이 오른 배추가 너무 비싸서 김치를 담그지 않겠다고 결정할 수 있다. 150만 원을 더 지급한 것은 합리적 소비이고 2,000원을 더 지급하는 것은 과소비라고 느끼는 것이다. 이 또한 심리계좌의 영향이다. 150만 원의 선루프는 차량구입계좌에 들어 있는 돈이다. 5,000만 원을 쓰는데 150만 원은 상대적으로 큰돈이 아니다. 반면 생활비계좌에는 다른 계산법이 적용된다. 가격이 오르기 전 고작 1,000원이었던 배추가 눈에 아른거리고 무려 100%가 오른 2,000원은 상대적으로 큰돈으로 생각된다.

사람들이 심리계좌를 이용하는 이유는 돈을 쓸 때마다 전체 소비항목을 일일이 비교하기 어렵기 때문이다. 4,500원짜리 커피 한 잔을 사면서 4,500원으로 살 수 있는 모든 소비항목을 떠올리고 합리적인 소비인지 아닌지 손익을 계산할 수는 없다. 하지만 비슷한 항목끼리 묶어서 심리계좌를 만들고 그 안에서 비교하면 계산이 쉽다. '밥값이 6,000원인데 커피가 4,500원이라니 너무 비싼 거 아니야?'라거나 '밥값이 2만 원인데 커피값이 4,500원이면 적당하지.'라는 방식으로 소비를 평가하는 것이다.

하지만 심리계좌로 돈의 가치를 평가하는 건 전혀 합리적이지 않다. 지갑에 들어오는 돈도 나가는 돈도 어차피 다 내 돈인데 이름표를 다르게 붙여놓고 손익을 계산하면 돈의 객관적 가치를 무시하게 되기 때문이다. 생활비가 부족해 고금리의 마이너스 통장을 사용하면서 다른 계좌에 여행, 문화, 오락을 위한 돈을 저축하고 있다면 합리적으로 돈을 쓰고 있는 걸까? 또 금리가 매우 낮은 예금에 돈을 묶어놓고 고금리의 신용카드 대출로 생활비를 충당한다면 과연 옳은 결정일까? 평소 자신의 돈을 얼마나 합리적으로 통제하고 있는지 점검이 필요하다.

과거에 발목 잡힌 미래 −매몰비용의 오류

하필 크리스마스 송년 음악회가 열리는 날 폭설이 내리기 시작한다. 공연장은 1시간 동안 운전해야 갈 수 있는 거리다. 이때 고가의 돈을 주고 티켓을 산 사람과 공짜로 초대권을 받은 사람 중 누가 음악회에 가려는 의지가 높을까? 당연히 돈을 주고 산 사람이다. 티켓을 사느라 하루 동안 줄을 섰고 이미 30만 원이란 돈을 썼기 때문이다. 만약 가지 않으면 30만 원과 하루의 시간이 모두 손실이다. 반면 공짜 초대권을 받은 사람은 가지 않아도 부담이 없다. 어차피 공돈 심리계좌에 들어온 돈이고 잃어도 손실의 고통이 크지 않기 때문이다.

심리계좌는 손실회피 심리에 민감하게 반응한다. 이미 쓴 돈의 결과가 나쁠 때 심리계좌는 그대로 포기하지 못한다. 포기하면 손실이고 손실은 고통스럽기 때문에 피하려고 한다. 따라서 잘못된 결정이라도 자신의 선택을 계속 유지하게 된다.

맛도 없는 뷔페식당에서 그냥 나가자니 이미 쓴 돈이 너무 아까워서 설사 소화제를 먹을지언정 끝까지 먹고 나오기도 하고 주식이 폭락하는데 투자한 돈이 아까워서 들고 있다가 매도 타이밍을 놓치기도 한다. 심리계좌는 돈만을 비용으로 계산하지 않는다. 시간과 노력도 비용이다. 관계가 나빠진 연인과 헤어지지 못하는 이유의 상당 부분은 그동안 들인 시간과 노력이 아까워서인 경우가 많다.

이미 투자한 비용이 아까워서 과거 결정에서 벗어나지 못하고 비합리적 결정을 하게 되는 것을 매몰비용 오류Sunk cost fallacy라고 한다. 매몰비용은 되찾을 수 없는 돈이다. 하지만 심리적으로 마치 기회비용인 듯 착각하기 쉽다. 기회비용은 선택으로 포기하는 돈, 시간, 노력 등을 말하며 원래의 선택을 바꾸면 기회비용은 회수할 수 있다. 휴가를 내서 여행을 갈 경우, 여행경비와 포기하게 될 임금은 기회비용이다. 만일 여행을 가지 않으면 지불할 필요가 없고 회수할 수 있는 돈이기 때문이다. 그러나 투자손실금액이나 예약을 취소하지 못해 돌려받지 못하는 돈이나 도박으로 잃은 돈 등은 매몰비용이다. 다른 이익으로 대체하거나 투자한 자원을 회수할 방법이 없다.

매몰비용에 대한 집착은 참담한 결과로 이어진다. 미국 정부는 무려 15년 동안 지속된 베트남전쟁에서 전쟁으로 얻어낼 성과가 별로 없다는 사실을 일찌감치 알았다. 그러나 전쟁을 끝내지 못했다. 이미 너무 많은 병사가 죽었고 승전보도 없이 끝나면 병사들의 희생이 헛될 수 있다는 논리였다. 그래서 전쟁을 지속했고 더 많은 병사가 희생되었다. 당시 과거 희생된 병사가 아니라 앞으로 살릴 수 있는 병사를 생각하고 종전을 선택했다면 좋았을 것이다. 안타깝게도 미국의 의사결정자들은 매몰비용 오류에서 벗어나지 못했다.

매몰비용 오류는 개인보다 집단에서 더 강하게 나타난다. 이미 손을 쓰기 어려울 정도로 망가진 프로젝트를 더 많은 돈을 들여서라도 지속하는 이유는 선택의 결과를 손실로 마무리하지 않으려는 심리계좌의 성향과 손실로 나빠질 개인의 평판을 고민하는 이기심의 산물이다. 여기에 내 돈이 아니라서 더 과감하게 위험을 선택하는 의사결정자의 도덕적 해이가 더해지면 결과는 매우 참담해진다.

매몰비용 오류는 장기적 계획을 수행할 때 더 경계해야 한다. 중간 점검의 타이밍에서 매몰비용 오류가 의사결정에 개입할 가능성이 높다. 이때 앞으로의 가능성보다 그동안 흘린 피와 땀과 눈물과 들인 비용이 더 생생하게 떠오른다면 '혹시 매몰비용 오류인가?' 의심하는 게 좋다. 합리적 선택의 기준은 과거 쓴 비용이 아니라 '계속해서 진행해야 할 가치가 있는가'이어야 한다.

7강
왜 그렇게 손해를 싫어할까?

: 당신은 합리적 선택자가 아니다

옆집 소를
죽여주세요

행동경제학

러시아의 작은 시골 마을에 가난한 농부와 부자 농부가 이웃해서 살고 있었다. 가난한 농부는 늘 부자 농부가 부러웠다. 그러던 어느 날 부자 농부가 소를 한 마리 사오자 가난한 농부의 부러움은 극에 달했다. 그는 매일 저녁 신께 제발 자신의 소원을 들어달라며 기도를 드렸다. 신은 그의 정성에 감복해 소원을 들어주겠노라 했다. 가난한 농부는 신께 원하는 것을 말했다.

"옆집 소를 죽여주세요."

잘 알려진 러시아의 민담이다. 가난한 농부가 부자가 될 수 있는 천금 같은 단 한 번의 기회를 마다하고 이웃집 소를 죽여

달라고 한 것을 어떻게 이해해야 할까? 인간이 이성적 존재라는 오랜 철학의 가르침과도 맞지 않고 경제 활동에서 효율과 최대의 이익을 추구하는 합리적 선택자의 모습도 아니다. 가난한 농부는 한낱 이야기 속 허구의 인물이므로 실제 우리의 모습이 아니라고 항변할 수도 있다. 아무래도 이야기 속 가난한 농부의 어리석음을 자신과 동일시하긴 쉽지 않을 것이다. 그러나 가난한 농부의 심리를 전혀 공감할 수 없다고 말할 수도 없을 것이다. 과연 현실 속 우리 인간은 러시아의 가난한 농부와는 많이 다를까?

친구와 같은 회사에 입사해 연봉계약을 앞둔 당신에게 두 개의 연봉체계 중 하나를 선택할 기회가 생겼다고 가정해보자.

> (A) 당신은 3,000만 원을 받고 친구는 2,000만 원을 받는다.
> (B) 당신은 4,000만 원을 받고 친구는 5,000만 원을 받는다.

자, 무엇을 선택하고 싶은가? 사실 고민할 필요도 없는 문제다. 더 많은 연봉을 선택하면 그만이다. 하지만 실제 실험에서 사람들은 객관적으로 더 많은 액수의 (B)형 연봉체계 대신 '친구보다 더 많은'(A)형 연봉체계를 선택했다. 이익을 거부하고 오히려 손해를 보는 선택을 했다. 합리적 계산보다 남과 비교를 통해 가치를 결정했기 때문이다. 이것이 바로 대비효과

contrast effect이다. 사람들은 절대적 기준이 아니라 다른 대상과 자신을 비교해 평가하는 것이다. 그러다 보니 평가자의 판단은 왜곡되고 합리적이지 않은 결과로 나타난다.

학기가 끝나고 성적표가 나오면 늘 일부 학생들의 방문을 받는다. C 학점을 받은 학생은 이런저런 사정을 얘기하며 학점을 올려달라고 읍소를 한다. B 학점을 받은 학생들은 열심히 했는데 왜 A 학점이 아닌지를 묻는다. 그런데 불만이 없을 것 같은 A 학점의 학생들도 찾아온다. 왜? 이들은 자신이 아닌 친한 동기의 학점에 불만을 제기한다. "저희가 친한 사이이긴 하지만 그 친구는 열심히 공부하지 않았고 제 과제를 많이 참조했는데 똑같은 A 학점을 받으면 부당한 것 아닌가요?"라고 한다. A 학점을 받았음에도 상대의 학점과 비교해보니 만족은커녕 오히려 손해를 봤다고 생각하는 거다. 더 많은 연봉 대신 친구보다 많은 연봉을 선택하고 친구의 학점이 B 학점이 되어야 자신의 A 학점이 비로소 가치가 있다고 생각하는 것이다. 이러한 우리의 모습은 러시아 민담 속 가난하고 어리석은 농부와 너무나 닮았다.

왜 '너도 죽고 나도 죽자'는 선택을 할까

삶은 수많은 선택의 연속이다. 실제로 우리의 매일 매 순간은 선택이고 결정이다. 출근길에 어떤 옷을 입을지, 점심때 밥을 먹을지 햄버거를 먹을지 등 소소한 선택도 하고 어느 대학에 갈지, 어떤 회사에 입사할지, 누구와 사귀며 언제 결혼할지, 주식에 투자할지 아니면 부동산에 투자할지 등 중요한 선택을 해야 할 때도 있다.

인생이 곧 선택이라면 결정은 매우 현명해야 한다. 경제학은 인간의 선택을 연구하는 학문이다. 전통적인 표준경제학은 인간이 경제활동을 할 때 자신의 이익을 극대화할 수 있는 의사결정을 내린다고 말한다. 어떤 상황에서도 변함없이 일관된 선호도(원하는 것)로 선택하고 계산에 철저하고 논리적이며 늘 최대의 효율성을 추구한다. 2017년 노벨경제학상을 받은 리처드 세일러Richard H. Thaler는 이토록 완벽한 인간을 경제적 인간Homo Economicus, 즉 이콘Econ이라고 불렀다. 그런데 생각해 보자. 우리는 과연 이콘일 수 있을까?

완벽한 이콘의 개념을 부정할 수밖에 없는 유명한 실험이 있다. 독일의 경제학자 베르너 귀스Werner Guth가 고안한 최후통첩 게임Ultimatum game이다. 길을 가는 두 사람을 무작위로 뽑아 게임을 제안한다. 한 사람(A)에게 돈을 주고 같이 있는 다른 사람(B)과 마음대로 돈을 나눠 가지라고 한다. 공짜로 주는 돈이지만 여기에는 한 가지 규칙이 있다. 돈을 받는 입장의 B는 A가 나눠주는 돈의 액수가 마음에 들지 않으면 돈을 거절할 수 있다. 만약 B가 A의 제안을 거절하면 A와 B 두 사람 모두 빈손으로 돌아가야 한다. A와 B가 완전히 합리적인 인간인 이콘이라면 어떤 선택을 할까? 돈을 갖고 있는 A는 자신의 몫을 최대로 확보하기 위한 선택을 할 것이다. 아무것도 주지 않으면 B가 제안을 거부할 수 있으므로 약간의 배분, 즉 가장 적은 금액을 줄 것이다. B는 얼마가 되든 공돈이 생기기 때문에 수용하는 게 이익이다. 결과는 어땠을까? 여러 차례의 실험에서 A는 받은 돈의 평균 40~50%를 건넸다. B는 A가 30% 이하의 돈을 제안한 경우 거부했다.

A와 B의 선택은 둘 다 전혀 이콘답지 않다. A는 완벽하게 계산적이지 않았다. 너무 적은 금액을 제안하면 B가 거절할 것을 알았다. 직접 물어보지 않아도 '만약 나라면 어땠을까?' 생각해보고 상대의 심리를 이해한 것이다. 그런가 하면 원래 빈손이었던 B는 아무리 적은 돈이라도 무조건 이익을 챙길 기회를 버리고 '너 죽고 나 죽자'는 선택을 했다. A가 갖고 가는 돈과 비교했을 때 자신에게 건넨 돈이 공정하지 않다고 판단해 감정이 상한 것이다. 원래 자신의 몫이 아니었던 돈이지만 남이 가진 돈을 기준으로 공정성을 판단한 것이다.

상황에 따라 달라지는 합리성

이번에는 게임의 규칙을 바꿔봤다. 노벨경제학상을 받은 심리학자 대니얼 카너먼Daniel Kahneman은 최후통첩 게임과 마찬가지로 공짜로 생긴 돈을 서로 나눠 갖는 게임에서 돈을 분배하는 A의 제안을 B가 거절할 수 없도록 규칙을 변경하고 사람들이 이콘이 되는지를 살펴봤다. 독재자 게임Dictator game이라는 실험이다. 돈을 가진 A가 B에게 얼마를 주든 B는 거절할 수 없으므로 A는 전액을 혼자 가질 수 있다. 따라서 A가 이콘이라면 B에게 돈을 주지 않을 것이다. 하지만 실험에서 대다수의 A는 돈을 주었다. 그러나 최후통첩 게임 때보다 훨씬 적은 액수였다.

사람들은 최후통첩 게임과 상황이 바뀌자 합리적 분배에 대한 기준을 거리낌 없이 바꿔버렸다. 물론 실험자 중 소수는 분배하지 않는 경우도 있었지만 70%의 사람들은 여전히 상대의 감정을 고려하고 자신의 감정이 반영된 심리적 선택을 했다. 사람들은 최후통첩 게임과 독재자 게임에서 감정이나 심리에 상관없이 완벽하게 계산하고 합리적으로 선택하는 이콘의 모습을 보이지 않았다. 솔직히 이런 실험이 아니라도 우리 자신을 돌아보면 스스로 이콘인지 아닌지 알 수 있다. 현실에서 우리는 때론 합리적이지만 대체로 매우 비합리적인 선택을 하고 고통받는 일이 비일비재하다. 상황이 바뀌면 언제든지 선호도를 바꾸고 결정도 바꾼다. 분명한 이익 앞에서도 남과 비교해 부당하다고 판단하면 차라리 같이 망하는 길을 서슴없이 선택한다. 이성과 합리적 계산 따위는 감정과 직관으로 쉽게 무시해버린다. 실제 세상에서 살고 있는 우리는 이콘이 아니라 휴먼이다.

휴먼의 선택은 심리의 영향을 받는다. 따라서 심리를 이해해야만 인간의 잦은 비합리적 행동을 설명할 수 있고 예외적 경제 현상도 분석하거나 예측할 수 있다. 경제 주체로서 이콘이 아닌 휴먼의 선택을 연구하는 행동경제학이 탄생한 이유다.

비합리적인 휴먼들의 경제학 전망이론

행동경제학은 매우 현실적인 인간 휴먼의 결정을 연구한다. 휴먼의 선택에 결정적 영향을 미치는 건 수학이 아니라 심리다. 뭐든 비교를 통해 상대적으로 가치를 평가한다. 예를 들어 100만 원은 100만 원의 가치를 가진 재화이다. 하지만 심리는 상황과 감정에 따라 100만 원을 100만 원 이상의 가치로 평가하기도 하고 그 이하로 평가절하하기도 한다. 선호도가 그때그때 달라지는 이유다. 손익을 심리로 따져 이해하고 공정성에 집착한다. 무엇보다 이런 성향들이 결정에 개입하는 상황을 스스로 통제하지 못한다. 한 마디로 우리 인간은 합리적 선택을 하기 어려운 존재다.

인간의 비합리적 사고는 특히 미래의 결과를 예측하기 어려운 상황에서 의사결정을 할 때 두드러진다. 행동경제학의 창시자 대니얼 카너먼과 아모스 트버스키Amos Tversky는 2002년 노벨경제학상 수상의 바탕이 된 '전망이론Prospect theory'에서 이익과 손실이 뒤섞인 불확실한 상황에서 인간의 선택은 세 가지 조건에 영향을 받는다고 밝혔다.

첫째, 준거점(기준점)Reference Point의 비교이다. 인간은 부의 가치를 돈의 절대적 크기가 아니라 상대적인 이익과 손실로 평가한다. 정답을 알 수 없는 상황에서 가치를 평가할 때 기준이 되는 것은 각자의 마음속 준거점이다. 준거점에 따라서 같은 상황에서도 다른 선택을 하기도 하고 손실과 이익의 가치를 오판하기도 한다.

둘째, 민감도 체감성Diminishing Sensitivity이다. 우리는 이익이나 손실이 커질수록 오히려 그 차이를 덜 민감하게 느끼는 경향이 있다. 처음 100만 원을 벌거나 잃었을 때 느끼는 심리적 가치는 매우 크다. 하지만 이익이 계속 커지거나 손실이 계속 커지면 그 가치를 느끼는 정도가 오히려 많이 줄어든다. 그러다 보니 손실의 위험이 매우 커서 절대로 해서는 안 될 무모한 도박에도 뛰어드는 상황이 발생한다.

셋째, 손실회피Loss Aversion 심리다. 인간은 이익과 손실(위험)의 확률을 합리적으로 평가하기가 어려워 같은 액수의 돈인데도 이익의 상황인가, 손실의 상황인가에 따라 그 가치를 다르게 평가한다. 100만 원의 돈을 벌었을 때 느끼는 행복의 크기보다 100만 원의 돈을 잃었을 때 느끼는 고통의 크기가 두 배 이상이다. 그러다 보니 일단 손실이라고 생각되는 상황은 피하는 선택을 하게 된다. 하지만 손실과 이익의 크기를 객관적으로 평가하기 어려워서 손실회피 심리는 오히려 더 큰 손해를 자초하기도 한다.

왜 더 많은 연봉을 받아도 불행할까?

전망이론

부자란 아내의 여동생 남편보다 1년에 100달러를 더 많이 버는 사람이다.

-H. L. 멘켄

사람들이 부의 값을 판단할 때 쉽게 하는 방법은 비교다. 남과 비교를 하든, 과거의 경험과 비교를 하든, 혹은 미래의 결과에 대한 기대치와 비교를 하든 가치를 평가하려면 기준점이 필요하다. 자신의 연봉이 얼마이든 비교의 기준점인 '아내의 여동생 남편의 연봉'보다 많이 벌면 만족도(효용성)는 높아진다. 객관적인 연봉의 액수보다 가치가 높게 평가되는 것이다.

기준점은 좋고 나쁨이나 이익과 손실의 상황을 판단하는 잣대이지만, 개인의 직간접적 경험이 반영되므로 주관적이고 가변적이다. 새로운 기준점이 생기면 가치에 대한 평가도 변하고 결정도 바뀐다.

사람은 변화에 반응한다

올해 연봉 협상에서 철수의 연봉은 500만 원이 올라 5,000만 원이 됐다. 철수의 동창생 영수는 연봉이 500만 원 삭감되어 6,000만 원이 됐다. 철수와 영수의 연봉 차이는 1,000만 원이다. 이 두 사람 중 누가 더 행복할까? 현재 부의 크기가 만족도(효용성)와 비례한다면 절대적 금액의 크기를 기준으로 철수보다 연봉이 높은 영수가 더 행복해야 한다. 하지만 잠시 '만약 나라면 어떨까?'라고 생각해보자. 생각이 조금 바뀔 것이다. 영수는 철수보다 연봉이 높지만 철수보다 더 행복하지는 않다. 이유는 준거점 때문이다.

철수의 평가 기준, 즉 준거점은 지난해의 연봉 4,500만 원이다. 준거점보다 높은 연봉을 받게 된 철수는 실제 5,000만 원의 가치보다 더 큰 만족을 느낀다. 하지만 영수의 준거점은 올해보다 500만 원이 높았던 지난해의 연봉 6,500만 원이다. 준거점보다 낮은 연봉을 받은 영수는 기분이 좋지 않다. 철수의 연봉보다 1,000만 원이나 많지만 영수가 느끼는 연봉 6,000만 원의 가치는 철수의 연봉 5,000만 원보다 더 높지 않다. 또한 영수의 연봉이 다시 올라서 6,500만 원이 된다고 해보자. 그런데 그때 철수의 연봉이 더 많이 올라서 영수와 같은 6,500만 원이 된다면 어떨까? 과연 영수는 6,500만 원으로 오른 연봉을 받는 것이 즐거울까? 아마 그렇지 않을 것이다.

사람들은 객관적 부의 크기보다 자신의 준거점을 기준으로 나타나는 변화를 통해 가치를 평가한다. 준거점의 옳고 그름은 상관없다. 자신의 기준보다 높으면 이익이고 성공이며 기준보다 낮으면 손실이고 실패다. 따라서 사람들은 준거점 밑으로 떨어지는 손해를 적극 회피하려는 선택을 한다. 잠시 도박장에 있는 자신을 상상해보자. 테이블 위에 두 개의 게임 중 하나를 선택할 수 있는 카드가 있다. 당신은 가진 돈 1,000만 원을 걸고 게임을 해야 한다. 어떤 카드를 선택하겠는가?

> A카드: 1,000만 원 당첨 확률 50%와 4,000만 원 당첨 확률 50%(기댓값: 500만+2,000만=2,500만 원)
>
> B카드: 2,000만 원 당첨 확률 100%(기댓값: 2,000만 원)

A카드를 선택하면 가진 돈 1,000만 원이 4배로 불어날 확률과 원금을 지킬 확률이 반반이다. B카드는 무조건 2배가 이익이다. 이때 대부분의 사람들은 비록 A가 기댓값이 높더라도

안전하게 이익을 챙길 수 있는 B 카드를 선택한다.

자, 이번에는 당신에게 4,000만 원의 돈이 있다. 가진 돈을 모두 걸고 똑같은 게임을 해야 하는 상황에 놓여 있다. A카드와 B카드의 내용은 앞과 같고 게임을 통해 얻게 될 돈의 액수도 '1,000만 원을 받거나 4,000만 원 받기 혹은 2,000만 원 받기'로 똑같다. 하지만 이번엔 게임의 조건이 만족스럽지 않다. 일단 B는 재산 4,000만 원이 무조건 절반으로 줄어든다. 반면 A를 선택하면 4,000만 원이 4분의 1로 줄 위험이 있지만 50%의 확률로 원금을 보전할 가능성도 있다. 이때 대다수의 사람들은 A카드를 선택했다.

똑같은 조건의 게임에서 서로 다른 선택을 하는 이유는 준거점이 달랐기 때문이다. 1,000만 원이 준거점일 때 확실하게 2배의 이익을 얻을 수 있는 B카드는 운이 나쁘면 50%의 확률로 아무런 이익을 얻지 못하는 A카드보다 매력적이다. 하지만 준거점이 4,000만 원이 되면 얘기가 달라진다. 무조건 절반의 돈을 잃어야 하는 B카드는 피하고 싶어진다. 대신 가진 돈의 4분의 3을 잃더라도 차라리 원금 보전의 기회가 있는 선택을 더 선호하게 된다.

효용성은 상대적이다. 준거점이 바뀌면 효용성도 바뀐다. 해마다 같은 액수의 보너스를 받는다고 생각해보자. 입사 초기 3,000만 원의 연봉을 받을 때와 4년 후 4,000만 원의 연봉을 받을 때 보너스의 액수가 그대로라면 보너스로부터 얻는 효용이 똑같을 수 있을까? 이 경우 같은 액수의 보너스는 오히려 이익이 아닌 손실의 감정을 키운다. 보너스를 줘도 정작 만족은커녕 불만만 커질 수 있다. 사람들은 임금이 오른 만큼 보너스도 함께 올라야만 만족한다. 객관적 가치가 아닌 준거점에서 변화된 크기로 가치를 평가하기 때문이다.

기대 심리가 만드는 준거점

복권 1등 당첨자가 나온 판매점 앞에 줄을 길게 선 사람들을 본 적이 있을 것이다. 이들은 모두 복권당첨을 원하고 그래서 오랜 시간 줄을 서는 수고도 마다치 않는다. 하지만 당첨 확률이 매우 낮다는 사실 또한 알고 있으므로 기대치는 높지 않다. 되면 좋지만 아니면 말고 정도의 기대 수준이다. 하지만 복권 당첨금의 규모가 매우 커지거나 당첨 확률이 매우 높아진다면 기대 심리도 덩달아 높아진다. 높은 기대치는 준거점을 높이고 준거점에 도달하지 못한 결과는 손실로 인식된다.

철수 : 1억 원 딸 확률 100만 분의 1
영희 : 1만 원 딸 확률 90%, 0원 확률 10%
영수 : 1억 원 딸 확률 90%, 0원 확률 10%

세 명의 친구들이 재미로 복권을 샀다. 처음에는 큰 기대가 없는 만큼 세 사람의 준거점은 0의 수준이다. 그런데 각자 복권의 내용을 보는 순간 세 사람의 태도는 모두 달랐다. 철수는 "당첨이 되면 좋겠지만……"이라며 웃었고 영희는 "되든 안 되든 상관없지."라고 말했다. 하지만 영수는 긴장한 모습이 역력하다. "1억 원에 당첨되면 뭐 하지?"라며 기대를 감추지 못했다.

일주일 후 결과가 나왔다. 세 사람 모두 당첨이 되지 않았다. 당첨 확률이 낮은 복권을 가졌던 철수는 처음부터 기대가 없었고 그래서 실망도 없었다. 영희도 마찬가지다. 당첨 확률은 높았지만 당첨금이 겨우 1만 원이기 때문에 특별히 신경을 쓰지 않았다. 하지만 영수는 마치 1억 원을 잃어버린 사람처럼 크게 실망했다.

세 명의 태도는 모두 준거점으로 설명이 된다. 여기서 준거점은 당첨금액에 대한 기대치다. 처음부터 기대가 없었던 철수와 영희의 준거점은 복권을 사기 전과 후에 변화가 거의 없다. 준거점이 낮았기 때문에 손실로 받아들이지 않았고 실망하지도 않았다. 반면 영수는 당첨 확률이 매우 높았기 때문에 준거점도 높았다. 그런데 그 결과가 준거점 밑으로 크게 떨어졌으니 손실로 받아들여 크게 실망했다.

이번에는 경품에 응모하는 상황이다. 두 개의 경품 중 원하는 대로 선택할 수 있다.

> 1번 경품 : 2억 원대 수입 자동차 당첨 확률 90%
> 2번 경품 : 2,000만 원대 국산 소형자동차 당첨 확률 100%

이때 1번을 선택하는 사람의 심리적 준거점은 당첨 확률이 매우 높은 2억 원대의 수입차다. 그렇기 때문에 10%의 확률로 당첨이 안 되었을 때 큰 손실의 감정을 갖게 된다. 하지만 그의 감정은 위 복권의 경우에서처럼 실망으로 끝나지 않는다. 욕심을 부리다 무조건 2,000만 원대의 자동차를 받을 수 있는 2번 옵션을 놓친 것을 후회하는 감정도 생기는 것이다. 우리는 결과가 준거점에 미치지 못했을 때 손실로 생각해 실망하거나 후회하는 것이다.

목표로서 준거점이 심리에 미치는 영향

사람들은 준거점 기준으로 손익을 평가하다 보니 준거점에 도달하면 목표를 달성했다고 생각하고 더 이상 노력을 하지 않는다. 예를 들어 택시 기사들에게 비가 오거나 날씨가 좋지 않은 날은 손님이 많아서 수익을 많이 올릴 수 있는 날이다. 따라서 이런 날에 평소의 준거점보다 더 많이 일해서 더 많은 돈을 벌어두면 손님이 없는 날의 손해를 메울 수 있다. 하지만 많은 기사가 비가 오는 날 목표 금액을 채우면 일찍 퇴근한다. 손님이 많지 않아서 목표 금액을 채우지 못한 날에는 '그때 돈을 더 벌어둘 걸……'이라며 후회하면서도 말이다. 우리는 대체로 정해놓은 준거점에서 크게 벗어나지 않는 선택을 한다.

하지만 이런 심리를 이용해 틈새 마케팅을 하는 사람들도 있다. 교통산업의 강자로 떠오른 우버Uber가 그 주인공이다. 우버는 날씨가 좋지 않아서 손님이 많이 몰리면 적극 고객을 유치해 수익을 올린다. 일반 택시와 다른 목표를 준거점으로 설정한 것이다. 고객이 많아 수익을 올릴 수 있을 때 돈을 벌어두면 고객이 적은 날엔 오히려 여유를 즐길 수 있다. 이처럼 준거점을 어떻게 설정하는가에 따라 다른 선택이 가능하다.

준거점을 융통성 있게 설정하고 활용해야 한다는 사실을 잘 알고 있지만 이런 심리에서 벗어나는 일이 쉽지 않다. 하루에 정해둔 원고량을 쉽게 채운 날은 이상하게 아무리 노력해도 책상 앞을 더 오래 지키기가 어렵다. 아이디어가 잘 떠오르지 않아서 단 한 줄도 쓸 수 없는 날을 대비해 미리 글을 써놓으면 좋으련만 목표를 채우고 나면 '게을러질 수 있는 권리'의 유혹에 빠져버린다. 우리는 이처럼 매일 준거점에 따라 생각하고 행동하는 비합리적인 선택을 반복하는 존재다.

왜 이익보다
손실의 고통이 더 클까?

손실회피

언제 어느 상황에서든 이익과 손실의 가치를 정확하게 가늠하고 합리적으로 판단할 수 있다면 얼마나 좋을까? 그러나 행동경제학 연구에 따르면 불행히도 우리에게 그런 능력은 매우 부족하다.

행동경제학자 리처드 세일러는 '상황에 따라 그때그때 다른 기준을 적용하고 이익과 손실에 대해 민감성 체감을 느끼며 이익에 따른 기쁨보다 손실에 대해 더 큰 슬픔을 느끼는' 인간의 심리가 판단과 결정을 좌우한다고 말했다. 주관적인 준거점 비교를 통해 이익과 손실을 평가하기 때문에 기본적으로 객관적이고 합리적인 판단이 어렵다. 게다가 이익과 손실이 커질수록 효용의 크기에 둔감해지는 '민감성 체감'의 성향과 손실의 가치를 지나치게 크게 평가해 피하려고만 하는 '손실회피' 심리가 개입한다. 이들 성향은 경제활동을 포함한 일상의 선택에 부정적인 영향을 미치게 된다.

부의 값이 늘수록 둔감해지는 판단력

1,000만 원을 가진 사람은 100만 원을 가진 사람보다 효용이 10배가 클까? 1,000만 원을 가진 사람이 100만 원을 가진 사람보다 효용이 큰 것은 분명하다. 하지만 부가 늘어난 만큼 비례해서 효용도 똑같이 10배로 커지는지는 쉽게 대답하기 어렵다. 부의 크기와 만족도가 비례한다면 돈이 많아질수록 효용도 무한대로 커져야 한다. 하지만 실제로 그렇지는 않다.

노벨경제학상 수상자 앵거스 디턴Angus Stewart Deaton과 대니얼 카너먼은 2008년부터 2009년까지 미국 전역 45만 명을 대상으로 경제력과 행복의 관계를 조사했다. 그 결과 연간 소득이 증가할수록 사람들의 행복감도 커졌지만 소득이 7만 5,000달러(약 8,500만 원)가 된 이후에는 행복감이 더는 높아지지 않는다는 사실을 알아냈다. 부의 값이 커질수록 오히려 그 가치를 작게 느끼는 민감성 체감의 성향이 심리에 반영되기 때문이다. 행복이 물질적 풍요에 의해 좌우될 것인가에 대해 이미 1974년 미국 경제학자 리처드 이스털린Richard Easterlin

은 "행복에도 한계효용의 법칙이 적용된다."라는 대답을 내놓았다.

가치함수 그래프

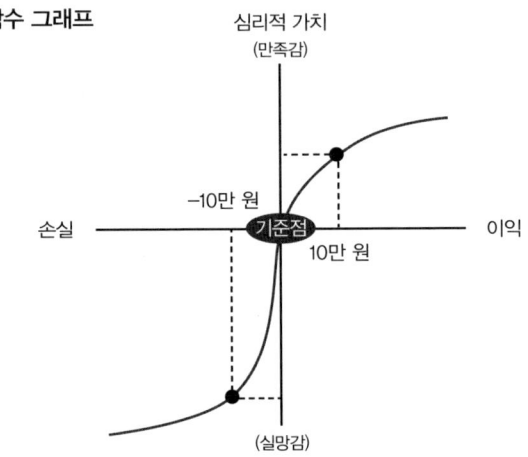

사람들은 길거리에서 10만 원을 주웠을 때 기쁨보다 10만 원을 잃어버렸을 때 더 큰 고통을 느낀다.

우리의 가치 판단을 좌우하는 세 가지 원칙인 준거점 비교, 민감성 체감, 손실회피 심리의 관계를 나타낸 것이 '가치함수 그래프'다. 가운데 준거점은 이익과 손실을 구분하는 기준이다. 그런데 이익이든 손실이든 값이 증가할수록 오히려 가치평가는 점점 야박해진다. 그러다 일정 수준에 도달하면 거의 평행선을 유지한다. 더 많이 벌거나 더 많이 잃어도 실제 가치보다 더 작게 느끼는 것이다. 우리에게는 정말 가치함수 그래프가 보여주는 심리가 있는 걸까?

열심히 돈을 모아서 생애 처음으로 1,000만 원대의 소형차를 마련했다고 상상해보자. 가슴 벅찬 '기쁨'을 느낄 것이다. 비록 소형차지만 애착이 생기고 무척 만족스럽다. 그리고 몇 년 후 다시 3,000만 원대의 차를 구매했다. 이때 절대적 만족감의 크기는 첫차보다 크다. 더 좋은 차이니 당연한 일이다. 하지만 그 만족도보다 정확히 세 배 이상이 되지는 않는다. 창업하고 매월 조금씩 매출이 증가할 때 그 가치는 매우 의미가 크다. 매출 규모에 상응하는 가치보다 더 큰 효용을 가질 수 있다. 그러나 회사가 커져 수백억 원의 규모로 매출이 증가하면 만족도가 커지지만 수백 배 커지는 것은 아니다.

손실도 마찬가지다. 투자 초기 손실이 발생하면 적은 돈이라도 무척 큰 심리적 충격을 받는다. 손실이 점점 커질수록 고통도 증가한다. 그러나 처음 받았던 충격에 비해 강도는 점점 약해진다. 처음 100만 원을 잃었을 때는 더 큰돈을 잃은 것처럼 고통을 느낀다. 그러다 계속 손실이 늘어나 1,000만 원을 잃었을 때는 실제 1,000만 원만큼의 고통을 느끼지는 않게 된다. 적은 빚을 졌을 때 동동거리며 불안해하지만 막상 빚이 계속 늘어나면 불안감이 상대적으로 줄어드는 심리다. 도박이나 프로젝트에서 감당하기 어려울 정도의 손실이 예상됨에도 계속 밀고 나가는 결정을 할 수 있게 된다. 민감성 체감 성향의 심각한 부작용이다.

10만 원의 손실과 20만 원의 이익은 같다

재테크에 관심이 많은 철수와 영수가 2,000만 원의 종잣돈으로 같은 시기 주식투자를 시작했다. 철수는 수익이 8,000만 원까지 올랐다가 다시 곤두박질하는 바람에 4,000만 원을 잃는 매우 드라마틱한 경험을 했다. 1년 후 손익계산을 한 결과 철수는 2,000만 원의 순수익을 얻었다. 반면 영수는 투자 기간 내내 대박도 없었지만 손실도 없이 조금씩 수익을 챙겼다. 1년 후 영수는 1,000만 원의 순수익을 거뒀다.

철수와 영수의 투자 성적은 단연 철수가 좋다. 철수가 영수보다 두 배를 더 벌었다. 하지만 철수는 영수보다 기쁘지 않다. 이유는 철수가 손실의 경험을 했기 때문이다. 철수는 2,000만 원을 벌었지만 잃은 4,000만 원의 고통이 더 컸기 때문에 자신의 투자 성과를 온전히 기뻐하기 어렵다. 사람들은 이익보다 손실의 부담을 더 크게 느낀다. 용돈 10만 원을 받았을 때 기쁨보다 10만 원을 잃었을 때 고통이 더 크다. 대니얼 카너먼은 사람들이 이익과 손실의 감정을 어느 정도 크기의 차이로 느끼는지 알아보기 위해 동전 던지기 게임을 제안했다.

> 동전의 앞면이 나오면 10만 원을 잃고 뒷면이 나오면 15만 원을 얻는 게임입니다. 참여하시겠습니까?

손실과 이익의 확률은 50:50으로 똑같은데 이익이 1.5배 더 크다. 게임의 내용이 나쁘지 않다. 하지만 사람들은 이 게임을 거부했다. 15만 원을 딸 수 있다는 기대보다 10만 원을 잃을 두려움이 더 컸던 것이다. 그렇다면 도대체 얼마를 더 딸 수 있어야 손실의 두려움을 극복하고 게임에 참여할까? 실험 결과 사람들은 평균 딸 수 있는 금액이 잃는 금액보다 두 배 이상이 될 때 비로소 게임을 받아들였다. 10만 원의 손실과 20만 원의 이익을 같은 값으로 느낀 것이다.

다시 앞의 가치함수 그래프를 보자. 사람들이 준거점을 기준으로 이익구간과 손실구간에서 어떻게 가치를 평가하는지 나타낸 것이 S자 모양의 선이다. 그런데 S자 모양이 이익구간에선 짧고 손실구간에선 길게 늘어진 모양이다. 10만 원을 얻었을 때 느끼는 기쁨보다 10만 원을 잃었을 때 느끼는 슬픔의 크기가 훨씬 크기 때문이다.

사람들은 같은 액수의 돈이라도 이익일 때보다 손실일 때 그 가치를 더 크게 느끼기 때문에 적극적으로 손실을 피하려고 한다. 바로 손실회피 심리다. 거래의 금액이 커질수록 손실회피 심리는 더 강해진다. 10만 원을 건 동전 던지기 게임이 아니라 집 한 채를 걸고 내기를 한다고 생각해보자. 동전의 앞면이 나오면 당신의 집 한 채를 내놓고 뒷면이 나오면 당신에게 집 두 채를 준다고 제안하면 받아들일까? 오래 생각할 필요도 없다. 이런 도박을 선뜻 받아들이는 사람은 없다. 액수가 커지면 평균적 손실회피율이 두 배가 넘어도 제안을 받아들이지 않는다.

손실회피 심리가 선택에 미치는 영향

다시 주식투자의 상황을 가정해보자. 시장은 계속 하락세이고 상승 전망도 불투명하다. 이런 상황에서 당신은 보유하고 있는 주식을 팔 것인가를 고민하고 있다.

> 1) 지금 팔면 무조건 손실이다. 하지만 앞으로 더 큰 손실의 위험을 막을 수 있다.
> 2) 지금 팔지 않으면 손실이 더 커질 확률이 높다. 그러나 아주 낮은 확률로 오를 가능성도 완전히 배제할 수는 없다.

두 가지 옵션이 있다. 무엇을 선택하든 손실을 피할 수 없다. 1번 옵션은 무조건 손실이다. 하지만 더 큰 손실을 피할 수 있는 확실한 선택이다. 2번 옵션은 지금보다 손실이 더 커질 게 거의 확실하다. 오를 확률도 있지만 실제로 일어날 가능성은 매우 낮다. 당신이라면 무엇을 선택할까? 사람들은 대부분 2번 옵션을 선호한다. 손실회피 심리 때문이다. 앞으로 더 큰 손실을 볼 가능성이 무척 높지만 당장 손실을 확정하는 것은 아니므로 손실의 부담을 상대적으로 적게 느끼고 위험한 도박을 선택하는 것이다.

주식투자자 중에는 이익이 난 주식은 재빨리 팔아버리고 손실이 나고 있는 주식은 끝까지 쥐고 있는 경우가 많다. 처분효과Disposition effect 때문이다. 이익이 발생하면 혹시 다시 떨어질까 두려워서 빨리 팔고 손해를 본 주식은 손실을 확정 짓기 싫어서 보유하는 것이다. 가격이 오른 주식은 기업실적이 좋기 때문이고 앞으로 더 오를 가능성이 있다. 반대로 가격이 내려간 주식은 기업실적이 나쁠 가능성이 높고 향후 전망도 불투명하다. 투자자라면 기본적으로 알고 있는 상식이다. 하지만 막상 사람들은 이성적으로 행동하지 않는다. 팔아야 하는 주식은 쥐고, 보유해야 하는 주식은 파는 비합리적 선택을 무수히 반복하고 있다.

손실회피 심리가 결정에 미치는 영향력을 이해하지 못하면 더 큰 손실을 보는 선택을 하게 된다. 2008년 미국 뉴욕 대학교와 메릴랜드 대학교 경영대학원 연구진은 돈을 지급할 때 나타나는 심리를 연구했다. 사람들에게 신용카드만 받는 식당의 메뉴와 현금만 받는 식당의 메뉴를 나눠주고 선택을 하게 했더니 신용카드를 사용하는 경우 더 많은 돈을 소비했다. 현금보다 신용카드를 쓸 때 더 많은 지출을 하게 되는 건 손실회피 심리의 영향이다.

카드는 당장 돈을 쓰는 게 아니므로 사람들은 손실의 고통을 덜 느낀다. 그래서 신용카드로 지불할 경우 자기도 모르게 더 많은 소비를 하게 되고 필요없는 지출이 생긴다. 기업들은 이런 손실회피 심리를 전략적으로 활용한다. 통신사들이 새로 가입자를 확보하거나 제조사들이 신제품을 프로모션할 때 보상판매를 하는 이유는 손실회피 심리를 줄여주기 위해서다. 더 좋은 통신 서비스와 더 훌륭한 기능을 홍보해도 막상 쓰던 스마트폰을 포기하는 것을 손실로 받아들이기 때문이다. 이에 대한 적절한 보상을 해주지 않으면 잘 움직이지 않는다. 사람들은 손실회피 심리가 사라지면 기꺼이 돈을 쓴다. 멀쩡한 스마트폰이나 가전제품을 새것으로 교체하면서 보상판매를 했으니 오히려 이익이라고 생각하는 것이다. 손실회피 심리는 합리적 선택을 방해하는 매우 강력한 인지 착각이다.

왜 '내 것'은 더 높게
가치를 평가할까?

소유효과

"고객님! 한 달간 무료체험의 기회가 있습니다. 일단 써보시고 결정하세요."

세상에 존재하지 않는 세 가지가 있다. 비밀, 정답, 그리고 공짜이다. 기업이 제품과 서비스 등을 판매하면서 공짜로 사용해볼 기회를 주는 건 '일단 쓰고 나면 마음이 달라진다'는 것을 알기 때문이다. 실제로 사람들은 해당 제품이나 서비스가 마음에 들지 않아도 일단 이용하고 나면 대부분 그대로 유지한다. 무료체험 기간이 지나고 반품이나 서비스 해지를 하려고 하면 '나름 쓸 만한데…….'라는 생각이 들면서 있다가 없어지는 것에 대한 상실감, 즉 손실회피의 심리가 생긴다. 바로 소유효과Endowment Effect의 영향이다.

    소유효과는 소유하지 않을 때보다 소유하고 있을 때 더 높게 가치를 평가하는 인지편향이며 손실회피 심리에서 기인한다. 얻는 것보다 잃는 것에 더 민감하게 반응하는 손실회피 심리 때문에 소유효과가 생긴 물건을 반품할 때는 큰 손실로 인지하게 되고 회피하게 한다. 그래서 마케터들이 적극 활용하는 전략이 바로 무료체험 마케팅이다.

30초만 만져봐도 생기는 소유효과

    행동경제학자 잭 네치Jack Knetsch는 학생들에게 간단한 설문지 작성을 요청했다. 그리고 답례로 한 그룹의 학생들에게는 필기구를 주고 다른 한 그룹의 학생들에겐 초콜릿을 선물했다. 설문지 작성이 끝난 후 처음 필기구를 받은 학생들에게는 다시 초콜릿을 보여주고 초콜릿을 받은 학생들에게는 필기구를 보여주며 원한다면 선물을 바꿀 수 있다고 알려줬다. 하지만 실험이 끝난 후 선물을 바꿔간 학생은 10%에 불과했다. 소유효과로 인해 자신이 가진 물건이 더 가치 있어 보이고 소유물을 포기하는 건 손해라는 손실회피 심리의 영향이다.

    소유한 물건을 더 아끼는 심리는 흔히 애착이라는 말로 설명된다. 하지만 소유효과는 감정적 유대감을 뜻하는 애착과는 거리가 있다. 다음 사례를 보면 쉽게 이해할 수 있다. 미국

오하이오 주립대학교와 일리노이 주립대학교 연구팀은 '물건을 만지는 것이 물건을 사는 데 얼마나 영향을 미치는가?'에 대한 실험을 진행했다. 각각 10초와 30초 동안 머그잔을 만진 실험 참여자들이 비공개 경매를 통해 자신이 만진 머그잔의 입찰가격을 정하도록 했는데 10초를 만진 실험자들은 평균 2.44달러를 제시했고 30초를 만진 실험자들은 평균 3.91달러를 제시했다. 놀랍지 않은가. 단 20초를 더 만졌을 뿐인데 1.47달러나 가격을 높게 평가했다. 애착의 감정이 생길 사이도 없이 소유효과가 생긴 것이다.

소유효과는 실제로 소유하지 않은 채 생각만 하는 것으로도 발휘된다. 경매에 참여한 사람이 아슬아슬한 상황까지 호가를 계속 높여 부르는 심리도 소유효과의 영향이다. '소유했을 때의 행복한 감정'을 상상하는 동안 가상의 소유효과가 생긴다. 이런 일은 우리 안방에서도 종종 벌어진다. 홈쇼핑 채널에서 '매진임박' 알람이 울릴 때 매출이 급상승하는 것도 소유효과 때문이다. 사람들은 매진이 임박한 시점에서 구매를 놓쳤을 때 속상한 감정을 떠올린다. 실제 소유하지 않았지만 마치 소유한 듯 착각하고 내 것을 잃었을 때 느껴야 할 손실의 고통을 줄이기 위해 기어이 주문 번호를 누르고야 마는 것이다.

포기보다 차라리 현상유지가 낫다는 심리

경제학을 공부한 사람들이라면 지겹도록 들었을 이론 중 하나가 '무차별 곡선Indifference curve'이다. 선호도의 차이가 없고 가치가 동일한 두 개의 재화(또는 용역)가 있을 때 만족도는 동일하다는 게 무차별 곡선 이론의 핵심이다. 만약 사과와 배에 대한 만족도가 같고 가격이 같다면 사과 10개를 갖든 배 10개를 갖든 사과 5개와 배 5개를 갖든 만족도는 차이가 없다는 얘기다. 따라서 사과 10개를 가진 사람은 만족도가 같은 배 10개와 언제든지 교환이 가능하다. 물론 사과 5개와 배 5개로 바꿔도 불만이 없다.

하지만 무차별 곡선이론은 실제 현실에서 그대로 적용되지 않는다. 같은 회사에 입사한 철수와 영수 두 사람의 사례를 보자. 이 회사는 입사를 할 때 소득과 휴가(소득 대비 같은 가치로 환산된)의 조건을 선택할 수 있다. A옵션은 연간 연봉을 1,000만 원이 더 많은 높고 B옵션은 연간 휴일이 15일이 더 많다. 곰곰이 생각한 끝에 철수는 A옵션을 선택했고 영수는 B옵션을 선택했다.

그런데 몇 년 후 철수와 영수 두 사람 모두 불만이 생겼다. 너무 바쁜 철수는 더 많은 휴가가 간절했고 영수는 휴가도 좋지만 연봉이 좀 올라야 한다고 생각했다. 사장은 이들의 목소리에 귀를 기울였다. 그리고 답을 내놨다.

"그래요? 원한다면 두 분의 선택을 서로 바꿔도 좋습니다. 바꾸시겠습니까?"

이 사례는 대니얼 카너먼의 실험을 재구성한 것이다. 표준 경제학의 무차별 곡선 이론에 따르면 소득과 휴가의 가치(효용)가 같으므로 두 사람은 서로의 옵션을 바꿨어야 한다. 하지만 그들은 '그대로' 있었다. 소유효과와 현상유지편향status quo bias의 영향이다. 각자 불만이 있었던 옵션을 막상 바꾸자니 내 옵션의 장점이 보이고 포기하자니 손해가 더 커 보인다. 그래서 얻는 것도 없지만 잃는 것도 없는 차라리 '현상유지'를 선택한 것이다. 더 나은 옵션을 주지 않는 한 차라리 더 나을 것도 없는 현재의 준거 상태를 유지하려는 현상유지편향은 손실회

무차별 곡선

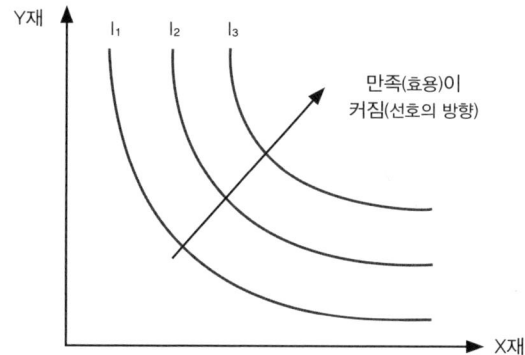

피성향과 소유효과의 전형적인 모습이다.

나의 노력을 어떻게 너랑 비교하니?

스웨덴의 가구회사 이케아IKEA는 아이러니하게도 불편한 서비스를 도입해 세계적인 기업이 되었다. 이케아의 가구는 구매자가 직접 조립해서 사용한다. 지금은 배송 서비스가 도입되었지만 초기만 해도 고객이 직접 운반도 해야 했다. 타 회사의 가구에 비해 가격이 상대적으로 저렴한 편이다. 하지만 조립비와 운반비 등을 생각하면 아주 싼 것도 아니다. 그래서 가격경쟁력만으로 이케아의 성공을 설명하기는 충분하지 않다.

이케아의 성공은 오히려 소유효과로 설명할 수 있다. 행동경제학자들은 연구를 통해 사람들이 직접 시간과 노력을 들여 만든 물건의 가치를 비합리적으로 높게 평가한다는 사실을 밝혔다. 비록 그 물건이 상당히 조악하더라도 직접 만든 물건을 소유하고 싶어하고 타인에게 판매할 때 객관적 가치보다 높게 가격을 매긴다. 행동경제학자 댄 애리얼리Dan Ariely와 경영학자 마이클 노튼Michel Norton은 굳이 조립해야 하는 수고를 하면서도 오히려 높은 만족을 느끼는 사람들의 심리를 이케아 효과IKEA effect라고 불렀다. 이는 소유효과의 다른 이름으로도 사용된다.

소유효과는 물건, 돈, 지위, 소속집단, 권리, 의견, 노력 등 다양한 상황에서 나타나며 때론 긍정적 상황을 만들기도 한다. 우리 회사, 우리 팀, 내 업무에 적극적인 마인드와 태도를 갖는 것이 한 예다. 그러나 과도한 소유효과는 부작용이 더 크다.

내 노력이 더 가치가 있다는 사고는 협업에서 자신의 기여도를 지나치게 높게 평가한다. 전혀 객관적이지 않은 심리적 준거점이 생기고 이에 못 미치는 평가를 받으면 큰 불만을 품는다. 또 자신과 자신이 속한 집단이 참여하지 않았다는 이유로 외부의 의견을 평가절하고 '우리가 개발한 건 아니잖아.' 하면서 배타적인 태도를 갖는 NIH 신드롬Not Invented Here Syndrome이 나타나기도 한다. 어떤 조직이든 이런 심리가 팽배해지면 혁신은 물 건너간 것으로 봐야 한다. 그래서 행동경제학에서는 소유효과에 휘둘려 비합리적 결정을 하지 않는 방법을 제시하고 있다. 바로 '전문 트레이더'처럼 생각하라는 것이다. 소유효과는 '소유(사용)'라는 심리가 만든 것으로서 '거래(교환)'의 상황에서는 나타나지 않는다.

예를 들어 직접 신기 위해 신발을 구매한 사람은 자신이 산 신발은 모두 가치가 있다고 생각해서 어느 하나도 쉽게 버리지 못한다. 그러나 판매를 목적으로 신발을 구매한 사람은 그 가치를 과대평가하지 않는다. 신발은 단지 돈과 교환할 매개체에 불과하므로 소유효과가 나타나지 않는 것이다. 가치를 평가할 때 먼저 준거점이 얼마나 객관적인가 따져보고 홈쇼핑

매진 임박 알람에 심장이 두근거릴 때 '내가 지금 10만 원으로 살 수 있는 다른 것들을 포기할 만큼 저 물건을 갖고 싶은 걸까?'라고 되묻는 작은 습관만으로도 소유효과의 영향을 조금은 줄일 수 있다.

왜 기회는 차버리고
위험엔 빠지는가?

가능성 효과와 확실성 효과

사례1) 직장인 영희는 10년째 해마다 가까운 해외로 여행을 간다. 대부분 5일이 넘지 않는 짧은 여행이지만 영희는 항상 여행자보험을 들었다. 물론 10년 동안 한 번도 보험을 사용한 적은 없다. 주말 동안 1박 2일의 일본 여행을 계획 중인데 일정도 짧고 장소도 안전한 만큼 이번엔 보험을 들지 않기로 했다. 그런데 마침 TV에서 미국 여행 중 추락 사고를 당한 청년의 뉴스가 나왔다. 그러자 영희는 '혹시 나에게도? 역시 보험은 필요해.'라며 여행자보험 옵션을 선택했다.

사례2) 철수는 잘 다니던 직장을 그만두고 금융 대출을 받아 푸드 트럭 장사를 시작했다. 하지만 2년 동안 계속 적자를 냈고 대출 원금은커녕 이자도 갚기 어려운 상황에 처했다. 이대로 가면 손실이 감당하기 어려울 만큼 늘어날 게 확실하다. 그러던 어느 날 그의 푸드 트럭을 인수하겠다는 사람이 나타났다. 하지만 상대가 제시한 금액으로는 손실을 메울 수 없다. 팔까, 아니면 버틸까? 철수는 '어차피 지금 팔아도 손해네. 누가 알아? 혹시 장사가 잘되면 그동안 투자한 돈 한 방에 회수할 수 있어!'라고 생각했다.

선택 전 고민을 하는 이유는 결과의 불확실성 때문이다. 사람들은 이익을 볼지 손해를 볼지 알 수 없는 불안을 '위험'으로 인지한다. 미지의 위험을 대하는 영희와 철수의 성향은 확실히 다르다. 영희는 작은 위험이라도 적극 피하려고 돈을 썼다. 반면 빚이 계속 늘고 있는 철수는 손실을 줄일 기회를 차버리고 오히려 빚이 더 늘 수도 있는 위험을 선택했다. 위험에 대처하는 두 사람의 판단은 왜 다를까?

확률과 반대로 가는 결정인 가능성 효과와 확실성 효과

사람들은 불확실한 상황과 복잡한 대상을 종합적으로 판단할 때 이콘처럼 확률을 따져서 기댓값을 계산하고 그에 따른 효용으로 결정하지 않는다. 의사결정을 좌우하는 건 확률이 아니라 바로 심리적 결정 가중치다. 결정 가중치란 선택 대상에 부여한 상대적 '중요도'이다. 더 중요하다고 생각하는 쪽에 가중치를 높게 주고 결정하는 것이다. 논리적으로 생각하면 결정 가중치는 확률과 정합성을 이뤄야 한다. 1,000만 원을 받을 확률이 50%인 게임과 5%인 게임이 있다면 어느 게임에 결정 가중치를 더 높게 줄까? 당연히 전자의 게임이다.

하지만 현실에서 결정 가중치는 확률적 계산과 비례하지 않는다. 결정 가중치는 심리적 계산법이고 심리는 수학적으로 예측되는 결과와 자주 다른 방향으로 움직인다. 이익과 손실의 결과가 확실한 경우라면 확률과 결정 가중치는 일치한다. 이익 가능성이 100%일 때는 결정 가중치도 100이다. 무조건 선택하면 된다. 헷갈릴 이유가 없다. 문제는 '거의'에 해당하는 가능성이다. 사람들은 이익이 '거의' 확실할 때 오히려 아주 낮은 손실 가능성을 크게 생각하고 가중치를 높게 준다. 반면 손실이 '거의' 확실할 때도 아주 낮은 이익의 가능성을 주목하고 결정 가중치를 높게 준다. 실제 확률이 말하는 가능성과 반대로 가중치를 주고 선택을 하는 것이다.

100만 원을 받을 확률이 5%씩 늘어나는 상황을 가정해보자. 이때 5%씩 확률이 증가할 때마다 결정 가중치도 똑같이 증가할까? 절대 그렇지 않다. 가능성 0%에서 5%씩 20단계에 걸쳐 최종 100%에 도달하는 동안 우리의 심리는 일정하게 변하는 확률과 다르게 꽤 드라마틱한 변화를 겪게 된다.

가능성 효과와 확실성 효과

A. 0% → 5%	가능성 효과
B. 5% → 10%	기대 심리가 아주 높아지지 않음
C. 60% → 65%	별로 인상적인 변화 없음
D. 95% → 100%	확실성 효과

가능성 효과와 확실성 효과는 스위스의 수학자 베르누이 다니엘Bernoulli Daniel 부터 대니얼 카너먼 등 행동경제학자들의 주요 연구주제이기도 하다.

　0%에서 100%까지 확률이 5%씩 증가할 때 어느 단계에서 사람들의 기대가 가장 큰 폭으로 증가할까? 바로 첫 번째 가능성이 생겼을 때다. 돈을 받을 수 있는 확률이 0%였다가 5%가 되었을 때 처음 희망이 생기고 5%의 낮은 가능성에도 결정 가중치는 확률보다 더 높다. 이후 10%, 65%로 돈을 받을 가능성이 더 높아져도 첫 감정만큼 강렬하지는 않다. 그러다 드디어 95%의 확률에 도달하면 사람들의 심리가 또 한 번 크게 요동친다. 5%만 증가하면 100만 원을 받을 수 있기 때문이다. 수학적으로 계산하면 95%의 확률에서 결정 가중치도 함께 높아져야 한다. 그러나 사람들은 이때 오히려 5%의 받지 못할 변수를 주목하고 결정 가중치를 낮춘다.

　우리는 정말 그 정도로 비합리적인가? 쉬운 예를 보자. 사랑하는 가족이 암 말기 진단을 받았는데 사망확률이 95%라고 한다. 이때 어떤 선택을 할까? 95%의 높은 가능성에 가중치를 주고 이에 합당한 방법을 찾는 게 합리적이다. 그러나 사람들은 즉각적으로 5%의 생존 가능성을 극대화한다. 매우 드문 생존사례를 찾고 기적이 실제 일어날 수 있다고 믿으며 온갖 방법을 찾아 시도한다. 이처럼 낮은 확률에 지나치게 높은 결정 가중치를 주는 심리를 '가능성 효과Possibility effect'라고 한다.

반면 발생확률이 높은 경우엔 그 확실성에 비해 지나치게 낮은 가중치를 준다. 높은 가능성보다 낮은 실패 확률이 내게 일어날 것 같은 두려움이 커지는 것이다. 당신이 1억 원의 손해배상 소송을 진행 중이라고 가정해보자. 변호사는 승소를 95% 장담한다. 그런데 판결을 앞두고 상대방의 변호사가 찾아와 9,000만 원에 합의를 제안한다. 거절할까, 아니면 받아들일까? 거의 이긴 소송이지만 뜻밖에 합의에 응하는 경우가 매우 많다. 비록 5%의 확률이지만 패소하면 한 푼도 받을 수 없다는 불안감이 크게 작용하기 때문이다. 그래서 10%의 돈을 손해보더라도 90%를 확실하게 챙기는 선택을 한다. 이것이 '확실성 효과Certainty effect'이다.

심리는 위험을 제대로 계산하지 못한다

우리는 피해야 할 위험성이 매우 큰 선택을 적극 추진하려고 하고 크지 않은 위험을 피하느라 좋은 기회를 놓친다. 불행은 그런 청개구리 같은 선택에서 시작된다. 이는 실제 위험의 정도를 확률로 균형 있게 판단하지 못하는 데서 오는 비극이다. 사람들은 돈의 크기보다는 이익인가 손실인가를 따져 가치를 부여하고 그에 따라 의사결정을 한다. 이때 이익과 손실의 확률이 높으면 확실성 효과가 나타나고 이익과 손실의 확률이 낮으면 가능성 효과가 나타난다.

대니얼 카너먼과 아모스 트버스키는 전망이론에서 사람들이 위험을 대하는 심리와 이에 따른 의사결정 유형을 네 가지 패턴으로 정리했다. 첫째, 이익의 확률이 높을 때. 둘째, 이익의 확률이 낮을 때. 셋째, 손실의 확률이 높을 때. 넷째, 손실의 확률이 낮을 때. 사람들은 위험을 제대로 판단하지 못하고 대부분 비합리적이며 불균형한 선택을 한다. 미래에 이익을 볼지 손해를 볼지 알 수 없는 상황에서 최대한 불확실성을 피하려는 심리는 본능이다. 하지만 심리는 당장 느끼는 만족도에 따라 위험의 정도를 판단하기 때문에 합리적인 선택을 방해한다.

의사결정을 할 때 적극적으로 위험을 회피해야 하는 상황은 언제일까? 당연히 이익의 가능성이 매우 낮거나(상황 2) 손실 가능성이 매우 높을 때(상황 3)이다. 하지만 사람들은 이런 상황에서 오히려 무모하게 위험을 추구하고 더 좋은 기회를 걷어차 버리는 선택을 한다.

1,000만 원을 얻을 확률이 고작 5%인 제안과 100만 원을

불확실한 상황에서의 선택(전망이론)

	이익	손실
확률이 높다 (확실성 효과)	〈상황 1〉 ① 1,000만 원 딸 확률 95% 　(기대값 950만 원) ② 900만 원 딸 확률 100% 　(기대값 900만 원) – 이콘은 ①을 선택하지만 휴먼은 ②를 선택한다. – 한 푼도 따지 못할 5%의 위험에 대한 두려움 → 위험 회피 → 확실한 확률 900만 원 선택 → 손해를 보는 불리한 상황을 수용	〈상황 3〉 ① 1,000만 원 잃을 확률 95% 　(기대값 –950만 원) ② 900만 원 잃을 확률 100% 　(기대값 –900만 원) – 이콘은 ②를 선택하지만 휴먼은 ①을 선택한다. – 손실을 피할 가능성 5%에 희망 → 위험 추구 → 1,000만 원 손실 위험 선택 → 손실을 줄이는 더 나은 기회 거절
확률이 낮다 (가능성 효과)	〈상황 2〉 ① 1,000만 원 딸 확률 5% 　(기대값 50만 원) ② 100만 원 딸 확률 100% 　(기대값 100만 원) – 이콘은 ②를 선택하지만 휴먼은 ①을 선택한다. – 큰 이익 가능성 5%에 희망 → 위험 추구 → 1,000만 원 5%의 모험 선택 → 100% 이익이 보장된 더 나은 기회 거절	〈상황 4〉 ① 1,000만 원 잃을 확률이 5% 　(기대값 –50만 원) ② 100만 원 잃을 확률 100% 　(기대값 –100만 원) – 이콘은 ①을 선택하지만 휴먼은 ②를 선택한다. – 큰 손실의 가능성 5%에 대한 두려움 → 위험 회피 → 차라리 100만 원 잃는 선택 → 손해를 보는 불리한 상황을 수용

받을 수 있는 확률 100% 제안 중 어느 것을 선택(상황 2)하는 것이 더 이익인가? 당연히 후자다. 첫 번째 제안은 큰돈이지만 빈손이 될 가능성이 매우 높다. 하지만 사람들은 큰돈이 주는 심리적 만족에 더 귀를 기울인다. 복권을 사는 심리가 이에 해당한다. 복권 한 장을 사고 잠시 행복한 상상을 즐기는 정도야 큰 문제가 없다. 그러나 재산, 진로, 사업 등 중요한 선택을

복권을 사듯 결정한다면 합리적이라고 말할 수 있을까? 당연히 그렇지 않다.

사람들은 의사결정 과정에서 나쁜 옵션만 남아 있을 때 흔히 위험을 추구하는 성향(상황 3)을 드러낸다. 이미 900만 원을 잃었고 앞으로 손실이 1,000만 원까지 증가할 확률이 무려 95%나 된다면 손실이 더 커지지 않는 선택을 해야 한다. 그러나 사람들은 혹시 모를 5%의 희망을 위해 95%나 되는 더 큰 위험을 감수한다. 바로 매몰비용의 오류다. 잃기만 하는데 도박장을 떠나지 못하고 적자가 나는데 투자를 지속하는 사람들의 목표는 대부분 '본전'을 찾는 것이다. 본전을 찾으려고 기꺼이 그 몇 배의 돈을 쓴다. 물론 본전은 고사하고 늘어난 빚으로 감당하기 어려운 결과를 떠안는 일이 더 자주 발생한다.

반면 사람들은 뭔가 얻을 가능성이 높아지면 적극 위험을 회피하는 선택을 한다. 이익의 확률이 매우 높거나(상황 1) 손실의 확률이 매우 낮을 때(상황 4) 오히려 낮은 확률의 위험을 지나치게 과장하고 불안한 심리를 잠재우기 위해 손실을 자처하는 선택을 하기도 한다. 투자에서 조금 수익이 생기면 혹시 곧 손해를 입게 되지 않을까 불안해 빨리 처분해버리고 실패 확률이 아주 낮은데도 걱정되어 늘 안전한 목표만을 세우는 선택은 확실히 비합리적이다.

낮은 확률에 대한 지나친 불안의 부작용

위험 회피나 추구 모두 손실을 피하는 것이 목적이다. 손실 회피의 심리는 아주 낮은 확률을 과장하고 결정 가중치를 높인다. 하지만 이런 선택은 많은 경우에 과도한 비용 지출과 결과적 손실로 이어진다. TV 뉴스에서 한 브랜드 제품에서 암 유발 발암물질을 사용했다고 고발하는 내용이 보도되었을 때 사람들이 위험을 어떻게 판단하는지 가상의 시나리오로 살펴보자.

먼저 해당 브랜드에 대한 비난이 쏟아진다. 기업은 발암물질이 사용된 것은 맞지만 실제 건강에 영향을 미칠 확률은 0.1% 미만이며 한국 정부와 미국의 FDA 규정보다도 안전한 수치라고 발표한다. 하지만 소비자들의 불안은 가라앉질 않는다. 그런데 곧 경쟁 브랜드에서 문제의 발암물질을 사용하지 않은 제품을 50%나 더 비싼 가격에 판매하기 시작한다. 당신이라면 어느 제품을 살까? 이 시나리오의 핵심은 아주 낮은 위험을 피하는 데 50%나 더 많은 돈을 낼 의지가 있는가에 대한 것이다. 평소라면 일부러 50%나 더 비싼 물건을 사지 않겠지만 일단 위험을 주목하고 걱정이 생기면 기꺼이 더 비싼 제품을 구매하게 된다.

실제 일어날 확률이 낮은 사건을 과장하는 건 확률을 주관적으로 이해하는 인지 시스템의 특성 때문이다. 아주 낮은 확률이라도 발암물질의 위험성을 주목하면 주관적으로 발생 가능성이 매우 높다고 인지하는 것이다. 일단 위험하다는 생각이 고착되고 나면 실제 두 제품의 안전성에 대한 객관적 확률은 설득력을 잃는다. 낮은 확률에 지나치게 의미를 두면 판단의 오류가 발생한다. 선택의 상황에서 합리적으로 위험을 관리하려면 통계적 사고가 필요하다. 왠지 발생 가능성이 매우 낮은 일인데도 불안해서 더 많은 돈을 지급할 마음이 생긴다면 일단 무조건 확률에 의존해 판단하는 것이 합리적이다. 확률은 낮지만 분명히 잘될 것이라는 자신감이 생기면 이때도 확률로 접근해 따져봐야 한다. 이는 낙관적 편향이 심리적 만족감을 주고 있을 뿐 역전의 성공을 거둘 가능성은 변함없이 매우 낮기 때문이다. 미지의 상황에서 합리적 선택을 돕는 건 심리가 반영된 직관이 아니라 객관적 통계다.

8강

어떻게 올바른 판단과 선택을 할까?

: 모두의 행복을 위한 노력을 선택해야 한다

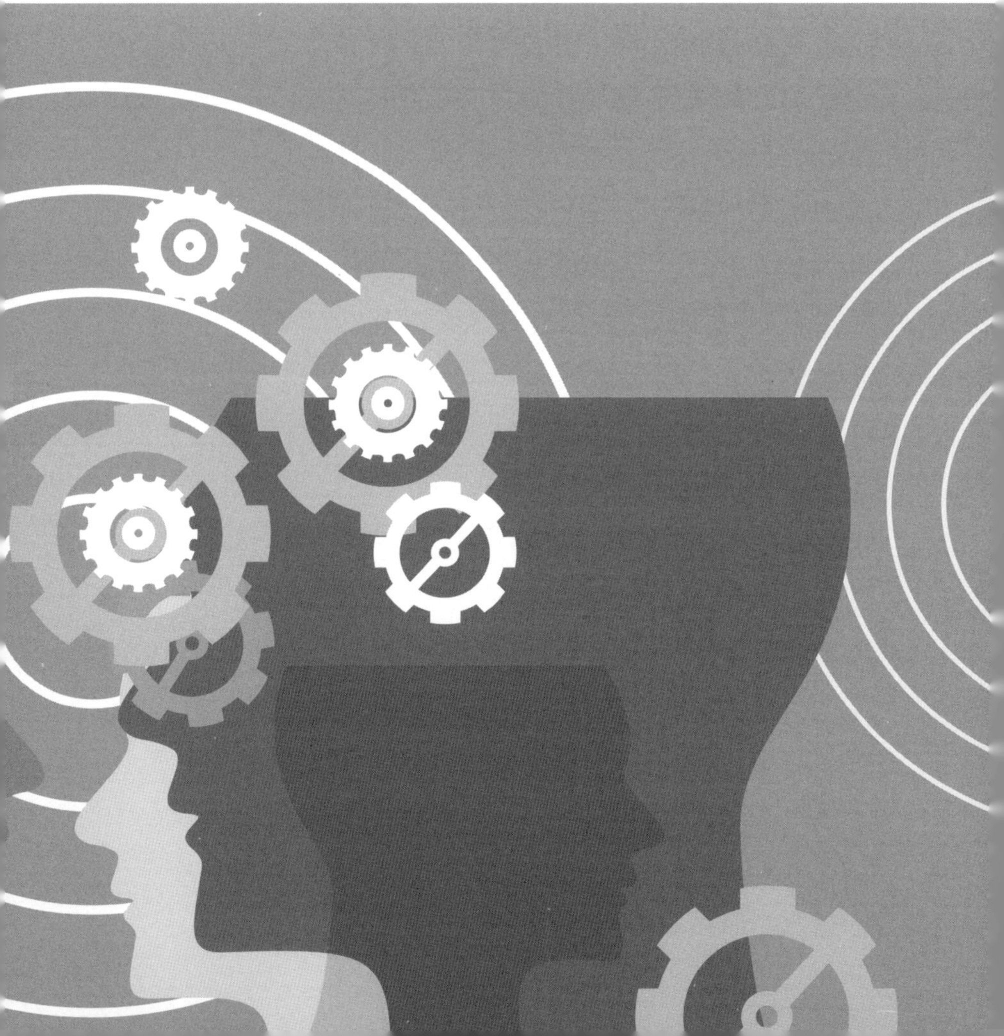

~만 하면
행복할 수 있을까?

행동경제학과 행복

인간은 타자의 욕망을 욕망한다.
- 자크 라캉

비교를 통한 가치의 평가는 개인의 삶에서 유독 두드러진다. 가진 것을 비교하고 갖지 못한 것을 욕망하는 건 우리 인간의 본능이다. SNS로 표현하고 소통하는 이 시대에 이런 인간의 비교 습성은 행복과 불행을 평가하는 매우 단정적인 조건들을 만들어내기도 한다. 자신이 갖지 못한 '무엇'을 가진 누군가의 삶이 바로 그 '무엇' 때문에 행복할 것이고 그 조건 하나만 충족하면 자신도 행복해질 수 있다고 생각하는 것이다. 이

것이 바로 '초점착각Focusing illusion'이다.

몇 년 전 제주살이가 전국적인 열풍을 일으킨 적이 있다. '아름다운 제주의 자연과 더불어 사는 느린 삶'이 화두로 떠오르면서 사람들은 제주의 삶은 도시의 삶보다 행복할 것이라고 믿었고 많은 사람이 도시를 떠나 제주로 이주했다. 하지만 최근 제주 이주의 열풍은 확실히 잦아들었다. 제주의 자연이 아름다운 것은 사실이지만 제주의 삶도, 서울의 삶도 치열하게 생존해야 하는 일상은 크게 다르지 않다는 게 제주살이를 경험한 사람들의 공통된 생각이다. 아름다운 자연환경을 매일 즐기며 살 수 있어서, 혹은 비싼 집에서 살고 고급 자동차를 소유하고 있어서, 심지어 좋은 레스토랑에서 식사를 하기 때문에 누군가의 삶이 평균적인 사람들의 삶보다 더 행복할 것이라는 생각은 보이는 일부의 삶으로 전체의 삶을 평가하는 시스템 1의 습성, 즉 휴리스틱의 판단이다.

초점착각은 자신이 욕망하는 타인의 삶은 과대평가하고 상대적으로 자신의 삶은 과소평가하기 때문에 행복과 불행에 관한 판단을 왜곡한다. 행동경제학은 어느 한순간에만 집중함으로써 삶에서 중요한 일과 그렇지 않은 일을 오판하고 잘못된 결정효용을 통해 선택을 하기 때문에 결국 더 나은 삶을 위한 기회를 놓칠 수 있다는 점을 경고한다.

행복도 불행도 결국 제자리로 돌아온다

'거액의 로또에 당첨된 사람들은 얼마나 행복할까?' 로또에 당첨된다는 상상만으로도 입가에 미소가 떠오른다. 부자로 살아갈 미래의 삶은 꽃길만 걷는 행복이라는 확신도 든다. 미국 하버드 대학교의 심리학 교수이자 『행복에 걸려 비틀거리다』의 저자인 대니얼 길버트Daniel Gilbert는 로또에 당첨된 사람들의 행복 효과를 연구했다. 그런데 결과가 놀랍다. 거액의 로또에 당첨된 사람들의 행복 감정이 평균 3개월이고 길어야 1년 정도의 시간이 지나면 예전의 일상적 감정으로 되돌아온다는 것이다. 사람들이 로또에 당첨되면 곧 행복이 시작될 것이라고 믿는 건 로또 당첨이라는 사건과 그 당시의 감정에만 주목한 판단의 착각일 뿐이다. 반대로 어느 날 교통사고로 다리를 잃었다고 가정해보자. 상상조차 하기 힘들 정도의 고통이 느껴진다. 그날 이후 자신의 삶은 온통 암흑이고 온전히 불행할 것이라고 믿는다. 하지만 불행의 감정도 복권 당첨 때 느꼈던 행복의 감정과 마찬가지로 1년 이내에 원래의 수준으로 돌아온다고 한다.

로또 당첨과 교통사고에만 '초점'을 맞추면 삶의 행복과 불행은 명확하게 결정된다. 이는 당시 겪는 감정이 영원할 거라는 감정예측의 오류 때문에 발생하는 착각이다. 하지만 긴 삶의 여정에서 행복을 평가하는 '초점'은 계속 움직인다.

로또 당첨으로 거액을 손에 쥐면 단기간 행복이 급상승하겠지만, 시간이 지나면서 우리의 관심은 다른 곳으로 이동하게 된다. 갑자기 돈이 많아졌다고 해서 매일 행복의 감정만 느끼는 건 불가능하다. 마찬가지로 사고로 다리를 잃으면 단기간 불행의 감정이 급상승한다. 현재의 고통이 평생 지속될 것이라는 생각은 불행의 감정을 극대화한다. 그러나 시간이 지나면서 차츰 잃어버린 다리에 집중을 덜 하게 된다. 일상의 소소한 기쁨도 느끼고 다른 관심사에 집중하게 되기 때문이다. 외부요인으로 말미암은 행복과 불행은 평생 지속되는 감정이 아니다. 타인보다 더 좋은 자동차, 더 좋은 직장, 더 많은 연봉 등의 조건이 충족되면 행복할 것으로 확신하지만 실제로 삶의 행복도를 높이는 조건이 아니다. 그렇다면 우리는 삶에서 무엇을 주목해야 하고 어떻게 하면 합리적으로 선택의 선호도를 결정할 수 있을까?

체감행복과 삶의 만족도는 다르다

> "당신의 삶에 만족하십니까?"
> "당신은 행복하십니까?"

사람들은 이 두 개의 질문을 대부분 같은 의미로 이해한다.

삶에 만족하면 행복할 것이라는 개연성이 성립하기 때문이다. 하지만 행복도와 만족도는 같은 개념이 아니다. 삶의 만족도란 삶을 객관적으로 평가할 때 내리는 이성적 판단이다. 예를 들어 교육 수준, 재산, 명예, 자녀들의 성취도 등이 이에 속한다. 교육 수준이 높고 사회적 명예가 있고 일정 수준 이상의 재산이 있는 경우 사람들은 대부분 삶의 만족도를 높게 평가한다. 이들 조건에 충족하기 위해 필연적으로 동반되는 강도 높은 업무와 치열한 경쟁과 성과에 대한 지나친 집착 등의 부정적인 감정 요소들은 삶의 만족도, 즉 가치를 평가하는 이성적 판단에서는 배제된다. 삶에서 이룬 것들에 만족하는 것과 실제 삶에서 얼마나 행복을 체감하는가는 별개의 문제이다.

그렇다면 우리는 언제 행복의 감정을 느끼는가. 우린 친구와 맛있는 음식을 먹으며 대화하고 좋은 영화를 보고 사랑하는 연인과 마주 앉아 있을 때 행복하다고 느낀다. 이 순간 삶의 만족도 평가에 등장하는 명예나 재산 등의 요소들은 체감 행복도에 영향을 미치지 않는다. 그런가 하면 우린 직장 상사에게 혼나고 업무평가의 스트레스가 커지고 육아에 시달리고 퇴근길 만원 지하철에서 시달릴 때 불행하다고 생각한다. 이처럼 행복과 불행의 감정은 유형과 무형의 '대상'을 소유했을 때 느끼는 것이 아니라 일상의 경험에서 자연스럽게 체감하는 기분의 상태다.

하지만 삶의 만족도와 행복도가 전혀 관계가 없는 것은 아니다. 돈을 예로 들어보자. 일단 돈이 없으면 삶은 비참해진다. 행복을 체감할 기회가 상대적으로 적다. 돈이 있으면 삶의 만족도가 올라간다. 원하는 것을 시도해볼 기회가 많고 이로 인해 의미 있다고 평가할 삶의 요소들을 채울 수 있다. 행복의 감정을 느낄 기회도 상대적으로 많아진다. 그러나 삶의 만족도가 높다고 해서 반드시 체감행복이 증가하는 것은 아니다. 미국의 경제학자 리처드 이스털린은 '기본적 욕구가 충족되면 이후 돈이 더 많아진다고 해서 더 행복해지지는 않는다'는 것을 증명했다. 바로 이스털린의 역설이다.

행복은 삶의 궁극적 목표다. 따라서 사람들의 선택은 모두 행복을 위한 결정이다. 하지만 실제 행복을 느끼는 것과 행복할 수 있다고 믿는 것은 차이가 있다. 사람들은 삶의 만족도를 높이는 선택은 중요하게 생각하지만 삶의 행복도를 높이는 선택은 상대적으로 주목하지 않는다. 우리의 기억이 피크엔드법칙에 따라 절정과 엔딩의 경험으로 행복을 평가하고 실제로 행복의 감정을 느끼는 소소한 경험의 총량은 무시하기 때문이다. 따라서 삶의 행복도를 높이려면 우리의 뇌가 자주 무시하는 작은 체감행복의 총량을 의도적으로 늘리는 선택을 해야 한다.

행복하고 싶다면 '체감행복'에 소비하라

특정한 '무엇'이 자신을 행복하게 할 것이라는 초점착각은 그 대상의 실제 가치를 과대평가한다. 장기적으로 행복을 유지하는 데 도움이 되지 않지만 그것이 행복을 가져다줄 수 있다고 믿고 강하게 원하는 희망오류Miswanting에 빠지는 것이다. 무엇이 우리의 삶을 행복하게 하고 불행하게 하는지 명확하게 구분하지 못하는 상황에서 희망오류는 결국 현명하지 못한 선택을 하게 한다.

예를 들어 좋은 차를 소유하면 행복할 것이라는 희망오류에 빠지면 그 차를 사기 위해 많은 자원을 투자하기로 결정한다. 차를 소유하면 단기간 행복의 감정이 상승하지만 체감행복은 그리 오래가지 않는다. 차를 운전하는 매 순간 행복의 감정을 향유하기란 불가능하고 오히려 자신을 행복하게 해줄 것이라고 믿는 또 다른 관심의 대상을 찾게 된다.

행복은 강도가 아니라 빈도다. 행복한 삶이란 행복의 감정을 자주 느끼고 오래 유지하는 것이다. 따라서 행복을 위한 결정효용은 소유를 위한 것이 아니라 체감행복을 위한 것이어야 한다. 즉 어떤 대상을 소유하기 위한 소비가 아니라 체감행복을 위한 소비가 선택의 우선순위가 되어야 한다. 많은 심리학자가 체감행복을 늘리는 좋은 방법으로서 잘하는 일과 좋아하는 일에 몰두하라고 조언한다. 미하이 칙센트미하이Mihaly

Csikszentmihalyi는 '몰입Flow'을 통해 경험의 질을 높일 수 있다고 말한다. 무언가에 푹 빠져 있는 경험에서 행복을 느낄 수 있고 자신에게 온전히 집중하는 시간을 늘림으로써 삶의 행복도를 높일 수 있다는 얘기다.

꽤 오래전 행동경제학의 조언대로 체감행복을 늘리는 방법을 고민한 적이 있다. 스스로 일상의 경험을 어떻게 관리하고 있는지 습관을 돌아보던 중 매우 많은 시간을 타인과의 교류에 쓰고 있다는 사실을 발견했다. 교수라는 직업의 특성상 많은 사람과 만나는 건 일의 영역이라고 합리화를 했다. 하지만 내가 중요하다고 믿고(?) 있던 많은 모임을 소화하기 위해 포기하고 있는 것들의 가치를 전혀 생각하지 않고 있다는 사실을 인정할 수밖에 없었다. 경제학자이지만 기회비용을 무시하는 인간의 기본적 성향에서 조금도 벗어나지 못한 선택을 해왔던 것이다.

그날 이후 체감행복의 시간을 조금씩 늘려가기 시작했다. 기억자아(경험들을 기억하고 평가)보다 경험자아(현재의 순간을 체험)의 삶을 돌아보라는 대니얼 카너먼의 조언에 따라 그동안 큰 의미를 두었던 외부의 모임들을 줄였다. 대신 1년에 100권 이상의 책을 읽고 평론가 수준으로 영화를 즐기고 여행의 기회를 늘렸다.

피크엔드법칙으로 평가하면 밋밋한 사건들이지만 오롯이

내게 집중하는 시간을 통해 예전보다 자주 행복의 감정을 경험하고 있다. 결정을 온전히 즐기는 선택, 즉 결정효용과 경험효용이 일치하는 선택의 결과다. 물론 이를 위해 포기해야 하는 기회비용이 존재하지만 현재 자발적 아싸Outsider로서 느끼는 행복의 크기와 비교하면 확실히 합리적인 선택이라는 생각이 든다.

어떻게 조직 성과와
행복을 다 잡을까?

행동경제학과 리더십

4차 산업혁명이 만들어갈 미래 사회는 정보통신기술이 사물과 인간, 인간과 인간을 거미줄처럼 연결하는 초연결 사회 Hyper-connected society이다. 인간과 사물이 주고받는 정보는 물론이고 다수의 인간이 네트워크를 통해 협력하고 소통하며 축적된 집단지성을 기반으로 사회 전반의 혁신이 일어나는 변화는 이미 시작되었다.

과거 산업혁명이 석탄, 석유라는 자원을 기반으로 발전했다면 4차 산업혁명은 집단지성이라는 새로운 자원을 기반으로 한다. 한마디로 집단지성을 활용하는 새로운 시스템과 리더십을 준비하지 않으면 성장은커녕 생존도 어려운 상황에 부닥

칠 수 있다. 세계가 시스템적 리더십을 주목하는 이유이다. 시스템적 리더십이란 수평적 사고로 다수의 협력을 유도하고 창의력을 발휘해 조직을 이끌어가는 리더의 지도력으로서 2017년 세계경제포럼의 클라우스 슈밥Klaus Schwab 회장이 처음 개념을 소개했다.

행동경제학은 시스템적 리더십의 핵심을 '리더의 인지편향이 의사결정에 미치는 영향을 최소화하는 것'으로 정의하고 리더들에게 의사결정권자Decision maker가 아닌 시스템 아키텍트System architect가 되라고 조언한다. 모든 인간은 본능적으로 자신이 선호하는 방식으로 생각하고 판단하기 때문에 의사결정에서 인지편향을 피할 수 없다. 이는 리더도 마찬가지다. 조직을 대표해 의사결정을 내리는 리더의 인지편향은 많은 경우에 조직을 위험에 빠뜨리는 함정으로 작용한다. 따라서 새로운 리더는 소수 의사결정권자의 판단에 의존하는 의사결정 구조를 변화시켜야 한다. 전체 조직구성원의 다양한 지혜와 아이디어가 의사결정에 반영되는 수평적 의사결정 시스템의 설계자가 되어 집단지성의 자원을 활용하는 것이 바로 새로운 리더가 가져야 할 리더십인 것이다.

리더의 인지편향이 좋은 의사결정을 막는다

글로벌 컨설팅 기업 맥킨지가 2010년 미국 기업의 경영진

2,207명을 대상으로 조사한 결과 경영자의 60%가 '잘못된 의사결정과 잘된 의사결정의 빈도수가 같다'고 평가했고 경영자의 12%가 '좋은 의사결정을 내리는 것 자체가 매우 드물다'는 솔직한 답변을 내놨다. 맥킨지는 이 연구에서 조직의 의사결정의 질을 떨어뜨리는 주요 원인을 바로 리더의 인지편향이라고 분석했다.

리더가 잘못된 의사결정을 내리는 주요 원인은 과신 때문이다. 특히 리더들은 과거 성공의 경험이 많을수록 자신의 결정이 가져올 미래를 매우 긍정적으로 확신하는 낙관주의 편향, 자신의 판단을 뒷받침할 근거만을 주목하는 확증편향, 미래를 예측할 능력이 있다고 믿는 사후확신편향 등에 더 쉽게 노출된다. 그동안 이룬 성과는 오로지 자신의 능력 덕분이라고 믿기 때문에 운을 포함한 모든 외부환경을 통제할 수 있다는 통제착각Illusion of control에 빠지기 쉽다. 이런 리더들의 공통점은 다수의 수동적 동의와 침묵을 자신의 견해를 지지하는 것으로 생각하고 독단적 판단의 정당성을 강화한다. 바로 잘못된 합의 효과False consensus effect이다.

리더의 판단과 결정을 견제할 수 있는 시스템이 있다면 잘못된 의사결정을 막을 기회가 있지만 수직적 의사결정 시스템으로 운영되는 조직이라면 리더의 편향성은 그대로 의사결정에 반영될 수밖에 없다. 사람들은 원래 자신이 속한 집단과 리더의 의견에 순응하려는 경향이 있기 때문에 의사결정의 칼자루를 리더가 장악한 상황에서는 누구도 자신의 의견을 적극 말하지 않는다. 다양한 의견과 창의적 아이디어가 생산될 가능성이 아예 차단되는 것이다. 물론 리더는 충분한 회의를 통한 의사결정이라고 생각할 것이다. 그러나 실제로는 리더의 뜻에 동조한 집단사고의 결과일 뿐이다. 더욱 불행한 것은 리더 자신의 판단으로 가져온 결과가 긍정적일 때는 성과를 과대평가하고 부정적일 때는 결과를 과소평가하는 자기 고양적 편향 Self Serving bias으로 인해 적극적으로 책임을 지는 모습을 보이지 않는다는 것이다. 이런 분위기는 고스란히 조직 전체로 확산된다. 구성원들 역시 복지부동한 부작위편향으로 현실에 안주하고 면피할 거리만 찾는 행동편향으로 의사결정을 내리게 된다. 리더와 구성원 모두가 잘못된 의사결정을 반복하는 조직은 이렇게 만들어진다.

행동경제학의 리더십은 '의사결정의 설계자'다

4차 산업혁명 시대의 리더는 집단사고 속에서 나 홀로 뛰어난 의사결정자가 아니라 전체 조직구성원들 안으로 뛰어들어가 집단지성을 만들어내는 의사결정의 설계자가 되어야 한다. 집단지성이 소통하는 의사결정 시스템에서 가장 경계할 것은 핵심 의사결정에 관여하는 리더의 인지편향을 최소화하는 것이다. 의사결정 과정에 상시적으로 나타나는 인지편향을 파악하고 리더의 의사결정 유형 등을 고려해 편향을 극복할 수 있는 공식적 툴을 만들어야 한다. 기업문화와 리더의 성향에 따라 다양한 해법이 있겠지만 중요한 건 리더의 견해를 '견제'하는 악마의 대변자 데블스 에드버킷Devil's advocate을 핵심 의사결정 과정에 적용하는 것이다. 데블스 에드버킷은 가톨릭의 성인추대심사에서 후보자가 성인으로 추대될 수 없는 이유를 집요하게 주장하는 역할을 맡은 사람을 말한다. 일반적으로 '의도적인 반대로 선의의 비판을 하는 사람'을 가리킨다.

핵심 의사결정 과정에 데블스 에드버킷의 역할이 필요한 이유는 최종적 논의가 일방적인 방향으로 흘러서 되돌릴 수 없는 실수가 발생할 가능성을 최대한 막기 위해서다. 회의에 데블스 에드버킷을 도입하면 모두가 찬성할 때 반대의 의견을 듣고 다른 대안을 모색하는 기회를 가질 수 있다. 조직에서 활용할 수 있는 데블스 에드버킷의 대표적 예가 실패사전부검 회의다. 최종 의사결정을 앞두고 이해관계자들이 모여 미래 실패의 요인을 찾는 실패사전부검 회의를 통해 완성된 계획에 의도적인 디스카운트를 하는 것이다. 이 과정을 통해 리더의 낙관주의 편향을 견제하고 계획오류를 수정할 수 있다.

최종 의사결정 전 리더의 견해에 외부관점을 적용할 수 있는 프로세스도 필요하다. 이해관계가 반영된 외부의견이 아닌

제3자의 독립적 의견이 적용될 수 있도록 하는 것이다. 예를 들어 리더가 최종 의사결정을 내린 사업이 계획대로 진행되지 않거나 뜻밖의 돌발변수가 생겼을 때 그 지속 여부를 당사자인 리더의 주관적 판단에 맡겨두면 안 된다. 이때는 외부관점으로 과감하게 진행하던 사업을 중단시킬 수 있는 '엑시트Exit 결정자' 룰을 적용해야 한다.

엑시트 결정자는 주식시장의 스톱로스Stop loss 개념을 떠올리면 쉽게 이해할 수 있다. 스톱로스란 주가가 계속 하락할 때 일정 비율 이상 떨어지면 자동으로 팔아버리도록 프로그래밍을 하여 손해를 보더라도 추가하락에 따른 손실을 피하기 위한 주식거래의 기법이다. 엑시트 결정자 룰은 회의 테이블에 스톱로스 기법을 적용하는 것과 같다. 리더는 자신이 결정한 사업이 위기에 빠졌을 때 객관적으로 판단하기 쉽지 않다. 과신, 낙관주의, 매몰비용의 오류로 인해서 자신의 결정을 계속 유지하려는 편향을 보이기 때문이다. 최종 의사결정 과정에 엑시트 결정자의 개입을 공식 프로세스로 설정하면 리더의 잘못된 판단을 견제하고 객관적으로 사업의 지속 여부를 점검할 수 있다.

의사결정에 고위 리더들의 의견과 반대의 시각을 의도적으로 포함시키고 서열이 아닌 각자의 능력과 다양한 경험에 입각한 의견을 토론에 참여시키면 의사결정의 질이 높아지고 실제로 매출과 수익성과 생산성 등 기업실적에 직접적 영향을 미친다는 연구결과는 많다. 인수합병이나 대형 투자 등 중요한 의사결정일수록 소수의 리더가 아닌 공식적 프로세스에서 판단하고 결정하라는 행동경제학적 전략은 바른 의사결정의 기회를 넓히는 데 매우 효과적이다. 하지만 전략은 실행되어야 결과를 낳는다. 누가 실행을 할 것인가, 결국 리더들의 의지가 중요하다.

창의성과 성별이해지능으로 성과와 행복의 균형 찾기

집단지성의 의사결정 시스템은 리더의 인지편향을 견제하는 것뿐만 아니라 창의적 아이디어를 발굴하고 수용하는 데 매우 유리하다. 하지만 의사결정자로서 리더가 조직구성원의 창의적 아이디어에 적극 동의하지 않는다면 의사결정 시스템만으로 조직의 창의성을 확장하기란 쉽지 않다. 실제로 경영자들이 생각하는 창의성과 다수의 조직구성원이 생각하는 창의적 아이디어 사이에는 꽤 큰 차이가 있다.

미국 샌디에이고 대학교의 제니퍼 뮬러Jennifer Mueller 교수는 "리더는 인기가 많고 잘 팔리는 아이디어를 창의적이라고 생각하고 구성원들은 아직 성공이 입증되지 않았더라도 가능성이 있는 아이디어를 창의적이라고 생각한다."라고 말한다. 좋은 선택을 내려야 하는 책임이 있는 리더는 오랫동안 '최선을 찾는 사고방식'으로 훈련된 사람들이기 때문에 '새롭게 보이지만 실제로는 이전에 나왔던 아이디어'를 선호한다는 것이다. 하지만 이런 사고방식은 가능성이 있는 초기 단계의 창의적 아이디어를 놓칠 수 있다.

 기존의 패러다임으로 해결할 수 없는 문제들은 결국 그 패러다임에서 벗어나야만 해결할 수 있다. 창의성에 대한 리더들의 사고가 변화하지 않는다면 집단지성의 협력을 통해 시너지 효과를 창출해야 하는 리더십은 위기에 빠질 수밖에 없다. 집단지성을 이끄는 리더십은 성별이해지능Gender Intelligence을 요구한다. 성별이해지능이란 남성과 여성의 신체적, 문화적 차이를 넘어 각 젠더의 특성을 이해하는 것이다. 미국 MIT와 조지워싱턴대학교는 남성과 여성이 한 팀으로 일하면 약 41%의 생산성 향상을 기대할 수 있다는 연구결과를 발표했다. 하지만 남성과 여성은 태생적으로 매우 다른 성향을 갖고 있기 때문에 한 팀으로 일할 때 조직 만족도가 크게 떨어진다고 한다. 인간관계 심리학의 전문가인 존 그레이John Gray와 바바라 애니스Barbara Annis는 미국의 남녀직장인 10만 명을 인터뷰한 결과 남성과 여성은 서로 다른 프레임으로 세상을 보고 이해하기 때문에 의사소통과 결정과 문제해결 방식이 다를 수밖에 없지만 일에 대한 열망과 목표 달성에 대한 기대는 다르지 않다는 사실을 알아냈다.

 남녀가 조직에서 함께 일할 때 어떻게 다르게 생각하고 일하고 의사결정하는지 등을 이해하는 성별이해지능은 4차 산업혁명 시대의 조직 성과를 좌우하는 핵심역량이라고 할 수 있다. 리더들은 성별이해지능을 극대화하여 남성과 여성이 함께 일할 때 필연적으로 발생하는 갈등은 줄이고 장점을 극대화함으로써 조직의 성과와 구성원 개인의 행복감이라는 두 마리 토끼를 잡아야 한다. 이것이 새로운 시대가 리더들에게 던진 숙제다.

인간에 대한 이해와
연구가 필요하다

행동경제학과 사회

"좋은 목적을 위해 넛지해주세요."
–리처드 세일러

넛지Nudge는 '팔꿈치로 옆구리를 슬쩍 찌르는 부드러운 방식으로 사람들이 더 나은 선택을 할 수 있도록 유도한다'는 의미의 행동경제학 용어다. 2017년 노벨경제학상을 수상한 행동경제학자 리처드 세일러가 저서 『넛지』에서 소개한 후 행동경제학을 설명하는 가장 대표적인 용어가 되었다. 행동경제학은 휴리스틱과 인지적 편향으로 비합리적 의사결정을 하는 우리 인간을 연구하는 경제학이고 그 이론을 구체적으로 활용하는 방안이 바로 넛지인 것이다.

행동경제학자들은 공공의 영역에서 넛지의 적용을 강조한다. 무의식적 인지편향으로 도움이 되지 않는 선택을 반복하는 개인의 실수를 줄이도록 '돕자'는 의도이다. 하지만 현실에서 넛지는 비즈니스, 특히 특정 집단의 이익을 확대하는 마케팅 등에서 적극 활용된다. 이 과정에서 개인은 손실을 강요당하는 선택을 하기도 한다.

넛지는 무의식의 심리에 개입해서 개인의 선택을 유도하는 행위이기 때문에 설계자의 '의도'가 무척 중요하다. 리처드 세일러가 저서 『넛지』에 사인을 요청하는 독자들에게 "좋은 목적을 위해 넛지를 해달라."고 부탁을 하는 이유도 바로 이 때문이다.

선택을 강요하는 다크 넛지의 함정

마케팅은 특정 기업(집단)의 이익을 확대하기 위한 전략이다. 따라서 기본적으로 개인의 소비를 유도하는 활동이지만 그 중에서도 매우 교묘하게 소비자의 손실을 '강요'하는 방식으로 이익을 추구하는 나쁜 넛지 마케팅이 있다. 바로 다크 넛지 Dark nudge다. 다크 넛지의 가장 흔한 예는 디폴트 옵션으로 선택을 강제하는 행위다. 넛지는 원래 강압적이지 않은 방식으로 선택을 유도하는 것이지만 다크 넛지는 소비자의 선택을 강요하는 행위라고 할 수 있다.

무료로 제공되는 서비스를 예로 보자. 무료로 제공되는 서비스(상품)는 절대로 공짜가 아니다. 이런 마케팅은 우선 서비스 이용약관을 통해 개인의 정보를 과도하게 요구하고 수집한다. 무료 기간이 지난 후엔 자연스럽게 유료로 전환되는 조항을 디폴트 옵션으로 설정한다. 처음 제공된 디폴트 옵션을 그대로 유지하는 사람들의 심리를 이용하는 것이다. 디폴트 옵션을 꼼꼼하게 따져보지 않으면 유료 서비스 전환과 해지와 관련된 내용을 알기 어렵고 설사 안다고 해도 적은 돈에 무심한 심리계좌의 영향 때문에 몇 달 정도는 그냥 지나치는 경우가 허다하다. 막상 유료 서비스를 해지하려고 할 때는 상당히 귀찮고 복잡한 절차를 거치도록 설계함으로써 고객의 선택을 강요한다. 관련 내용이 약관에 설명되어 있지만, 디폴트 옵션은 대부분 그대로 수용되기 때문에 사전에 이런 내용에 문제를 제기하는 사람은 많지 않다. 온라인에서 저렴한 가격으로 고객을 유인해놓고 막상 결제할 때 표시된 금액보다 3~5배의 높은 가격을 결제하도록 유도하는 다크 넛지도 있다.

옆구리를 쿡쿡 찔리는 줄도 모르고 선택을 유도당하는 개인이 할 수 있는 건 넛지의 패턴을 이해하고 자신의 행동 습관을 돌아보는 것이다. 귀찮거나 몰라서 방치했던 지출이 얼마나 되는지 주기적으로 체크하는 것도 도움이 될 수 있다.

저비용 고효율 정책을 가능케 하는 착한 넛지

교통사고 사망률을 낮추는 매우 효과적 방법이 바로 안전벨트를 착용하는 것이다. 우리나라의 경우 안전벨트 착용을 법으로 정해 강제하고 있다. 하지만 자동차의 뒷좌석에 앉을 때 또 택시, 고속버스, 열차 등 공공교통을 이용할 때는 여전히 안전벨트 착용을 준수하지 않는 경우가 많다.

2015년 브라질에서 흥미있는 실험이 진행됐다. 국민의 92%가 뒷좌석 안전벨트를 착용하지 않는 현실을 개선하기 위해 자동차 기업 피아트Fiat SpA는 자사 브랜드 택시 뒷좌석에 안내문을 하나 붙였다. '안전벨트를 착용하면 무료 와이파이를 제공한다'는 내용이었는데 놀랍게도 승객 전원이 자발적으로 안전벨트를 착용했다. 이 실험은 자동차 회사의 광고 캠페인으로 진행되었지만 벌금으로 강제하는 것보다 더 효과적인 방식으로 공공의 이익을 추구할 수 있는 착한 넛지의 힘을 확인한 좋은 사례다.

행동경제학이 공공정책에서 착한 넛지의 도입을 주장하는 이유는 선택의 자유를 크게 제한하지 않으면서도 이해관계자들의 반발을 줄이는 정책의 설계가 가능하기 때문이다. 미국, 영국, 호주 등의 국가는 국민들이 적극적으로 노후를 대비하도록 넛지를 적용한 정책을 시행 중이다. 대표적으로 미국의 근로자 퇴직연금제도는 디폴트 옵션을 변경하는 방식으로 연금가입률을 40%에서 86%로 대폭 증가시켰다. 미국의 퇴직연금제도는 근로자가 가입을 선택하는 방식으로 운영된다. 하지만 사람들은 장기적 계획을 위한 투자에서 손실회피 심리 때문에 적극적으로 퇴직연금을 선택하지 않는다. 이에 따라서 미국 정부는 가입을 희망하는 사람이 선택하는 것이 아니라 가입하고 싶지 않은 사람이 자기 의견을 적극적으로 표현해야 하는 '옵트아웃' 방식의 디폴트 옵션으로 퇴직연금 가입자를 두 배 이상 늘리는 데 성공했다.

우리나라도 퇴직연금제를 도입하고 있다. 정해진 퇴직금을 받는 확정급여형DB과 금융기관에 맡겨 수익률에 따라 퇴직금을 받는 확정기여형DC이 있는데 개인의 급여 수준, 근속기간, 물가상승률 등에 따라 손익계산이 달라진다. 퇴직연금제는 근로자가 퇴직금을 조금 더 많이 받을 수 있도록 도입한 제도지만 현장에서는 볼멘소리들이 나온다. 예를 들어 근로자에게 확정급여형이 더 유리한 경우이다. 경영자가 확정기여형으로 디폴트 옵션을 설계하면 근로자들은 현상유지편향의 영향을 받아 디폴트 옵션을 그대로 수용하는 상황이 발생한다. 그런가 하면 확정기여형은 근로자가 직접 운용사를 골라 수익률을 관리해야 하는데 실제로는 적극적으로 개입을 하지 않아서 퇴직금을 불리려는 초기 정책의 목적이 제대로 이뤄지지 않는 경우도 있다.

이런 문제점 때문에 우리나라도 미국과 호주 등의 국가처럼 연금가입자가 별도의 운영 지시를 내리지 않아도 금융사가 가입자의 투자 성향에 맞게 알아서 굴려주는 디폴트 옵션을 도입하는 작업에 착수했다. 방치된 노후자금의 관리에 넛지를 적용하기로 한 것이다. 조세제도에 넛지를 적용해 소비 진작을 유도하는 방안도 많이 거론된다. 세금을 깎아주는 것보다 환급제도를 적용할 경우 사람들은 환급받은 돈을 소비 활동에 사용할 가능성이 높다. 심리계좌가 환급된 돈을 공돈으로 인지하기 때문이다. 이 외에 흡연율을 낮추고 중대 질병을 예방하는 등의 정책에 넛지를 적용하면 정책비용은 줄이고 성과는 더 높일 수 있다.

하지만 국가가 개인의 선택을 유도하는 것에 대한 부담도 만만치 않다. 정책설계자들 역시 편향성을 가진 인간이다. 따라서 정부 엘리트의 편향적 판단이 넛지 정책에 반영될 위험성이 상존한다. 퇴직연금제에 디폴트 옵션을 적용하는 것도 마찬가지다. 금융사가 디폴트 옵션으로 추천하는 상품 역시 선택설계자들의 의도가 들어간 것이고 개인은 그것을 그대로 수용할 가능성이 높아서 개인의 선택을 제한하는 '강요'가 될 수 있다. 개인의 삶에 국가의 간섭을 어디까지 허용할 수 있을까. 리처드 세일러는 넛지 정책의 전제 조건으로서 '모든 넛지는 의도를 투명하게 밝히고 넛지에 참여하고 싶지 않은 개인이 클릭 한 번으로 거부할 수 있을 만큼 쉬운 방법을 제공해야 하며, 무엇보다 넛지로 유도된 선택이 사람들의 삶을 더 낫게 만든다는 신뢰할 만한 근거가 충분할 것'을 강조한다.

디지털 넛지 시대가 왔다

디지털 넛지는 정보통신기술이 선택을 유도하는 것으로 이미 우리의 삶에 깊게 들어와 있다. 개인의 특정 질병을 관리해주고 읽을 책을 골라주고 봐야 할 영화도 골라주고 각 가정의 식탁 메뉴도 골라준다. 일상의 많은 선택을 머신러닝AI 기술이 대신하고 있다. 인간은 디지털 기술이 발달할수록 지금보다 더 많은 선택을 디지털 기계에 위임하게 될 것이다.

디지털 기술 환경에서 넛지 전략은 효율성이 크게 확대된다. 디지털 기계를 통해 언제 어디서나 빠르게 사람들과 연결되는 만큼 파급력이 크고 맞춤형 선택 설계도 가능하다. 무엇보다 적은 비용으로 정책, 교육, 금융, 의료 등 다양한 분야에서 활용되어 시너지 효과를 거둘 수 있다. 따라서 디지털 넛지는 사회적 문제를 해결하는 데 긍정적으로 기여할 수 있을 거라는 기대가 높다.

하지만 기대가 큰 만큼 우려되는 부분도 적지 않다. 매일 인터넷과 SNS 등을 통해 유통되는 뉴스와 콘텐츠들을 보자. 무심코 터치(클릭)한 옵션 때문에 계속 전달되는 정보들은 의식하지 못한 사이 우리의 판단과 결정에 영향을 미친다. 빅데이터 분석을 통해 개인의 성향에 맞게 정보를 전달하는 큐레이션 서비스는 '정보의 편식'으로 이어진다. 정보의 편식은 확증편향성을 강화할 수 있다. 이는 바른 선택을 방해하는 나쁜 영향력이다.

넛지는 아주 작은 신호 하나로 개인의 선택을 유도할 수 있다는 행동경제학적 이론을 전제로 한다. 소프트웨어 컨설팅 업체 소트웍스ThoughtWorks의 수석 컨설턴트 파비오 퍼레이라Fabio Ferreira는 스마트폰과 웨어러블 기기의 작은 장치들이 선택을 결정하고 있는 상황과 인터페이스를 디자인하는 사람들이 개인의 선택을 좌우하는 권력을 손에 쥘 수밖에 없는 현실의 문제를 제기했다. 사람들이 스스로 판단해 선택했다고 믿는 결정들이 실제로는 스마트폰이 선택에 개입한 결과일 수 있는 것이다. 개인의 선택을 대신하는 머신러닝의 알고리즘도 인간이 설계한 것이기 때문에 인지편향을 완벽하게 배제할 수는 없다. 편향적 사고가 반영된 디지털 넛지가 우리의 의사결정을 좌우할 때 그 결과는 개인을 위한 최선의 선택이 될 수 있을까?

빠르고 조용하게 우리의 삶 속으로 들어오고 있는 디지털 넛지의 편향성을 막는 또 다른 넛지 전략에 많은 사람이 관심을 두지 않는다면 '더 나은 선택을 유도해서 좀 더 행복한 삶을 살 수 있도록 돕자'는 의도와 다른 길을 걷게 될지도 모른다. 기술이 점점 인간을 닮아가고 인간의 상상에 근접할수록 인간에 대한 이해와 연구는 오히려 더 폭넓게 진행되어야 한다. 4차 산업혁명의 시대를 이야기할 때 행동경제학의 중요성을 빼놓을 수 없는 이유가 바로 이 때문이다.

판단과 선택

초판 1쇄 발행 2019년 8월 23일
초판 7쇄 발행 2025년 6월 2일

지은이 유효상
펴낸이 안현주

기획 류재운 **편집** 안선영 김재열 **브랜드마케팅** 이민규 **영업** 안현영
디자인 표지 정태성 본문 네오북

펴낸 곳 클라우드나인 **출판등록** 2013년 12월 12일(제2013-101호)
주소 우)03993 서울시 마포구 월드컵북로 4길 82(동교동) 신흥빌딩 3층
전화 02-332-8939 **팩스** 02-6008-8938
이메일 c9book@naver.com

값 17,000원
ISBN 979-11-89430-30-6 03320

* 잘못 만들어진 책은 구입하신 곳에서 교환해드립니다.
* 이 책의 전부 또는 일부 내용을 재사용하려면 사전에 저작권자와 클라우드나인의 동의를 받아야 합니다.
* 클라우드나인에서는 독자 여러분의 원고를 기다리고 있습니다.
  출간을 원하시는 분은 원고를 bookmuseum@naver.com으로 보내주세요.
* 클라우드나인은 구름 중 가장 높은 구름인 9번 구름을 뜻합니다. 새들이 깃털로 하늘을 나는 것처럼 인간은 깃펜으로 쓴 글자에 의해 천상에 오를 것입니다.